講談社選書メチエ
696

創造と狂気の歴史

プラトンからドゥルーズまで

松本卓也

MÉTIER

はじめに――創造と狂気は紙一重？

かつて米国のアップル社の最高経営責任者であったスティーヴ・ジョブズ（一九五五―二〇一一年）が「師」と仰いだ起業家ノーラン・ブッシュネル（一九四三年生）は、ビジネスの世界において新たな創造を可能にするためには「クレイジー」な人物を雇うべきである、と主張しています。まずは彼の言葉を聞いてみましょう。

創造性と狂気は紙一重だ。狂気といっても病的なほうではない――そちらの狂気にいいことはなにもない。世の中にはもうひとつ、職能的な狂気がある。クリエイティブなオフィスなら漂っていていいはずの狂気、風変わりなアイデアやぶっ飛んだコンセプト、型破りな意見をいつも出す社員たちが醸しだす狂気だ。

ほとんどの会社は、クリエイティブな人々の着想がクレイジーであればあるほど、その着想を取りあげる可能性が低くなる。だが、世界をあっといわせた着想のなかには、最初、「そんなのありえないぞ」とまわりが反応したものが少なくない。（ブッシュネル＋ストーン 二〇一四、六四頁）

「クレイジー」な、つまり何らかの意味で「狂った」人々は、既成の常識や思い込みに流されることなく、型破りなアイデアを思いつき、ビジネスの世界に新しい風を吹き込むことができる、というのです。なるほど、たしかに常識にとらわれていては新しい発想を生み出すことはできないでしょう。新しい発想を生み出す人々は、どこかしら非常識で、ときに「クレイジー」といわれるような人物なのかもしれません。実際、このような考えは、ビジネスの世界ではよく聞かれるものです。

では、このような考えは現代に特有のものなのでしょうか？　そうではありません。実は、西洋思想史を辿っていくと、創造（creation）ないし創造性（creativity）を狂気（madness）と結びつける考え方は、プラトンやアリストテレスといった哲学者たちが活躍した時代からすでに存在していたことがわかるのです。

セネカ（前四頃─後六五年）は、紀元前の哲学者たちの議論を要約して、次のように述べています。

いかにも、ギリシアの詩人を信じれば、「時に狂ってみるのも楽しい」のであり、プラトーンを信じれば、「正気の人間が詩作の門を叩いてもむだ」なのであり、アリストテレースを信じれば、「狂気の混じらない天才はかつて存在しなかった」のである。（セネカ 二〇一〇、一一九頁）

紀元前においてすでに、狂気は当時の代表的な芸術である詩を生み出す能力と関係しており、さらには「天才」一般にも関係すると考えられていたのです。創造と狂気を結びつけるこのような考え方は、のちのデカルトのような近世の哲学者や、カントやヘーゲルといった近代の哲学者、さらにはハイデガー、ラカン、ドゥルーズなどの現代の哲学者や思想家にまで影響を与えています。

本書では、この「創造と狂気」という問題が西洋思想史のなかでどのように扱われてきたのかを、右にあげたような様々な哲学者や思想家の議論をもとに追いかけていきます。そうすることによって、これまでの世界で「クリエイティヴ」であるとされていたのがどのような人々であるのかを理解できるようになるでしょう。さらには、現代において「クリエイティヴ」であるための条件がどのようなものであるのかを理解できるようになるかもしれません。本書が、創造的であろうとする読者のみなさんにとって何らかのヒントになることを願っています。

それでは、「創造と狂気」をめぐる思想史の旅をはじめましょう。

目次

第1章

「創造と狂気」の関係を問う

カール・ヤスパース

狂気がもたらすプラスの恩恵(1)――症例エメ

「はじめに」でとりあげたブッシュネルの本では、クリエイティヴな発想を生み出す「クレイジー」な狂気とは、病的ではない狂気――「臨床的狂気（clinical madness）」ではない狂気――のことだとされていました。つまり、「クレイジー」な人が創造的であるといっても、それは何らかの精神障害を患っている人のことではなく、既成概念にとらわれない健康なギーク（卓越した知識をもつコンピューター・エンジニア）のことである、というわけです。

しかし、思想史を紐解いてみると、そのような考え――病的ではない程度に「クレイジー」な人だけが創造性をもつ、という考え――は、物事の片方の面だけしか捉えていないことがわかります。というのも、単に「クレイジー」な人々だけでなく、実際に精神障害を患っていた人々にも、優れた創造性がみられることが知られているからです。むしろ、ブッシュネルが言っていることとは反対に、近代（本書では、おおむねフランス革命以降、つまり一八世紀末以降の世界を「近代」と呼ぶことにします）以降の世界では、ある種の精神障害の人々にみられる創造性こそが重要視され、盛んに研究されてきたのです。

そのような例をいくつかあげてみましょう。

フランスの精神分析家にジャック・ラカン（一九〇一―八一年）という人がいます。精神分析とは、一九世紀の終わりにウィーンのジークムント・フロイト（一八五六―一九三九年）が発明した精神障害の治療法であり、「無意識」という、ひとが日頃は意識していない心の動きを解き明かすことによって、精神障害を治療しようとするものです。ラカンは、そのフロイトの理論を解釈しなおして、非常に洗練された（ただし難解な）理論をつくり、精神分析の実践を独自の高い水準にまで押し上げた人物でした。彼は、今日にいたるまで、本国フランスやベルギーといったフランス語圏はもちろん、イギリスやアメリカなどの英語圏やアルゼンチンなどのスペイン語圏、そして日本でもカリスマ的な人気を博しています。

さて、そのラカンの学位論文である『人格との関係からみたパラノイア性精神病』では、「エメ」と呼ばれる症例（本名は、マルグリット・アンジューといいます）が扱われています。エメは、ラカンによって「自罰パラノイア（paranoïa d'autopunition）」と診断されており、体系的な迫害妄想を抱いていた患者です。

エメは、息子が生まれたあと、三〇歳の頃に、「自分と息子が周囲の人々からつけ狙われている」という迫害妄想を抱くようになりました。ある日、彼女は、仕事中に「どうして自分の息子が狙われるのだろう？」と考えているとき、偶然にも職場の同僚が女優ユゲット・デュフロの話をしているのを聞いて、自分たちを狙っているのはデュフロであると確信します。エメは、同僚たちがデュフロの話をしていた、というまったくの偶然の出来事から、自分と息子に対する迫害の「黒幕」が誰であるのかを「ひらめく」ようにして理解したのです。このような奇妙な確信を、フランスの精神医学では「妄想解釈（interprétation délirante）」と呼びますが、エメの妄想はその後もこのような妄想解釈によって長期間にわたって発展していきます。そして、三八歳のときには、その女優が自分の息子を脅かしており、その女優と親交のある作家が自分のスキャンダルをふれまわっている、というさらに体系だった妄想が結実します。その結果、ある日の夕方、エメはその女優を劇場で出待ちして、彼女をナイフで刺してしまいました。この傷害事件によって、エメはサンタンヌ病院に収容され、ラカンの診察を受けることになったわけです。

ラカンがエメに注目し、自分の学位論文の中心的な症例にしたのには、二つの理由がありました。ひとつは、彼女が逮捕されてからわずか二〇日後に完全に治癒し、妄想も解消されてしまったことです。そしてもうひとつは、傷害事件に先立つ時期、つまり妄想がかなり活発になっているときに、彼女が優れた小説を書いていたことです。

ここでは後者の、エメが妄想をもちながらも優れた小説を書いた、という点に注目しましょう。彼女は、自分が書いた小説を出版社にもちこんだり、イギリスの王室に送ったりしていました。つまり彼女は、自分の作品には重要な人物から認められる価値があるのだ、と思っていたのです。常識的に考えれば、妄想が活発な時期に書かれた作品には、支離滅裂なところがまじっていたり、作品としての整合性が欠けたりしているものが多いのではないかと思われます。しかしラカンは、彼女の小説には（少なくとも一作目には）そのような文章の崩れはみられず、むしろ「真の詩的価値をもったイメージ」（ラカン 一九八七a、一八〇頁）が表現されていると評しています。のちにラカンは、彼女の作品を「ポール・エリュアールによる「無意識の詩（poésie involontaire）」という（畏敬すべき）項目のもとに収集される価値が十分にあるものである」（Lacan 1966, p. 66）とも述べていますから、彼女の作品にやはり優れた価値を認めていたことになります。

エメに関しては、もう一点指摘しておかなければならないことがあります。それは、彼女がもともともっていた能力から推測されるよりもずっと高い水準の作品を書いたということです。つまり、彼女は、病気になる以前にはとても書けないような小説を、病気になって妄想が活発化している最中に書いたのです。そのことについて、ラカンは次のように評しています。

> エメの文学作品は、明らかに積極的な創造のための潜在能力として現れている。しかもその能力は精神病が直接的に生産したものであり、単に〔病気によって破壊されずに〕残されただけのものではない。（ラカン 一九八七ａ、三〇五頁。強調は引用者）

精神病は、何かの能力を破壊するのではなく、むしろ創造のための能力を生産する、というのです。

これは、一般の常識とは正反対の考え方ではないでしょうか。ふつう、病気とは、人間の正常な機能を破壊し、普段ならできるはずの何かをできなくさせるものだと考えられています。たとえば、普段は何の障害もなしに呼吸をすることができていたとしても、喘息《ぜんそく》のような呼吸器の病気にかかると、ふつうに呼吸することさえ難しくなることがあります。同じように考えれば、精神障害を患うと、精神をつかって行う創造性が損なわれるのがふつうだと考えられるでしょう。病気になると、自分の精神をつかって詩や絵画などの芸術作品を創造することができなくなってしまう、というわけです。すると、もし精神障害になった人が創造性をもっていたとすれば、それは、その創造性が病気によって壊されることなく無傷のままであったがゆえに創造性を保つことができたと考えるか、あるいは、精神のもつ原始的な機能が、上位中枢による抑制がきかなくなったために現れるようになったと考えるしかありません（後者の考えを、ジャクソニズムと呼びます）。

しかし、これらの常識的な考えは、ラカンの見解とはまったく異なります。ラカンの観察によれば、エメの症例における創造性には、もともと彼女がもっていた能力を超えた「プラス」の部分がみられるのであり、その点で「精神病を〔何らかの精神機能の〕欠損として捉える学説には根拠がない」

（同書、三〇七頁）というのです。ふつう、病気は人間に何かしらの「マイナス」をもたらすと思われていますが、ラカンによれば、精神病は人間に「プラスの恩恵（bénéfice positif）」をもたらすことがあるのです（同書、三〇五頁）。かつてカール・ヤスパース（一八八三―一九六九年）は創造と狂気の関係について、「創造力が病にもかかわらず現れたのか、それとも病のためにこそ現れたのか」という根本的な問いを立てましたが、ジャクソニズムは前者、ラカンは後者の立場を代表する議論だといえるでしょう。

精神病による「プラスの恩恵」がみられるのは、小説や絵画のような芸術的な創造の領域だけではありません。中井久夫（一九三四年生）という有名な日本の精神科医はこんなエピソードを紹介しています。

実際、分裂病〔＝統合失調症〕の発病前に精神の能力が異常な上昇を示す例があります。当人だけがそう思い込んでいる場合だけではありません。実際、中クラスの私立高校の中クラスの生徒が大学入試模擬テストで全国一位になった例さえあります。この人はその一週間後に発病しました。（中井 一九九八、四七頁）

この高校生は、統合失調症（Schizophrenie）の発病前夜のかなり不安定な時期に、おそらく異常なほど高揚した状態のなかにあったようです。このようなエピソードからも、精神病はマイナスだけでなく、「プラスの恩恵」を本人にもたらすことがあることがわかります（もっとも、この高校生は、そのような高揚状態のなかでなされた偉大な達成とひきかえに、幻覚妄想状態に陥ってしまうのですが……）。

狂気がもたらすプラスの恩恵(2)——草間彌生

もう一人、狂気が創造を可能にした事例をあげておきましょう。

草間彌生（一九二九年生）は、創造と狂気の関係がもっとも明瞭にあらわれている画家のひとりです。独特の水玉模様や、反復的なドットがちりばめられたカボチャなどの彼女の作品を、誰でも一度は目にしたことがあると思います。

若い頃の草間の主治医は、精神科医の西丸四《にしまるし》方《ほう》（一九一〇―二〇〇二年）でした。西丸は、作家の島崎藤村の家系の人で、日本における精神病理学という学問の基礎をつくった、いわゆる「第一世代」に属します。西丸は、草間を「精神分裂病」、つまり今日でいうところの統合失調症だと診断しています。そして彼は、彼女の創造と狂気の関係について、次のように述べています。

> 薬で落ち着けると、アイディアも作品も産出されなくなる。自分でもそれが嫌で、薬を受け付けない。薬は天才を殺して、くだらない常人にしてしまうのである。死ぬほどの苦しみ、不安に悩みながら、天才的な作品を産み出して、それにやっと救いを見いだしている。〔作品の〕茸の森にしても、不安に襲われたときに、この中でころげまわっていると不思議に落ち着くのだそうである。救いのために芸術品を発明している。ここが天才の天才たる所以《ゆえん》である。（西丸 二〇一六、一二四頁）

草間は、統合失調症の症状があるときには絵が描けるけれども、薬物療法でその症状をなくすと絵が描けなくなってしまうのです。なぜかというと、彼女の芸術表現は、執拗に襲ってくる精神病性の不気味なイメージから逃れるためにつくられるものだったからです。彼女はそのことを自伝のなかで次のように回想しています。

〔…〕しばしばこれらの得体の知れない、魂の背後に見え隠れする不気味なものは、怨念《おんねん》にも似た執拗《しつよう》さをもって、私を強迫的に追いかけ廻し、長年の間、私を半狂乱の境地に陥《おとしい》れることになった。

　これから逃れ得る唯一《ゆいいつ》の方法は、その「モヤモヤ」、輝いたり、暗く深海に沈んでしまったり、私の血を騒がせたり、怒りの破壊へとけしかけるモモンガア、それらは一体なんだろうかと、紙の上に鉛筆や絵具で視覚的に再現したり、思い出しては描きとめ、コントロールすることであった。（草間 二〇一二、六八―六九頁）

　草間の芸術表現は、統合失調症の症状に対する一種の「コーピング」であったといえそうです。コーピングとは、困難な事柄とうまくやっていくための対処方法を指します。彼女の場合は、不気味なイメージに襲われるがままの状態に甘んじるのではなく、むしろそれを積極的に描くことによって自分を守ることができました。それが、彼女の創造の基本的な特徴なのです。草間の初期の作品にはファルス像、つまり男性器像がたくさん出てきますが、それもまた彼女自身がセックスに恐怖を抱いていたからです。ファルスに関しても、それが怖いからこそ、むしろ反復してたくさんそれを造形することによって、自分を守ることができる。彼女にとって、創造行為は統合失調症に対する自己治癒を導くものであったことがわかります。

Yayoi Kusama: Infinity Mirrors（Bernard Weil / Getty Images）

草間彌生のような有名なアーティスト以外にも、統合失調症と芸術創造が関係している場合があります。ハンス・プリンツホルン（一八八六―一九三三年）というドイツの精神科医は、精神障害者（ほとんどが、病院に長期入院していた統合失調症者です）が描いたアート作品を集めたコレクションを残しています。精神障害患者など、美術の正規教育を受けていない人たちが創作した芸術を指す「アール・ブリュット」という言葉は、このコレクションの影響を受けたフランスの画家ジャン・デュビュッフェ（一九〇一―一八五年）が作り出したものです。

病跡学とは何か

さて、前節で紹介した事例によって、「クレイジー」なギークだけでなく、臨床的な狂気もまた創造と結びついていることが理解できたと思います。実は、こういった臨床的な狂気と創造性の関係を考える研究には、精神医学のなかで一〇〇年以上の歴史があり、そのような研究は「病跡学（pathography）」と呼ばれています。ある作家や画家の伝記（biography）が、その人物の生活（ビオス）と創造との関係を跡づけるものだとすれば、病跡学とは、その人物の病（パトス）と創造との関係を跡づけるものだといえるでしょう。

　ここではヤスパースによる病跡学の定義を確認しておきましょう。


病跡学とは、精神病理学者に興味のある精神生活の側面を述べ、かような人間の創造の原因に対してこの精神生活の諸現象諸過程がどんな意義をもつかを明らかにする目標を追求する生活記録である。（ヤスペルス 一九五三—五六、(下)二五七頁）

　病跡学の対象は、主に作家や画家のような芸術家や、天才的な科学者のような傑出人であり、特に何らかの精神障害を患っているのではないかと思われる人物です。その人物について書かれた伝記や、自身が書いた日記や書簡などを参照して、病の経過を丹念に追ってみると、その人物のつくった個々の作品と病の経過が密接に関係していることがわかってきます。たとえば、発症前夜から発症後まもない時期にかけての短い期間に、すぐれた作品が集中してつくられていることがあります。そのような検討を行うことによって、その傑出人の創造に病がどんな影響を与えたのかを推察することができます。症例エメのような病に駆動された創造や、草間彌生のような病へのコーピングから生じた創造など、病と創造は多様な仕方で関係しているのです。このように、様々な傑出人の作品の中に、病からの影響の痕跡を見出し、その精神の歩みを跡づけてみせること。それが病跡学の企《たくら》みです。

　ドイツの哲学者フリードリヒ・ニーチェ（一八四四—一九〇〇年）は青年期に梅毒に感染しており、

晩年（一八八〇年代）には進行麻痺（梅毒感染による脳の器質的な破壊）による幻覚妄想状態を経験しています。その精神障害が彼の思想形成にどういう影響を与えたのかを考えることも、病跡学の研究の一つのテーマになります。あるいは同じくドイツの詩人フリードリヒ・ヘルダーリン（一七七〇―一八四三年）は統合失調症だったといわれていますが、彼の詩には明らかに病の影響がみてとれます。外国の事例だけではありません。夏目漱石（一八六七―一九一六年）はイギリス留学時代に被害妄想を抱いていたことがありますが、彼の病跡学的な診断は諸説わかれていて、統合失調症だという人もいれば、妄想反応だという人も、うつ病だという人もいます。どのような資料を採用し、その人の人生をどのように理解するかによって、病跡学的な診断は変わってくることもあるのです。

そして、これが重要な点なのですが、病跡学は単に精神医学的な診断を傑出人にあてはめるだけのものではありません。ましてや、偉人の業績を、その人物が精神障害者だったという事実によって貶《おとし》めようとするものでもありません。むしろ病跡学は、病を一種の個性として捉え、肯定的にみることを可能にします。また、ヤスパースも言っているように、病跡学の対象となる傑出人は表現力の豊かな人物が多く、その研究によって得られた知見は、病そのものの理解を刷新してくれる可能性があるのです（同書、(下)二五八頁）。「精神病理学にとって病跡学はしばしば発想のパン種となってきた」（内海 二〇〇一、一〇〇頁）と指摘されるように、個別の傑出人の事例研究に耽溺することが、病の普遍的な理解を飛躍的に高めてくれることもあります。さらには、草間彌生の例のように、病跡学が病からの治癒のための技法を教えてくれる場合もあるでしょう。また、病跡学の研究は芸術療法などの治療技法にも少なからず影響を与えています。

病跡学の歴史

では、病跡学という学問がどのように誕生し、どう展開していったのかをみていきましょう。

病跡学という用語を初めて使ったのは、パウル・ユリウス・メービウス（一八五三—一九〇七年）というドイツの神経科医・精神科医でした。彼は一九世紀末から二〇世紀初頭にかけてゲーテ、ニーチェ、シューマンといった傑出人の病跡を書いていますが、一九〇七年には「作品をもとに作家の鑑別診断をなしうるだろうか？」という問いを立て、そのなかで「病跡学」という用語を初めて導入しています（Möbius 1907）。つまり彼は、作品の内容や形式から、それを書いた作家の病がどういうものだったのかを推測できるのではないか、と考えたわけです。

病跡学のもうひとつの源流には、天才研究があります。一八八八年に、イタリアのチェーザレ・ロンブローゾ（一八三五—一九〇九年）という精神科医が『天才論』を書き、それ以後、天才という存在に関する精神医学的・心理学的研究が流行しました。「天才と狂気は紙一重」という言い方がありますが、天才には犯罪者や精神病患者にみられるような変質徴候があると主張したロンブローゾは、そのはしりなのです。彼は、吃音、左利き、子孫がいない、放浪癖、感覚過敏や鈍麻などの外面的特徴が、天才と犯罪者や精神病患者に共通していると主張しています。反対に、彼は天才を人間の内面や心理から理解しようとはしていません。

二〇世紀に入ると、精神医学がより現代的な姿を取るようになります。そして、精神医学が天才研究と合流した結果として生まれた病跡学的研究の代表作が、一九二八年のヴィルヘルム・ランゲ＝アイヒバウム（一八七五—一九四九年）の『天才、狂気、名声』と、翌年に書かれたエルンスト・クレッチマー（一八八八—一九六四年）の『天才の心理学』です。特に後者では、天才であるためには単に才能があるだけでなく、人間を圧倒するような非合理的な要素（超越的体験、宗教的体験、不気味な体験など）が必要だとされています。

このような研究と前後して、ヤスパースが一九二二年に『ストリンドベリとファン・ゴッホ』という本を書いています。ヤスパースは、一般には哲学者として知られていますが、実は医学部の出身で、二〇代半ばまでは精神科医として働いていました。ただし彼は持病（気管支拡張症）があったため、体力を必要とする病棟業務をこなすことができず、もっぱら外来や鑑定などの業務を担当していたようです。しかし彼が精神科医として成し遂げた仕事は非常に優れたものであり、なかでも一九一三年に刊行した『精神病理学総論』は、その後の精神医学全体の方向を決定づけたとすらいえるものです。そして、彼の精神科医としてのもうひとつの代表的な仕事が、『ストリンドベリとファン・ゴッホ』なのです。この本の内容についてはのちにあらためて紹介していきますが、これは病跡学のひとつの完成形であり、今から一〇〇年ほど前のものではありますが、これを超えるインパクトをもつ研究はそれほど多くは出ていません。

その後、様々な作家、画家、天才などについての個別の病跡学的研究が蓄積されてきました。日本では、日本病跡学会という専門の学会が存在し、そこを中心にして様々な病跡学的研究が行われています。

統合失調症中心主義と悲劇主義的パラダイム

では、病跡学の言説にはどのような特徴があるのでしょうか。まず、病跡学の言説は「統合失調症中心主義」であるといえます。

統合失調症とは、かつて「精神分裂病」や「分裂病」と呼ばれていた精神障害のことで、生涯のうちにこの病にかかる割合はおよそ〇・七％（一〇〇人に一人程度）であるとされています。統合失調症は、およそ青年期から三〇歳代までに発症し、幻聴や妄想などを中心とする陽性症状（発病前にはなかったものが付加されるようにして現れる症状）と、感情の平板化や意欲の低下といった陰性症状（発病前にあったものが減退ないし低下するようにして現れる症状）がみられ、特に予後が不良な場合には知能・感情・意志という精神機能の全般的な解体にまで至りうる精神障害です。

二〇世紀の初めにオイゲン・ブロイラー（一八五七―一九三九年）という精神科医が「統合失調症」という名称を考案するまで、この病は「早発性痴呆（dementia praecox）」と呼ばれていましたが、それは、この病の患者が比較的早期に「痴呆」の状態――人間の理性が解体されてしまった状態――に陥ってしまうと考えられていたためです。

もちろん、今では統合失調症という病それ自体が軽症化しましたし、有効な治療方法も確立されていますので、「早発性痴呆」という呼び名は適切ではありません。現代の統合失調症は、早期介入や早期治療が行われさえすれば、「痴呆」と呼ばれるような状態に至ることは決してありません。もちろん学業や労働なども可能であり、健常者とほぼかわりない社会生活を営んでいくことができます。ただし、かつてはこの病の予後に関して悲観的な見方が強かったことを覚えておいてください。

さて、病跡学における統合失調症中心主義とはどんなものでしょうか。それは、統合失調症を患っていたと考えられる傑出人に特に注目して、反対にうつ病や躁うつ病（双極性障害）のような病を患っていた傑出人の創造性にはあまり注目せず、それどころかむしろそれらの病や創造性を統合失調症と比べて「二流の病」、「二流の創造性」として扱う、というものです。実際、病跡学では、統合失調症圏の傑出人に関する研究ばかりが行われてきました。

さらに、病跡学における統合失調症中心主義は、統合失調症者を「理想化」していました。すなわち、「統合失調症者は、統合失調症ではない人々では到達できないような真理を手に入れている」という言説が流行していたのです。

こういった統合失調症中心主義と、さきほど確認したこの病に対する悲観的な見方が合流したところに、二〇世紀の病跡学的思考の雛形ができあがります。それは、「統合失調症者は、理性の解体にまで至る深刻な病に罹患することとひきかえに、人間の本質にかかわる深淵な真理を獲得するに至った人物である」という考えです。つまり、「統合失調症」は理性の解体とひきかえに真理に触れることを可能にする、特権的な狂気だと考えられたのです。

具体的に、病跡学の言説のなかから、そのような傾向がみられる箇所をいくつかあげてみましょう。まず、ヤスパースの『ストリンドベリとファン・ゴッホ』からの引用です。

> この種の病者〔＝統合失調症者〕において一時的ではあるが、形而上学的な深淵が啓示されるかの如くに思われることがある。〔…〕
> あたかも彼らの生涯の裡《うち》に、ただ一度だけ戦慄と至福に満ちた何ものかが啓示され、やがてその幾分の記憶のみを残して恢復不能の痴呆に陥るかの如くである。（ヤスパース　一九五九、一四三―一四四頁）

当時の早発性痴呆（統合失調症）は、急激に発病し、幻聴や妄想などのいわゆる「狂気」の症状を活発に呈したかと思うと、すぐに痴呆状態（精神の荒廃状態）に陥ってしまう病でした。そして、特に発病の前駆期や発病直後に、一過性に創造性が高揚するときがあったのです。そのような時期に関して、ヤスパースは「形而上学的な深淵の啓示」をみてとっていました。病跡学者たちは、この統合失調症という病に、悲劇とひきかえに真理を獲得せんとする英雄的な姿を重ねていたのかもしれません。これを、統合失調症に関する悲劇主義的パラダイム、と呼んでおきましょう[1]。

ヤスパースの議論のつづきをみていきましょう。

ゴッホは単に彼の全体的な世界観の実現としての彼の存在によってのみならず、またその精神分裂病〔＝統合失調症〕期に出現した新しい世界によって、私を魅惑した。〔…〕それはあたかも存在の最後の源泉が可視的となり、現存在の隠された地盤が我々に直接に働きかけるかの如くである。〔…〕その衝撃は〔…〕われわれに親しい形体を他の異った世界に転置せしめるものである。その世界は〔…〕自己の固有なる存在への呼びかけであり、これによって変動・革命がわれわれに齎《もた》らされる。（同書、二二三―二二四頁）

ヤスパースは画家フィンセント・ファン・ゴッホ（一八五三―九〇年）を統合失調症だと診断しており、ゴッホも統合失調症の発病期に新しい世界を現出させ、既存の凡庸な世界観を転覆したのだといっています。そして、結論として次のように述べています。

この高級な知的文化の時代において、また我々に固有な明晰さへの意志、誠実への義務、それに相当した現実主義の風潮の中にあって、この解体的な深淵及びこの神的なる意識の真実性を信じ得るのはかくの如き病者においてのみではないか？〔…〕かくの如き時代にあっては、精神分裂病〔＝統合失調症〕は、以前には精神分裂病者でなくても真実に体験し表現するを得た領域において真実であり得る唯一の条件ではあるまいか。我々は〔…〕ただ精神分裂病においてのみ深く真実に可視的となる何ものかをめぐっての舞踏を見ているのではあるまいか？（同書、二二四―二二五頁）

人間の真理や存在の深淵を感じとり、それを表現することは、かつては傑出した人物が行っていたことでしたが、現代社会においてそれを行えるのは、統合失調症という病に罹患した人々だけなのではないか、とヤスパースは問うています。この『ストリンドベリとファン・ゴッホ』は優れた著作ですが、やはり統合失調症という病に罹患した人々は病とひきかえに人間の存在の真理を明らかにすることができる、という悲劇主義的パラダイムを基本的なものの見方として採用していることがわかるでしょう。

ヤスパースのような病跡学者だけでなく、精神分析家のラカンも同様のことを述べています。

人間の存在というものは、狂気なしには理解されえないばかりでなく、人間がもしみずからの自由の限界としての狂気を自分のうちに担わなければ、人間の存在ではなくなってしまう。（Lacan 1966, p. 176）

ふつう、人間は理性（raison）をもつ存在だと考えられ、理性を失った状態（déraison）は狂気だと考えられています。しかしラカンは、そもそも人間は狂気の可能性を内包しているものとしてしか理解できない、と主張しています。たしかに、たとえばジャン＝ポール・サルトル（一九〇五―八〇年）の『嘔吐』（一九三八年）に代表されるような数多くの近現代の文学作品が、「狂う」ことの可能性をもとに「人間」を描いています。そう考えると、「狂う」可能性がまったくないような人間というのは、逆に不気味な、非人間的な存在だと考えられるわけです。

ラカンは、狂気の可能性を完全に排除しようとするならば、それはもはや人間ではなくなってしまうだろう、と言っています。もっとも、彼の時代には、人間の存在から狂気を完全に排除してしまうことは、空想にすぎない事柄でした。けれども今日では、人間を狂気と無縁のものにしようとするための様々なテクノロジーが開発されようとしています。実際、脳の内部に直接的に電気や磁気の刺激を送って治療を行う脳深部刺激療法はパーキンソン病などですでに実用化され、うつ病や強迫性障害などへの応用が検討されつつあります。この技術を、頭部などの身体に取り付けるウェアラブル・デバイスと組み合わせると、どうなるでしょうか。将来的には、人間の中枢神経系を二四時間モニタリングし、生じた不快をそのつど最小化するような対処を行うことも可能になるでしょう。究極的には、人間に生じる狂気の「芽」を即座に取り除くこともできるようになるかもしれません。そうなると、人類は狂気を完全に克服できるようになるかもしれません。狂気の完全な克服という空想は、近代医学の黎明期からみられるものですが、現代では空想的ではない仕方でその実現可能性を考えることができるのです。現代の私たちは、狂気の可能性を内包するものとして人間を定義していたラカンのいう「人間」とは違う、新しい「人間」になる途中の段階にいるのかもしれません。おそらく、将来あらわれる新しい「人間」は、ラカンがいったような狂気を内包する「人間」と同じ姿かたちをしていても、その内実はまったく異なる「人間」（ポスト・ヒューマン）になる、つまり「人間」という概念それ自体が更新されてしまうこともありうるのではないかと思えてきます。

ラカンは、別の箇所で次のようにもいっています。

スピノザを見て下さい。〔…〕重要なことは了解することではなくて、真実に到達することです。〔…〕つまりそのことは、私達は皆、妄想者と共通のものを少々持っているということです。（ラカン　一九八七b、(上)七八頁）

國分功一郎（一九七四年生）の『スピノザの方法』で強調されていることですが、スピノザの哲学というのは、論理立てて何かをわからせることよりも、真理に到達することが第一義的になっている特異な哲学です。ラカンは、妄想者と健常者は、真理が問題になるときには共通する態度をとっているといおうとしています。人間と狂気は切り離すことができず、狂気や妄想は真理が開示されるための条件となる、という考え方は、二〇世紀後半の西洋思想に頻出するひとつの知のパラダイムなのです。

日本における「創造と狂気」論

このような考えは、西洋の思想家だけにみられるわけではありません。次は、日本の精神病理学者・病跡学者である宮本忠雄（一九三〇―九九年）の言葉をみてみましょう。

> いうまでもなく、いっさいの創造——とりわけ芸術における創造は新しい世界の創造を意味するが、この行為は当然ながら日常的現実世界の外に立って、なんらかの意味でその世界を越え出た、いわば超越的な世界をめざすという契機を必須の前提とする。それは美的エクスタシス(ekstasis)ともいえる契機であり、もともときわめて主体的な態度である。ここでいうギリシャ語のエクスタシスは、元来、「(心の)おきかえ」、「(だれかを意識の)外へおく」という意味から、「狂気」そのものをさしていたことばであるが、同時にそれは上記のような「超出」や「脱自」(自分がいまあるところから抜け出るということ)の態度をするどく示唆してもいる。ところで、われわれは、このようなエクスタシスをどういう狂気の型にみいだすのであろうか? 躁うつ病における現実世界との感情的共振や、てんかんにおける現実世界への粘着的態度〔…〕からは、むろん、エクスタシスの契機は出てこない。だが、分裂病〔=統合失調症〕では、〔…〕このようなエクスタシスと同質の構造が特有な相貌的世界の出現をとおして受動的にもたらされる。
> (宮本 一九七三、四四一頁)

宮本は、いま自分たちが生きている現実の世界の〈外〉に出ることが、優れた創造の前提である、と主張しています。そして、そのような創造、彼のいう「美的エクスタシス」を可能にする狂気こそ統合失調症であり、反対に、躁うつ病はこのような美的エクスタシスの契機とは無関係だとされています。統合失調症者が現実の世界に対してその〈外〉を目指し、真理をあらわにすることを可能にするのに対して、躁うつ病の患者は基本的に世界と調和的・共鳴的なあり方をしていることが多く、真理とは関係しにくいと考えられているのです。この意味で、躁うつ病やてんかんといった精神障害は、優れた芸術の条件となる美的エクスタシスを生み出すことができないものとされ、創造性についていえば「二流の狂気」だということになるのです。ここにもやはり、統合失調症中心主義が確認できます。

次に、宮本と同世代の精神病理学者である木村敏（一九三一年生）の芸術観をみてみましょう。

> 芸術作品の中に完全に没入して自らを無にして体得した美の体験は、後から反省的に考えてみれば怖るべきものの一端に触れたというのほかはない。深い美の体験は我の存在そのものに係わっているのである。古来、芸術と狂気の近接性が考えられ、ある種の創造的な分裂病者〔＝統合失調症者〕が時として深い芸術作品を産み出しうる事実は、分裂病〔＝統合失調症〕体験と芸術体験とのある種の構造的類似に求めうるかと思う。（木村 二〇一二、二一四頁）

優れた作品を生みだす美的体験は、それを体験しているときには恐ろしいものとして現れるが、統合失調症において生じる体験は、それと酷似している、というのです。ここにも芸術の創造について、統合失調症を特権化する傾向を指摘できます。

最後に、宮本や木村より下の世代の精神病理学者・病跡学者の代表として、内海健（一九五五年生）の総括的な記述を参照しておきましょう。

> 病跡学《パトグラフィー》は分裂病〔＝統合失調症〕に対して特権的な位置を与えてきた。この疾患の病理が示す

現実超脱性や意表を突く横断性の中に、人は「人類の尖兵」とも言うべき姿をみとめ、天才の創造行為と重ね合わせてきたのだろう。（内海 二〇〇三、一九四頁）

「尖兵」というのは、軍隊の最前線の一番危険な場所に立ち、人々が進むべき道を開拓していく人のことです。やはり、病跡学は統合失調症を危険とひきかえに人間の真理を顕現させる存在とみなしてきたことがわかるでしょう。

このように、病跡学、精神病理学、精神分析のビッグネームたちは、みんな判で捺したように同じことを――つまり、統合失調症という狂気において人間の真理が顕現し、それが彼らの生み出す優れた創造と結びついている、ということを――語っているのです。しかし、なぜ統合失調症だけがこれほど特権化されてきたのでしょうか？

実際、定量的な研究（いわゆる「エヴィデンス・ベースド」な研究）によれば、統合失調症と創造が関連しているという病跡学の仮説を覆《くつがえ》すかのような結果が多数得られてきました。この分野の第一人者であった米国の精神科医ナンシー・アンドリアセン（一九三八年生）によれば、意外なことに作家の多くが、双極性障害（躁うつ病）やうつ病といった気分障害をもっていたというのです（アンドリアセン 二〇〇七、一三九頁）。最近では、同じく米国の精神科医であるナシア・ガミー（一九六六年生）の『一流の狂気――心の病がリーダーを強くする』という著作が話題を集めました。彼によれば、危機の時代における最良のリーダーは、精神的に病気であるか異常であるような人物であり、チャーチル、リンカーン、ルーズベルト、ケネディ、ヒトラーなどはそういった「異常」なリーダーの代表例ですが、ガミーによれば彼らはいずれも気分障害圏だったそうです（ガミー 二〇一六）。このように、定量的にみた場合、統合失調症よりも、うつ病や躁うつ病のような気分障害のほうが、創造と関係しているというデータがあるのです。[2] 特に、ガミーの著作は、「異常」なリーダーという一種の「変人」の価値を称揚する点で、まさに本書の冒頭で紹介したような「Think different する変人」が危機の時代を救う、といったビジネスの世界における議論とも共鳴しています。これらは、かつての病跡学の古典がもつ重みから解き放たれた、「現代」的な議論だといえるでしょう。

近代の病としての統合失調症

次に、どうしてこのように統合失調症が特権化されて、創造と結びつけられるようになったのかを考えていきましょう。

まず、統合失調症という病が人類の歴史においていつ登場したのかを考えなければなりません。ティモシー・J・クロウ（一九三八年生）という有名な精神科医が、「ホモ・サピエンスの言語獲得の代償としての統合失調症」という論文を書いています。彼は、類人猿とホモ・サピエンスの決定的な違いは、Xq21.3 / Yp11.2 の染色体転座にあり、この遺伝子はホモ・サピエンスに言語能力を与えるとともに、統合失調症になりうるリスクをも与えたのだと主張しています（Crow 2000）。

また、アメリカの心理学者ジュリアン・ジェインズ（一九二〇―九七年）は、紀元前九〇〇〇年から紀元前二〇〇〇年までのあいだには、人間は絶えず神の声を聞き、神の命令に従っていたと主張しています。この時代の人間は、議会でたとえるなら衆議院と参議院がわかれて存在しているように、右に神の部分、左に人間の部分がある「二院制精神」をもっていました。そして、紀元前一二三〇年頃にこの二院制精神が崩壊して主観的な意識ができあがります。しかし、二院制精神は完全に消えさったのではなく、その名残として神の声をきく脳の機能が残存し、それが統合失調症としてあらわれたのだというのです。

クロウとジェインズの議論は、統合失調症の起源をかなり古くに見積もる学説だといえるでしょう。しかし、彼らのいっている「統合失調症」とは、単に幻覚や奇妙な観念（妄想）を語るといったことで定義されるものです。しかし、統合失調症は単に幻覚や妄想があるだけの病ではありません。思春期から青年期にかけて急激に発症し、そのなかで幻覚や妄想があらわれ、次第に理性の解体に至るという決まった経過をとるものを統合失調症と考え、はっきりした統合失調症が確認できるのは一九世紀以降だとする立場もあります（本書では、一貫してこちらの立場を取ることにします）。

十分な記載がなされた統合失調症の患者の最初の記録は、一八〇九年にようやく現れるとされます。ひとつはロンドンのベスラム病院の院長であったジョン・ハスラム（一七六四―一八四四年）の『狂気とメランコリーの研究』、もうひとつはフランスのフィリップ・ピネル（一七四五―一八二六年）の『精神疾患あるいはマニーに関する医学・哲学的概論』の第二版において、現代でも統合失調症と診断されうる症例が同じ一八〇九年に記載されています。統合失調症は、近代に誕生した病といっても過言ではないのです（ゴッテスマン 一九九二）。ちなみに、さきほど名前をあげたヘルダーリンは、まさにその時代に統合失調症を発症した人です。もっとも、ヘルダーリンの病はカルテの記録が十分に残っていませんので、正確な診断を下すことはできないのですが、彼が書いた手紙や様々な記録を参照すると、ヘルダーリンを人類初の、少なくとも最初期の統合失調症者とみなすこともできるのです。

では、人類史における統合失調症の出現と、芸術をうみだす創造とは、どのように関係しているのでしょうか。それを論じたのが、ミシェル・フーコー（一九二六―八四年）の『狂気の歴史』（一九六一年）という本です。フーコーによれば、狂気という現象は昔からあったけれども、一七世紀の中頃までは、西欧の社会は狂気に対して驚くほど寛容だったといいます。つまり、当時の狂人たちは社会の周辺に追いやられてはいたけれども、社会の機能のなかに組み込まれていたのです。しかし、それ以降、狂人たちは施設（今日の精神病院の起源です）に監禁されるようになります。すると、狂気は社会から排除され、不可視化され、沈黙させられるようになる。しかし、狂気はずっと沈黙させられつづけていたわけではありません。フーコーによれば、監禁され排除された狂気は一九世紀に文学の世界のなかに回帰してくるのです。つまり、近代以降、排除されていた狂気それ自体が言語活動をはじめ、作品をつくりはじめるようになる時代が来る。それまで沈黙させられていた狂気が、堰《せき》を切ったように自分自身の言葉を語りはじめ、それが現代文学を生み出したというのです。フーコーは自著『狂気の歴史』を解説して次のように語っています。

歴史の資料を探ってみると、十七世紀の半ばごろまでは、西欧は狂人に対して、また狂気というものに対して、まさに注目に値するほど寛容であった。狂気という現象は、いくつかの排除と拒絶のシステムによって明示されているけれども、それにもかかわらず、いわば社会や思考の織り目のなかに受入れられていた。〔…〕ところが十七世紀以降というもの、一大断絶が起こり、一連の方式によって、周縁的存在としての狂人を完全に排除された存在へと変えてしまいました。〔…〕そのとき、西洋世界は最も重要な原理的選択の一つを行なったのだと、私には思えるのです。

〔…〕そうした狂人や狂気という現象を排除するに至るこの原理的選択というものが、十九世紀以降、文学において問題にされるに至るからです。〔…〕

〔…〕最も偉大なドイツの詩人ヘルダーリンは狂人でありました。ヘルダーリンの晩年の詩こそまさにわれわれにとって現代の詩の本質そのものに最も近いものなのです。ヘルダーリンにおいて、サドやマラルメにおいて、あるいはレーモン・ルーセルにおいて、アルトーにおいて私の関心をひくものはまさにそれなので、つまり十七世紀以来遠ざけられていた狂気の世界、祭りのような狂気の世界が文学のなかに突然侵入してきたということです。（フーコー＋清水＋渡辺 二〇〇六、三六九—三七一頁）

『狂気の歴史』でフーコーが強調しているもうひとつの点は、近代以降、ひとびとが狂気のなかに真理をみるようになったということです。どういうことでしょうか。

一七世紀以降の社会は、まず狂気を、狂人を疎外します。「疎外する」というのは、この場合、狂人たちを社会のなかで共に暮らすことができない人々であると判断し、施設や精神病院に閉じ込めることを指します。そして、そのように疎外したあとに、彼らの狂気のなかには実は「真理」が隠れているのだと考え、その真理を「人間の真理」として健常者の側に引き受けなおすという作業が行われます。フーコーはこういう態度をとる人間を「弁証法的人間（homo dialecticus）」と呼んでいます。どういうことかというと、このような態度は、自分たちに対する否定性（＝理性をもつ人間ではないもの）として狂気をいったんは疎外するけれども、その否定性のなかに肯定的なもの（＝真理）をみてとり、それを正常の側から引き受けなおして、人間の新しい真理として位置づけるのです。つまり、自分（理性をもつ人間）にとっての他者（非理性＝狂気）のなかに自分（人間）の真理をみるという点で、この態度は「弁証法的」であると評されているのです。

たとえば、人間学的精神病理学と呼ばれる立場の議論に顕著なのですが、ある統合失調症者の体験は、それが精神の異常であるという点では否定的なものだけれども、その患者の体験は、われわれ健常者の側をもふくんだ人間のあり方を明らかにしてくれる……などといった議論が典型的です。ある統合失調症者にみられる異常は、逆にわれわれがどのようにして「正常」に生きることができているのかを教えてくれる、というわけです。

この「弁証法的人間」、つまり狂気のなかに人間の深い真理を発見しようとする態度は、さきほど指摘した病跡学における統合失調症中心主義とも密接に関わっています。そして、人類史における統合失調症の出現と、弁証法的人間の登場はともに近代以降のことであり、その結果として、狂気と結びついた創造が生み出される基盤ができ、さらには病跡学という学問も誕生したのだと考えることができるでしょう。この一連の流れを可能にしたものこそ、近代という時代だったのです。

ところで、今日では近代から、すなわち最初の統合失調症の記載から二〇〇年以上の年月が流れています。現代では、統合失調症は病それ自体が軽症化しているといわれます。そして、創造性に関しても、統合失調症以外の病理、たとえば境界例や躁うつ病、最近では自閉症スペクトラム等の病理が注目されはじめています。さきほどあげた内海健は、まさに『「分裂病」の消滅』（二〇〇三年）という本を書いていますが、「分裂病（統合失調症）」が近代という時代が可能にした病だったとすれば、「ポストモダン」と評される近代以後（現代）の世界では、かつての統合失調症中心主義は、その覇権を失っていくことになるのかもしれません。少なくとも、統合失調症という狂気のなかに人間の真理をみていたようなものの見方はだんだんと消滅していくのではないでしょうか。

現代、すなわちスティーヴ・ジョブズの時代というのは、おそらくは統合失調症中心主義以後の時代です。フーコーは『言葉と物』(一九六六年)という本の最後を、「[近代が可能にした概念としての]人間」は「波打ちぎわの砂の表情のように消滅するであろう」と結んでいます(フーコー 一九七四、四〇九頁)。また彼は、狂気のなかに人間の真理を見出すような「人間」は、そう遠くないうちに死に絶えてしまうだろう、とも予測しています(フーコー 二〇〇六b、二八〇―二八一頁)。だとすれば、現代とは、統合失調症中心主義によって支えられていた、狂気を内包するものとしての「人間」の概念が、それとは別の新しい「人間」へと変化していく途上なのかもしれません。

病跡学の思想史的検討の必要性

まとめましょう。狂気――臨床的な狂気――は、創造を生み出すことがあります。そして、創造と狂気の関係を問う病跡学という学問は、とくに統合失調症という病のなかに優れた創造を見出していました。このようなものの見方は、フーコーによれば、近代以降に統合失調症が登場し、それとほぼ同時期にそれまで排除されていた狂気が文学のなかに回帰してきたことによって可能になりました。

ところで、いったいどうして「創造と狂気」という問題が統合失調症という病を蝶番《ちょうつがい》にして結びつくことができたのでしょうか。実際、狂気が創造性を生み出すとする考え方は、近代以前にも、少なくともプラトンやアリストテレスの時代まで遡ることができます。しかし、そのときに――すなわち、統合失調症が登場する以前に――いわれていた「狂気」とは、いったいどんな「狂気」だったのでしょうか。そして、現代においては、どんな「狂気」が創造と関係をもつのでしょうか。

次章からは、創造と狂気をめぐる思想史を――プラトン、アリストテレスの時代から近代の哲学を経て、ドゥルーズの芸術論に至るまでを――たどることによって、病跡学を可能にした思想史的条件を明らかにしたいと思います。そのなかで、統合失調症中心主義がどのようにして生まれ、そしてどのようにして終わりつつあるのかが明らかになるはずです。

第**2**章

プラトン

神的狂気と創造

プラトン

古代の狂気

前章で私たちは、優れた芸術や時代を画するような創造が、狂気――それも、クリエイティヴなギークではなく、臨床的な狂気――によってもたらされる場合があること、そして、「創造と狂気」の関係を研究する学問である「病跡学」において、「統合失調症中心主義」と呼ぶべき傾向が存在していたことを確認してきました。

では、西洋思想史において、「創造と狂気」という問題は、いつごろから扱われるようになったのでしょうか。

「西洋哲学の伝統はプラトンへの膨大な注釈によって構成されている」という有名な言葉があります。あらゆる哲学は、古代ギリシアの哲学者プラトン（前四二七―三四七年）が著した書物によって可能になった、という意味です。「創造と狂気」という哲学上の問題も、その例に漏れず、やはりプラトンから始まります。プラトン以前には、デモクリトス（前四六〇頃―三七〇年頃）が「狂気のない大詩人はない」と述べたとされていますが、創造と狂気の関係についての十分な記述があるのはやはりプラトンからです。

さて、プラトンにおける創造と狂気の関係をみる前に、古代ギリシアではどのようなものが「狂気」とみなされていたのかを確認しておきましょう。

古代ギリシアでは、個人を超えた超自然的な存在（神々）の圧倒的な力に人間がとらえられたり、憑依されたりした状態が、狂気だと考えられていました。たとえば、「てんかん」という病――痙攣がとつぜん生じ、意識消失をともなうこともある病――が、そのような狂気（「神聖な病」）として考えられていた時期もありました（ヒポクラテス 一九六三）。というのも、とつぜんの痙攣や意識消失は、当時の知識では原因がわからないものであり、当時の人々は「神々の意志」のような超自然的なものが作用して人間をそのような状態にさせたと考えるしかなかったわけです。いまでも、大地震や災害が起こったときに、「これは天罰ではないか」と考えるような思考法が多少なりとも残っていますが、古代ギリシアの人々はまさに狂気をそのようなものとして捉えていたのです。

また、狂気が二つに区分されて捉えられていたことも知られています。一つ目は、「神的狂気」であり、これは超自然的なもの（神々）によって生じた狂気のことです。二つ目は、そういった超自然的なものとは関係なく、自然の法則に従って生じる狂気です。たとえば、個々の人間の脳に何らかの異常があって生じる狂気がそれにあたり、これは人間に生じる「普通の狂気」のことであるといえます。このように、古代ギリシアにおける狂気は、神々に由来する超自然的な狂気と、神々とは無関係に生じる自然的（人間的）な狂気に二分されていました。このような二分法に基づいて、さきほどのてんかんや「酒狂」（アルコール依存のことです）は後者の普通の狂気とみなされ、前者の神的狂気と比べて価値が低いものと考えられるようになりました。

古典学者エリック・ロバートソン・ドッズ（一八九三―一九七九年）の名著『ギリシア人と非理性』から、そのことが記されている一節を確認しておきましょう。

〔…〕「神的な」狂気と病気によって惹起される普通の狂気との間に、プラトンが引いた一般的区別〔…〕は、もちろん、プラトンより古い。ヘロドトスの伝えるクレオメネスの狂気〔＝家族、親類を殺してしまう狂気〕は、〔…〕彼の同郷人はそれを重い飲酒癖の結果に帰していたのである。そして、ヘロドトス自身は、〔…〕カムビュセースの狂気をば生来の癲癇《てんかん》に由るものと説明したがっており、また、身体が著しく害われている時には精神もまた影響をうけるのは驚くにはあたらない、と極めて分別のある意見を加えているのである。従って、ヘロドトスは、少なくとも、二つのタイプの狂気を認めている。一つは（恵みとは言えないが）その起源において超自然的な狂気であり、他は自然的原因に由来する狂気である。（ドッズ 一九七二、八〇―八一頁）

プラトンの対話篇にみられる「創造と狂気」の関係をめぐる対話は、このような古代ギリシアの二分法を前提としています。簡単にいっておくと、詩人がすぐれた詩を生み出す際に働いている創造性は神的狂気によるものであり、普通の狂気（てんかんやアルコール依存）は創造性とは何の関係もない、というのがプラトンの基本的な立場です。

それでは、プラトンの『イオン』と『パイドロス』という二つの対話篇を実際にひもといていきましょう。

詩人狂人説(1)――『イオン』

『イオン』は、プラトンの「対話篇」と呼ばれる著作群のなかでも初期のものにあたります。あらすじはこうです。登場人物は、吟遊詩人イオンとソクラテスの二人。ソクラテスは、当時の大詩人ホメロスを特別に褒め称えるイオンに対して、ホメロス以外の詩人をどう評価するのかと問いただします。するとイオンは、自分が技術や知識を用いて語れるのはどういうわけかホメロスの素晴らしさについてだけであり、他の詩人についてはまるで語れないのだと白状します。しかし、ホメロス以外の詩人も同じように「詩」というジャンルの作品をつくっているのだから、もしイオンがホメロスについて語れる技術や知識をもっているなら、その技術や知識をつかってホメロス以外の詩人についても語れるはずです。そのためソクラテスは、イオンが何かしらの技術や知識によってホメロスについて語っているのではなく、実は神的なインスピレーション（霊感）によって語っているのだ、と結論づけます。

イオンは、当初は自分がホメロスについて語ることのできる技術や知識をもっていると思っていたのですが、ソクラテスとの対話によって、実はそうではないことに気づかされたことになります。このような議論の進め方は、よく知られたソクラテスの「イロニー」という対話法の典型ですが、本書ではソクラテスが語る詩人の創造性についての説明を中心にみていきましょう。

〔…〕叙事詩の作者たちで、すぐれているほどの人たちはすべて、技術によってではなく、神気を吹きこまれ、神がかりにかかることによって、その美しい詩の一切を語っている〔…〕。むしろ彼らが調和や韻律の中へ踏みこむときは、彼らは、狂乱の状態にあるのだ。（プラトン　一九七五a、一二八頁＝五三三E—五三四A）

イオンが何らかの技術や知識ではなく、神々からのインスピレーションによってホメロスについて語っているのと同じように、当の詩人たち自身も、神々から言葉を吹き込まれることによって詩という芸術作品をつくっているのだといわれています。「吹きこまれる」という言葉は、いわゆる「インスピレーション」のことを指しています。現代でも、突然ハッとするような思いつきが頭のなかに浮かぶことを「インスピレーションを受ける」、「天啓を得る」などと表現しますが、古代ギリシアにおいて「インスピレーション」とはまさに神々から吹き込まれた霊感のことを意味していたのです。そして、ソクラテスによれば、すぐれた詩というのは、神々からインスピレーションを受けて、詩人が狂乱の状態に陥ることから生み出されるというのです。

だとすると、詩人が語る言葉は、詩人が生み出した言葉というよりも、神々の言葉であることになるでしょう。

〔…〕彼ら〔詩人〕は、あたかも蜜蜂さながらに、彼らみずからも飛びかいながら、ムゥサの女神たちの庭や谷にある蜜の泉から、その詩歌をつみとり、われわれのもとにはこんでくるのだと。〔ゆえに〕その彼らの言葉は、真実でもあるわけだ。というのも、詩人というものは、〔…〕神気を吹きこまれ、吾を忘れた状態になり、もはや彼の中に知性の存在しなくなったときにはじめて、詩をつくることができるのであって、それ以前は、〔詩をつくることが〕不可能なのだ。（同書、一二八―一二九頁＝五三四B）

詩人の言葉は、神々（特に、ムーサの女神）のところから運ばれてきた＝吹き込まれた言葉であり、そのような正統なところを出自としているがゆえに「真実」である、すなわち真理であるといわれています。ですから、詩人は自分自身が詩をつくる技術をもっているのではなく、むしろ「神々の〔言葉の〕取つぎ人以外の何ものでもない」（同書、一三一頁＝五三四E）とされるのです。現代では、芸術はそれぞれの芸術家の個性によって生み出されると考えられることが多いと思いますが、それとはまったく異なる考え方です。

そして、詩人がそのような真理の言葉を語るためには、神々からインスピレーションを受けて、我を忘れた状態、つまり非理性的な狂気の状態になることが必要だといわれています。この対話篇で「狂気」と名指されているのはどんな状態かというと、物語をきいて涙があふれる、恐怖のために髪が逆立つ、心臓の脈が速まるといった、特に「身振り」において現れる異常さであり、そういった「身振り」の異常さは「断じて正気ではは」ない（同書、一三四頁＝五三五C―D）と評されています。[1]

まとめておくと、『イオン』では、詩人が神々からインスピレーション（霊感）を受けて、我を忘れた狂気の状態のなかで、神々から取り次いだ言葉を運搬するようにして詩作が行われる、とされています。このような考えを「詩人狂人説」といいます。

詩人狂人説(2)――『パイドロス』

『イオン』に登場する「狂気」は、落涙、怒髪、動悸といった「身振り」の異常を代表とする、人間の一種の非‐知性的（非‐理性的）な状態でした。たしかに、そのような感情的な状態にあるときには、知性をもちいて何かを行うことは難しくなるでしょう。そのような状態のときに、神々は人間に言葉を吹き込んでくるようです。これがいわゆる「インスピレーション」であり、それが詩人にすぐれた詩を書かせるのです。つまり、『イオン』における狂気は、地上の平面にいる私たち人間が、神々という高い場所にいる超越的な存在から一種のメッセージを受け取る「神的狂気」にほかなりません。

中期の対話篇である『パイドロス』では、狂気のなかに二つのものが区別されるようになります。さきほど紹介したドッズが指摘していたように、狂気のなかに、価値の高い「神的狂気」と、価値の低い「普通の狂気」が区別されるようになるのです。

さて、『パイドロス』の内容をみていきましょう。この対話篇では、ソクラテスが川のほとりでパイドロスと偶然出会い、彼とともに弁論術の専門家であるリュシアスの話をはじめます。その会話のなかで、創造と狂気をめぐる議論が援用されています。その箇所に集中して読んでみましょう。

〔…〕実際には、われわれの身に起こる数々の善きものの中でも、その最も偉大なるものは、狂気を通じて生まれてくるのである。むろんその狂気とは、神から授かって与えられる狂気でなければならないけれども。（プラトン 一九六七、五二頁＝二四四A）

ヴィクトール・クーザン（一七九二―一八六七年）によるフランス語訳では、ここで用いられている「狂気《マニア》」は「デリール（délire）」と訳されています。これは英語なら“delusion”、ドイツ語なら„Wahn“に相当する言葉で、いずれも「狂気」ないし「妄想」を指す言葉です。そして、「神から授かって与えられる狂気」は「神々からインスピレーションを受けた狂気（un délire inspiré des dieux）」と訳されています。ここでもやはり、詩のような善いもの（善いもののなかで最も偉大なもの）は、神々からのインスピレーションを受けとることによって生み出されると考えられていることがわかります。

ここまでは、『イオン』の詩人狂人説と同じです。しかし、『パイドロス』では、それだけにとどまらず、狂気には二つの種類がある、という議論がなされていきます。

〔…〕狂気には二つの種類があって、その一つは、人間的な病いによって生じるもの、もう一方は、神に憑かれて、規則にはまった慣習的な事柄をすっかり変えてしまうことによって生じるものであった。〔…〕

〔…〕あの二つの話は、〔…〕心の錯乱というものもまたわれわれの中にある本来一つの種類のものと考えた上で、一方の話は、狂気の左側の部分を切り分け、〔…〕これにはなはだ正当な非難をあたえた。他方、もう一つの話のほうは、狂気の右側の部分へわれわれを導いて、〔…〕何か神にゆかりある恋を見出し、それをわれわれに差出したのち、われわれにとって最も善きものをもたらすものとして、この恋を讃美したのであった。（同書、一〇八―一一一頁＝二六五Ａ―二六六Ｂ）

ここでは、狂気に二つの種類が区別されています。

第一の狂気は、さきほどまでみてきた「神々からインスピレーションを受けた狂気」（神的狂気）であり、これは私たちに「善きもの」をもたらす優れた狂気だとされています。そして、そのような優れた狂気は、「規則にはまった慣習的な事柄をすっかり変えてしまう」といわれています。つまり、日常的で平凡なものの考え方ではけっして思いつくことがないような、一風変わった発想を生み出す狂気が、「神々からインスピレーションを受けた狂気」なのです。このような狂気は、一種の「革命」的な性格をもっているといえそうです。あらかじめ決まりきったことや、結果の予想がつくようなことだけが起こっている日常的な世界を転覆させて、まったく新しい地平を私たちにみせてくれるものが、この神的狂気によって生じる詩作である、というわけです。

第二の狂気は、人間的な病によって生み出されるものであり、神々からのインスピレーションのような超越的なものがかかわっていない病だとされています。おそらくは、てんかんや酒狂などがこれに相当すると考えられます。そのような病は、神的な狂気とは異なり、「革命」的でもなければ、詩作を可能にするわけでもない。ゆえに、人間的な病が生み出す狂気は、非難されるべきものであり、つまりは価値が低いものとみなされるわけです。

プラトンはこのようにして、神々とかかわる神的狂気と、神々とかかわらない人間的な狂気を対立させ、前者だけを価値がきわめて高いものだとします。そして、この二項対立から演繹して、神々とかかわるような恋愛こそが優れたものであるという結論を導きだしてくるのが『パイドロス』の主な筋です。

さらにプラトンは、この二つの狂気の優劣を、家族のメタファーをもちいて記述しはじめます。彼がソクラテスに語らせていることによれば、前者の詩作を可能にする狂気、つまり神々からインスピレーションを受けた狂気では、神々から人間に向けて言葉が吹き込まれるのですが、そのような神々に由来する言葉は、「父親の正嫡《せいちゃく》の子である」言葉（同書、一三七頁＝二七六Ａ）だというのです。「父親の正嫡の子」というのは、現代でいえば、法的な婚姻関係のなかで生まれた子どものことでしょう。つまり、その子どもの父が誰であり、その父の父（祖父）が誰であり、さらにその父の父（曾祖父）が誰であるのかが明確であるような子どものことです。言い換えれば、「正嫡」とは、家系のなかでの垂直的な系譜がはっきりしていることにほかなりません。プラトンはここで、神々からインスピレーションによって伝達された言葉（詩人の言葉）がもつ正統性を、父性の系譜のなかで伝達される正嫡性になぞらえているのです。反対に、たとえば不倫をした父親が婚姻関係の外で子どもをつくった場合には、その子どもは「非嫡出的」な子ども、すなわち正統なものではない系譜のなかで生まれた子どもであるとされ、正嫡の子どもより劣った扱い（婚外子差別）を受ける場合があります。同様に、『パイドロス』では、神々とかかわらない人間的な狂気は、まさに「非嫡出的」な狂気として、価値の低いものとして扱われているといえそうです。

嫡出的なものだけを正統かつ価値あるものとみなし、非嫡出的なものを価値の低いものとみなす、このような考え方は、家父長制的でもあり、差別的な偏見にもとづいています。しかし、プラトンだけでなく、現代の私たちもまた、残念ながらこのような偏見をしばしばもちますし、偏見にもとづいた作品をそうとは知らずに楽しんでいることがよくあります。

たとえば、漫画『金田一少年の事件簿』では、殺人事件が起こって現場が混乱すると、主人公の金田一少年が「じっちゃんの名にかけて」というセリフで事件の解決を約束するシーンが必ず出てきます。この言葉は、自分の祖父である名探偵・金田一耕助の名にかけて事件を解決することを宣言しているわけですが、実際、この宣言のあと事件は予定調和的にすぐさま解決に向かいます。この「じっちゃんの名にかけて」という言葉は、まさに祖父から孫へと続く正嫡的な関係が、孫である自分の推理能力を担保しているという確信に基づいているわけです。他にも、いわゆる「バトルもの」の漫画では、最初のうちは弱かった主人公が修業の果てに強くなっていくストーリーがよく見られますが、物語の終盤になると、実は主人公が格闘に秀でた特別な血筋の生まれだったことが明らかになったりします。

神々や父からつづく正嫡的な系譜のみを優れたものとみなす、このような思考のパターンは、ある特定の狂気（神的狂気）だけを特権化し、それ以外の狂気（人間的な狂気であるてんかんや酒狂）を凡庸で価値の低いものとみなす考え方とつながっています。このような考え方は、「プラトン主義（platonism）」と呼ぶことができますが、ここには、前章で指摘した「統合失調症中心主義」の古代ギリシアにおける原型があるように思います。

だとすれば、現代における創造と狂気をめぐる議論は、プラトンの考え方に抵抗しなければならないのかもしれません。統合失調症という狂気を特権化し、その特権化された狂気のなかに人間の真理と優れた創造性をみていたような二〇世紀の思考法とは別の仕方で創造と狂気について考えるには、反プラトン主義的な立場に身を置かなければならないのです。次に、そのような「プラトン主義の転倒」を行った現代の哲学者である、ジャック・デリダとジル・ドゥルーズの思想を概観していきましょう。

プラトンのパルマケイアー

本章でとりあげるデリダやドゥルーズ、あるいは前章で扱ったラカンやフーコーといった人たちは、いずれも米国では「フレンチ・セオリー」、日本では「フランス現代思想」と呼ばれる潮流に属し、一九七〇年代以降にはちょっとしたブームのなかで積極的に受容されていた思想家たちです。

さて、ジャック・デリダ（一九三〇―二〇〇四年）は、フランスの植民地だったアルジェリア生まれのフランス人の哲学者です。彼の初期の仕事は、「脱構築（déconstruction）」と呼ばれるテクスト解釈の方法を用いて、西洋の形而上学が総体として維持してきた傾向を批判するものでした。批判の対象になったのは、書き言葉（エクリチュール）より話し言葉（パロール）を本質的なものとみなす考え方（音声中心主義）や、あらゆる物事を父やファルスに帰着させて考えるような考え方（ファルス＝ロゴス中心主義）ですが、その批判のなかではプラトンやラカンがときには名指しで、ときには暗に俎上に載せられます。そしてデリダの縦横無尽の読解によって、彼らのテクストが自壊してしまう点が暴かれていくのです。

デリダが一九七二年に刊行した本の一冊には、『散種』というタイトルがつけられています。「散種（dissémination）」というタイトル自体が、すでに面白いと思いませんか。散種とは、「種（semence＝精液）を散らす」ことであり、それは非嫡出的な子どもをつくることを含意しています。プラトン主義の考え方では、神々からのインスピレーションによって伝達された正統な言葉だけが価値あるものであり、同様に、正嫡的な系譜にもとづいた家族関係だけが良いものとみなされていましたが、デリダがもちいる「散種」というメタファーは、まさにプラトン主義において価値が低いとされたものを主題化しようとしているのです。

また、「散種」という言葉には、ラカン批判の意味も込められています。精神分析家のラカンは、「セミネール」（ドイツ語でいうところの「ゼミナール」です）と呼ばれた講義のなかで自分の教えを学生たちに口頭で伝えていました。その講義では、聴講生たちがラカンの発言を一語一句逃さないように正確にノートに写しとっており、のちにはそれらのノートをもとにたくさんの講義録が出版されました。このような伝授の仕方では、師であるラカンの言葉をどれだけ正確に写し取ることができるかが重要になり、その伝達は垂直的なものになりがちです。極端にいえば、ラカンの教育は、どんな事柄についてもラカンの教えを「再現」するような弟子を育ててしまい、新しいものが生まれる可能性を摘み取ってしまう危険性すら孕んだものだ、とデリダは考えていたのでしょう。実際、『散種』には、「セミネールにおいて法を遵守する」ことが「種子の力を父子関係なき享楽へと逸らせることはない」（デリダ 二〇一三a、二四五頁）と語られていますが、これはエディプスコンプレクスのような父子関係の議論を重視していたラカンと彼のセミネールに対する暗黙の批判です。デリダの「散種《ディセミナシオン》」は、いわば、セミネールに対する「ディス（リスペクト）」なのです。

デリダの「散種」は、神々からのインスピレーションやラカンの「セミネール」とは反対に、むしろ自分の思想の種をいろいろなところに撒き散らすものだといえるでしょう。もっといえば、自分の思想が誤って伝わることや誤読されることの価値を認め、そのような配達の失敗（誤配）によってこそ新しいものが生まれてくると考え、その誤配の可能性にかけること。自分の思想の正嫡的な子ども（自分の思想が正確に伝達された弟子）をつくるのではなく、自分の思想の非嫡出子をつくること。これが、「散種」というメタファーの含意です。このように、『散種』というタイトル自体に、プラトン主義の詩人狂人説やラカン理論に対する手厳しい批判がふくまれているのです。だとすれば、デリダの思想は、プラトン主義において低い価値しか与えられていなかった「人間的な狂気」や、病跡学において特権的な価値を与えられていた統合失調症以外の狂気における創造性を考えるための有効なヒントをもたらしてくれるかもしれません。

さて、デリダの『散種』に収録された論文のなかでも、病跡学にとって最も重要なのが、一九六八年に執筆された「プラトンのパルマケイアー」です。この論文では、『パイドロス』を中心にプラトンの対話篇が分析され、その結果として、プラトンにおける（そして、プラトン以降の西洋形而上学も共有する）次のような二つの特徴が取り出されています。

第一に、書き言葉（エクリチュール）より話し言葉（パロール）が重視されること（音声中心主義）です。なぜ話し言葉が重視されるのかというと、話し言葉は、その言葉を発した人物（発話者）がその場にいるので、言葉に対する責任をとることができるからです。話し言葉では、発話者は、その話をするかどうかを自分の意志で選べるわけですから、話を聞いてほしい人にだけ聞いてもらうことができます。また、もし聞き手に誤解されたとしても、発話者がさらに説明を加えることでその誤解を解くことができます。反対に、書き言葉——本や論文、あるいは手紙や日記を想像してみてください——は、読んでほしくない人にも読まれる可能性があります。そして、もし誤解されたとしてもその誤解を訂正できる人物はその場にいません。ソクラテスが『パイドロス』のなかで語っているように、書き言葉は、「自分だけの力では、身をまもることも自分をたすけること」もできず、「いつでも、父親である書いた本人のたすけを必要とする」（プラトン　一九六七、一三七頁＝二七五Ｅ）ものなのです。この点で、書き言葉は、話し言葉より劣っているのであって、話し言葉が利用できないときにしかたなく使われるにすぎないものだと考えられるのです。

書き言葉は話し言葉より価値が低い。これが、プラトン主義の基本的な考え方です。そして、この考え方は、単にひとつの喩え話ではなく、『パイドロス』では「哲学者」というもののあり方そのものに結びつけられる重要な議論なのです。『パイドロス』における言葉をめぐる議論の「結論」にあたる一節を読んでみましょう。

> 書かれた言葉の中には、〔…〕たいした真剣な熱意に値するものとして話が書かれたということは、いついかなるときにもけっしてない〔…〕と考える人、〔…〕そして他方、正しきもの、美しきもの、善きものについての教えの言葉、学びのために語られる言葉、魂の中にほんとうの意味で書きこまれる言葉、ただそういう言葉〔＝話し言葉〕の中にのみ、明瞭で、完全で、真剣な

熱意に値するものがあると考える人、――そしてそのような言葉が、まず第一に、自分自身の中に見出され内在する場合、つぎに、何かそれの子供とも兄弟ともいえるような言葉が、その血筋にそむかぬ仕方でほかの人々の魂の中に生れた場合、こういう言葉をこそ、自分の生み出した正《せい》嫡《ちゃく》の子と呼ぶべきであると考えて、それ以外の言葉にかかずらうのを止める人、――このような人こそは、おそらく、パイドロスよ、ぼくも君も、ともにそうなりたいと祈るであろうような人〔＝哲学者〕なのだ。（同書、一四二―一四三頁＝二七七Ｅ―二七八Ｂ）

たしかにプラトンは、書き言葉には価値がなく、話し言葉にこそ価値があるのだとソクラテスに言わせ、さらには話し言葉にのみ関わるような人間こそが理想の哲学者なのだと言わせています。そして、彼はここで「血筋」すなわち家系のメタファーに訴えて、父＝神々からの垂直的な系譜に由来する正嫡的なものだけに価値があるという考えを補強してもいます。

しかし、みなさんは気づかれたでしょうか。右の引用のなかで、話し言葉の素晴らしさについて熱弁するソクラテスは、話し言葉のことを「魂の中にほんとうの意味で書きこまれる言葉」であると言ってしまっています。話し言葉は、書きこまれる言葉であるというのです。彼は別の箇所でも話し言葉を「それを学ぶ人の魂の中に知識とともに書きこまれる言葉」（同書、一三七頁＝二七六Ａ）だと言っていますから、これは単なる偶然の言い間違いや言葉のあやではなさそうです。むしろ、『パイドロス』は、書き言葉を卑下しながらも、当の書き言葉こそが話し言葉を下支えしていることを暗に認めようとしている対話篇のようにみえてこないでしょうか。プラトンのテクストを読むデリダの戦略は、プラトンのテクストの中にあるこのような矛盾を暴き出し、プラトンが主張している書き言葉と話し言葉の対立が、プラトンのテクストの中ですら維持できていないことを指摘するものです。テクストに対して「家父長制」や「婚外子差別」といった外的な基準をもちだして批判するのではなく、テクストのなかでテクスト自体が自壊してしまうような点を露呈させること——これが、デリダの脱構築という方法です。

プラトンから取り出すことのできる第二の特徴に移りましょう。こちらの方が病跡学にとってはより重要です。実は『パイドロス』では、書き言葉は単に貶《おとし》められているだけでなく、優れた書き言葉も存在しうる、という主張がなされています。

〔…〕ものを書くということについて、それが妥当なことであるとか、妥当なことではないとかいった問題、すなわち、ものを書くということはどのような条件のもとにおいてりっぱなことだといえるのか、またどのような条件のもとではりっぱでないということになるのか、という問題が残っている。（同書、一三二―一三三頁＝二七四Ｂ）

ここでソクラテスは、たしかに書き言葉は話し言葉より劣っているけれども、書き言葉のなかにも良いものと悪いものがあると主張しています。そうして、書き言葉のなかでも、話し言葉により近い、優れたものがあると考えられるようになります。デリダは、このようなプラトンの記述から、次のような結論を引き出します。

すなわち『パイドロス』の結論は、現前的なパロール〔＝話し言葉〕の名においてエクリチュー

> ル〔＝書き言葉〕を断罪するというよりも、あるエクリチュールを別のエクリチュールよりも偏愛するということ、豊穣な痕跡を不毛な痕跡よりも偏愛するということ、内部に預け置かれるがゆえに生殖力のある種子を、外部での純然たる喪失のうちに浪費される——すなわち**散種**の危険のある——種子よりも偏愛するということ、これである。（デリダ 二〇一三a、二四〇頁）

> プラトンが生き生きとしたパロールを魂への一種の書き込みとみなし、エクリチュールを持ち上げるように見えるとき、彼はその運動を**真理**の問題圏の内部に維持している。en tè psuchè〔魂のうちなる〕エクリチュールは開削のエクリチュールではなく、もっぱら教授の、伝達の、証明のエクリチュールであり、最善の場合でも、除幕のエクリチュール、アレーテイアのエクリチュールである。（同書、二四八頁）

デリダによれば、プラトンは、まず書き言葉を話し言葉より劣ったものだと断定しています。そのあとで、書き言葉にも二つの種類、つまり良い書き言葉と悪い書き言葉があるとして、前者は「真理」を正統的かつ正嫡的に伝達する書き言葉であり、後者は「真理」とは無関係の「散種」を行う書き言葉だとしているのです。

良い書き言葉と悪い書き言葉のあいだにつくられたこのような二項対立は、前節でみた神的狂気と人間的な狂気の二項対立と同じロジックによって成立しています。つまり、プラトンは「神々から吹き込まれた狂気」を偏愛し、神々と無関係であるような人間的な狂気には価値がないと考えるのですが、同様に、彼は「真理」と関係する良い書き言葉にのみ価値があるというのです。このようなプラトン主義の考えは、第一章で確認した統合失調症中心主義のプロトタイプになっています。統合失調症という特別な狂気だけが「真理」と関係をもちうるのであって、その「真理」が病者の生み出す優れた創造と結びついているという考えは、まさにプラトンが良い書き言葉について与えた規定を引き継いでいるのです。

だとすれば、プラトン主義を転倒させるというデリダのモチーフは、病跡学にとっても非常に重要な価値をもつはずです。つまり、「真理」とは関係のないような狂気が生み出す芸術の価値を考えることは、彼の「散種」という概念によってはじめて可能になるのです。

プラトン主義の転倒

ジル・ドゥルーズ（一九二五―九五年）は、デリダとほぼ同じ時代に活躍したフランス生まれの哲学者です。彼についいては最終章で集中的にとりあげますので、ここでは前節でみたデリダの議論と関連する論点だけを紹介しておくことにします。

ドゥルーズが一九六九年に刊行した『意味の論理学』という本のなかに、付録として収録された「プラトンとシミュラクル」という論文があります。この論文でも、『パイドロス』にみられる狂気のエリート主義、つまり神々の言葉を正嫡的に伝達する狂気だけが狂気のエリートであって、そうではない「散種」的な狂気は劣ったものにすぎない、という考え方が批判されています。彼は次のように言っています。

『パイドロス』では、狂気を定義することが眼目になる。より正確には、善き基礎のある狂気

(un délire bien fondé) ないし真の愛を識別することが眼目になる。(ドゥルーズ 二〇〇七a、(下)一三四頁)

さきほどデリダが「プラトンのパルマケイアー」のなかで結論として述べていたこととほぼ同じです。つまり、『パイドロス』では、神々や父から正嫡的な系譜によって伝達されたもの、そういった「善き基礎のある」狂気、つまりは「ちゃんと基礎づけられている狂気」だけが価値あるものとされ、神々や父に反するような狂気(人間的な狂気)は切り捨てられる。これが『パイドロス』における狂気のエリート主義であり、私たちが前章で確認した統合失調症中心主義のプロトタイプです。

さらにドゥルーズは、「ちゃんと基礎づけられている狂気」ではないものを主題化するため、次のように主張します。

シミュラクルが対象・資質などを請求する際には、シミュラクルは、下の方から、侵入・潜入・転覆によって、「父に反して」、イデアを経由しないで請求する。(同書、(下)一四〇頁)

『パイドロス』における「ちゃんと基礎づけられている狂気」の重視は、ここではプラトンのイデア論と結びつけられており、イデアとは無関係に(「父(=神々)」に反して」)存在するようなものが「シミュラクル」と名指されています。

「シミュラクル」について、ここでは簡単に解説しておきましょう。

プラトン哲学では、私たちの魂は、昔は天上の世界で真の実在たる「イデア」だけを見て暮らしていたけれども、肉体をもって地上に住むようになってからはイデアのことを忘れてしまっているとされます。しかし、地上の世界でイデアに似たものを見ることによって、かつて知っていたはずのイデアを想起することができる。たとえば、私たちが現実に書くことができる三角形は、どこか線が歪んでいたり、拡大すればギザギザになっていたりしていて、完全な三角形ではありません。それは、完全な「三角形」の劣化した「コピー」にすぎないのです。しかし、私たちはその不完全な三角形を見て、完全な「三角形」のことを考えることができます。プラトンは、このとき私たちは、コピーを見てイデアを想い出している（想起している）と考えるのです。

しかし、世界にはイデアとコピー以外にも「シミュラクル」というものが存在します。よく使われる例ですが、私たちが現実の「蟹」を食べて「これこそ本当の蟹だ」と感じることができるのは、「コピーの蟹」（現実の蟹）を食べることを通じて、「蟹のイデア」を想起しているからです。ところが、現実の世界には、イデアとそのコピーだけでなく、たとえば「カニカマ」のような「コピーのコピー」が存在します。「カニカマ」は、オリジナルである「蟹のイデア」をコピーした現実の蟹を、さらにコピー（模倣）したものです。つまり、「カニカマ」とは、オリジナル（イデア）とは関係のうすい「コピーのコピー」だといえます。この「コピーのコピー」としてのカニカマが、ドゥルーズのいう「シミュラクル」にあたるものです。

では、イデア（蟹のイデア）とコピー（現実の蟹）とシミュラクル（カニカマ）の三つのなかでは、どれがもっとも高い価値をもっているでしょうか？　プラトンなら、もちろんイデアが一番高い価値をもっていると答えるでしょう。そして、コピーは、イデアが手に入らないときにしかたなく用いられるものだというでしょう。では、シミュラクルはどうでしょうか。多くの人は、「カニカマ」より

「現実の蟹」のほうが好きだと思います。しかし、中には現実の蟹の生臭さを嫌って、カニカマのほうが好きだという人もいるでしょう。しかも、カニカマには「蟹のイデア」とは無関係に独自の進化を遂げた様々なヴァリエーションがありえます。

だとすれば、シミュラクルは、「イデアとそのコピー」という対立構造とは独立した別の秩序をもっていると考えることができないでしょうか。「蟹のイデア」にとらわれている限り、「カニカマ」は「まがいもの」であり、「現実の蟹」の代用品にすぎない、きわめて価値が低いものです。[2] しかし、ひとたび「カニカマ」を「蟹のイデア」から切り離すことができれば、「カニカマ」というシミュラクルはイデアとは無関係の独立した秩序をもっていると考えられるようになり、シミュラクルをそれ自体として評価できるようになります。このような価値の転換を狂気についても行おう、というのが、ドゥルーズの提案なのです。

のちにドゥルーズは『批評と臨床』（一九九三年）のなかで、神々＝父の言葉を肯定的に伝達する（と自称する）プラトン主義的な神的狂気や統合失調症中心主義は、前者は人種主義的・ファシズム的であるという点ゆえに、後者はそれがもつ悲劇的性質（病とひきかえに創造性が獲得されるという考え）ゆえに、否定されなければならない、と考えるようになりました。そして彼は、神々＝父にかかわらない文学、狂ってはいるけれども、ある意味で「健康」な文学にこそ高い価値を与えようとします。そのような文学は、もはや正嫡的な神々＝父の言葉とかかわることはありません。それは、神々＝父の言葉に関して記憶喪失に陥った私生児的＝雑種的な文学であり、「さまざまな支配の下にあって絶えず動き回る」ような文学だと彼はいいます。「私生児的」というのはドゥルーズが使っている言葉ですが、正嫡的な垂直の系譜を外れたところにある、ということです。「じっちゃんの名にかけて」

と宣言するように、自分の系譜や出自に依拠するのではなく、そのような系譜とは無関係に、あらゆる方向にどんどん動きまわるような狂気こそが健康と結びついた創造を可能にするのだとドゥルーズは主張します。そして、そのような「健康としての狂気」こそが現代における文学的創造を可能にするのだ、とドゥルーズは宣言しているわけです（それがどのような文学だったのかは、最終章で詳しく検討します）。

本章でみてきたように、「創造と狂気」をめぐる考えの西洋思想史における源流はプラトンに求められます。そして、プラトン主義がもっていたある種の偏見が、二〇世紀の病跡学における統合失調症中心主義や悲劇主義的パラダイムを準備したと考えられます。だとすると、デリダやドゥルーズといった「フランス現代思想」の思想家たちの考えは、それ以外の仕方で病跡学を再考するためのヒントになると思われます。現代において創造と結びつくような狂気がどのようなものなのかを考えるために、プラトンから出発する必要があったのはそのためなのです。

第3章

アリストテレス

メランコリーと創造

アリストテレス

神的狂気か、メランコリーか

前章では、プラトンが「創造と狂気」の関係をどのように考えていたのかをみました。プラトンの初期の対話篇『イオン』では、詩人は神からのインスピレーションを受け、神の言葉を取り次ぐことによって美しい詩作をおこなっているとされ、その詩作の際に詩人は狂気の状態に陥っていると考えられていました。中期の対話篇『パイドロス』でも、詩や愛が偉大なものであるのは、「神からインスピレーションを受けた狂気」を通じて生まれてきた場合に限るとされていました。

そして、このようなプラトンの考えを批判した二〇世紀の哲学者として、ジャック・デリダとジル・ドゥルーズを紹介しました。両者は、神に由来する狂気にのみ革命的・転覆的な価値を与えるプラトンを批判しています。デリダは、プラトンには神＝父に起源やロゴスの力を割り振るファルス＝ロゴス中心主義がみられることを指摘し、それに対して「私生児」を生み出すような「散種」を対置しました。また、ドゥルーズは、プラトン主義的な「善い基礎のある」狂気の称揚を反転させて、「父」とは無関係な狂気による文学的創造の可能性を論じました。

ところで、プラトンは統合失調症のような臨床的な狂気を創造と関連づけたわけではありません。彼が注目したのは、あくまでも神的狂気であって、苦痛を引き起こすこともあるような精神障害は神のものではなく人間のものにすぎないと考えていたのです。もっとも、第1章で紹介したように、統合失調症は近代以降に初めて出現した狂気ですから、プラトンの時代にはまだ統合失調症は存在しません。ましてや、統合失調症における創造に本格的な注目が集まるようになるのは、二〇世紀以降のことです。

しかし、古代において臨床的な狂気が創造とまったく関連づけられていなかったわけではありません。実際、プラトン以降、近代に至るまでの長い期間にわたって西洋のなかで創造と結びつけられていた狂気は、メランコリー（うつ病）でした。

　そこで本章では、プラトンとアリストテレスにおけるメランコリーの扱いについて検討していくことにしましょう。

倫理的異常としてのメランコリー

　統合失調症が初めて現れるのが近代以降であるのに対して、メランコリー（うつ病）は、プラトンの時代にもすでに存在していたことが知られています。実際、古代ギリシアの医師ヒポクラテス（前四六〇頃―三七五年頃）の記録に登場するある女性患者は、「食欲なく、気力なく、不眠、いらいらし、忍耐力なく、精神状態は憂鬱《タ・メランコリカ》であった」と記載されています（ヒポクラテス　一九六三、一六九頁）。現代のうつ病の症状とよく似ていますね。

　そのヒポクラテスは、『人間の自然〔本性〕について』という書物のなかで「四体液説」という学説を展開しています。四体液説では、人間は血液・粘液・黄胆汁・黒胆汁という四つの体液から構成されており、それぞれの体液のバランスがとれているのが健康な状態だと考えられます。逆に、この四つの体液のバランスが崩れると病気になるとされます（同書、一〇二頁）。なかでも、黒胆汁《メライナー・コレー》が増え、ほかの三つの体液とのバランスが崩れた状態が、さきほどの女性患者も罹患していたメランコリーです。つまり、メランコリーとは「黒胆汁病」なのです。

　このメランコリーという狂気は、のちにアリストテレスによって創造と大いに関連づけられるのですが、ヒポクラテスやプラトンはメランコリーをそのようなものとは考えていませんでした。特にヒポクラテスは、現代でいうところの「科学的精神」をもっていた医師だったので、当時主流だったメランコリーが「神聖な病」であるという考えを批判してもいます。

では、プラトンはメランコリーをどのような狂気だと考えていたのでしょうか。エルヴィン・パノフスキー（一八九二―一九六八年）らの手になる――アビ・ヴァールブルク（一八六六―一九二九年）によって設立された、いわゆる「ヴァールブルク学派」の研究者による共同執筆です――『土星とメランコリー』（一九六四年）という有名な美術史の本があります。この著作は、メランコリーという狂気と創造性（芸術）が結びつけられてきた過程を膨大な資料を使いながら解き明かすものです。まずは、この著作から、プラトンとメランコリーの関係を要約記述した箇所をみてみましょう。

しかし最初プラトンにはメランコリーの概念を、哲学者や恋人、詩人をこぞって超自然的な純粋観念の把握にまで高めるエクスタシー〔忘我／脱自〕の概念と結びつけようという考えはまったくなかった。プラトンにとってメランコリーとは実際の狂気とまではいかなくても、少なくともまず倫理上の異常であった。それは意志と理性を曇らせ弱めるものであった。彼はメランコリーを『パイドロス』で描いたように魂のうちでもっともよくないもの――暴君の魂の徴候とみなした。『国家』にみられるように、「人が暴君となるのは、生まれつきか生き方によって、あるいは両方が重なって酒に溺れるか、色に迷うか、メランコリーに毒された時である。」（クリバンスキー＋パノフスキー＋ザクスル 一九九一、三三頁）

ここでいう「エクスタシー」とは、自分が今いる場所の外に立つことを意味しています。これは、神からインスピレーションを受け、神の言葉を受け取ることによって「我を忘れる」、すなわち自分が自己を離れるという忘我的な体験のことですが、プラトンにとってそのような神的狂気とメランコリーはまったく関係のないものだったのです。

反対に、プラトンにとってメランコリーとは「暴君の魂の徴候」、つまり倫理的に非常に悪いものだとされていました。実際、前章で紹介した『パイドロス』にも「メランコリー」という言葉が登場しますが、それは「あわれなやつめ、気でも狂ったか《メランコラス》」というセリフにおいてです（プラトン 一九六七、一一七頁＝二六八E）。創造と狂気の関係が扱われたこの対話篇のなかでも、「メランコリー」という言葉は否定的意味で用いられているのです。

次に、プラトンの『国家』のなかで「メランコリー」という言葉が出現する箇所をみてみましょう。

> 言葉の厳密な意味において僭主独裁制的な人間〔＝暴君〕が出来上るのは、人が生まれつきの素質によって、あるいは生活の習いによって、あるいはその両方によって、酔っぱらいの特性（性質）と、色情的特性と、メランコリーの特性とを合わせもつに至ったときなのだ。（プラトン 一九七六、六三五頁＝五七三C）

独裁者は、『パイドロス』のなかでも最も低い霊（魂）だとされていたものですが（プラトン 一九六七、六五頁＝二四八E）、ここではそのような悪い人物は、「酔っぱらい」や「色狂い」、そしてメランコリーの特徴をあわせもっているとされています。やはりプラトンはメランコリーを非常に低劣なものとみなしているのです。

ただし、プラトンにおいて「メランコリー」という言葉が肯定的な意味で用いられている箇所がひとつだけあります。それは、イデア論や宇宙論が展開される『ティマイオス』という後期の対話篇です。この対話篇では、人間の身体が昆虫のように頭、胸、腹の三つに分割され、頭は理性、胸部は情念、腹部は動物性をそれぞれ司るとされています。この三分割は、現代の私たちにとっても比較的理解しやすいものでしょう。たとえば、私たちがよく使う「自分の頭で考える」、「胸騒ぎがする」、「はらわたが煮えくり返る」という慣用句は、頭、胸、腹をそれぞれ理性、情念、動物性――「はらわたが煮えくり返る」という表現は感情というより、もっと動物的で本能的なものです――に割り振っていると考えられます。

さて、この三分類において、腹部は、理性を司る頭部の反対にある場所とされています。さらに、その腹部のなかでも最下層にあるのが、胆汁をつくる臓器である「肝臓」であり、それは「獣の住処」だとされています。これは、理性を司る頭部と、予見を可能にする肝臓が正反対のものであることを意味します。つまり、肝臓はもっとも動物的な場所なのです。ところが、プラトンはこの「獣の住処」に「予見の器官」、すなわち未来を予見できる器官であるという肯定的な規定を与えてもいるのです(プラトン 一九七五c、一三〇―一三三頁=七一A―七二C)。このように考えると、プラトンにおけるメランコリーは、基本的には創造と関連づけられていなかったものの、まったく無関係だったとはいえないことになりそうです(この論点は、次章でふたたびとりあげます)。

メランコリー=天才説

西洋思想のなかでメランコリー（うつ病）と創造を明確に結びつけた論者としては、アリストテレス（前三八四―三二二年）が最も有名です。彼は、『問題集』第三〇巻――これは実際にアリストテレス自身が書いたものではないという説もありますが、ここではアリストテレスの作として扱います――のなかで、傑出した哲学者や政治家や芸術家（詩人）はみなメランコリーである、という主張までしています。

なぜ、哲学や政治や詩作や様々な技術に関して「尋常ではない」人間になった限りの者は、すべて、明らかに、「黒胆汁質の者《メランコリコス》」であって、しかも、「黒い胆汁」に由来する病気にとりつかれるほど、そうである者もおり、例えば、様々な英雄譚のうちでも、ヘラクレスに関する話が、そのように語られているのだろうか。すなわち、まさに、かのヘラクレスは、その自然本性をもって生まれたらしく、それゆえ、てんかんの症状がある者の病気を、昔の人たちは、かの者にちなんで、「神聖なる病」と呼んだのである。そして、自分の子どもに関わる脱我状態や、オイテ山で世を去る前に腫れ物から膿が出たことが、以上のことを明らかにしている。実際、まさにそういったことは、多くの場合、黒い胆汁から生じるのだから。〔…〕病的状態になった英雄が数多くいるのは明らかである。また、もっと時代が後の人たちのうちでは、エンペドクレスやプラトンやソクラテスや、その他多くの著名人がそうだ。さらにまた、詩作にたずさわる者の大多数もそうである。〔…〕「黒胆汁質の者」とわれわれが言っているのと同じ性質の人を、とりわけ大量のブドウ酒が用意してくれるようであって、飲酒する者は非常に多くの性格を示すようなのだ。

（アリストテレス 二〇一四、五九〇―五九二頁）

アリストテレスは、プラトンとまったく異なることを言っています。プラトンにとって、飲酒は――特に酒狂（アルコール依存）にまで至った場合には――価値の低い「人間的な狂気」とみなされ、さらには「暴君」という最も価値の低い人間とも結びつけられていました。ところが、アリストテレスは飲酒を良いものと考えているのです。言い換えれば、アリストテレスは、プラトンが「人間的な狂気」と呼び、創造とは無関係なものとみなした狂気のなかに芸術を生み出す力をみており、その狂気を「メランコリー」に関連づけていたことになります。[1]

プラトンとアリストテレスのあいだにみられるこのような対立は、ラファエロの《アテナイの学堂》に描かれた二人の姿に重ね合わせることができるかもしれません。絵の中央にいる二人のうち、手で垂直方向（上）を指しているのがプラトンであり、手を水平方向（前）に広げているのがアリストテレスですが、プラトンが高所にある神的狂気を、アリストテレスが地上にある人間的な狂気を重視していたことを考え合わせると、私たちの興味関心からも非常に面白い絵画になっています。

しかし、アリストテレス以降、詩人のような傑出人とメランコリーを結びつける考え方は次第に否定されていきます。たとえば、ストア派では思慮深い人間は狂気に捉えられることはないとされましたが、賢い理性をもつ人でもメランコリーに罹患することがあり、それが賢人の人徳を喪失させると考えられていました（クリバンスキー＋パノフスキー＋ザクスル 一九九一、五三頁）。このように、アリストテレス以後、メランコリーはふたたび否定的なものとして考えられるようになるのです。

メランコリーが創造性と関係しているという考えは、その後およそ一五〇〇年もの長いあいだ忘却されることになります。というのも、古代のあとに来る中世は、個人の価値をその人間の優れた能力ではなく、神がその人間に下した恩寵のもたらす徳によって評価する時代だったからです（同書、七六頁）。のちの一五世紀にマルシリオ・フィチーノという哲学者がメランコリーと創造の関係を再評価することになります。彼については次章で論じることにして、ここではメランコリー（うつ）がその後どのように扱われていったのかをみておきましょう。

ラファエロ・サンティオ《アテナイの学堂》

ユダヤ・キリスト教の誕生とダイモーンの変貌

アリストテレスからフィチーノに至る非常に長い年月のあいだ、西洋思想においてメランコリーと創造をめぐる議論がほとんどなくなっていた時期には、まるで「創造と狂気」という問題系そのものが消滅したかのようにみえます。では、なぜそうなってしまったのでしょうか。それは「ダイモーン」の位置づけが変更されていったことに関係していると私は考えています。

ダイモーンとは何でしょうか。それは、「鬼神」と訳されることもある、神にも似た超自然的な存在であり、特にユダヤ・キリスト教では「デーモン」、つまり「悪魔」になったものの源流に位置する存在です。そう聞くと恐ろしい存在のように思えますが、古代ギリシアではこのダイモーンは人間を正しい道に導く守護者だと考えられており、信仰の対象にもなっていました。
ソクラテスもダイモーンの声を聞いていたと主張している人物の一人です。実際、プラトンの『ソクラテスの弁明』という対話篇のなかで、ソクラテスは、自分の行いの正統性を、自分がダイモーンの声を聞いていることに求めています。次の箇所をみておきましょう。

〔…〕わたしには、何か神からの知らせとか、ダイモーン的なものとかいったようなものが、よく起るのです。〔…〕これはわたしには、子供の時から始まったもので、一種の声となってあらわれるのでして、それがあらわれる時は、いつでも、わたしが何かをしようとしている時に、それをわたしにさし止めるのでして、何かをなせとすすめることは、どんな場合にもないのです。（プラトン 一九七五b、八八頁＝三一C─D）

〔…〕もし諸君がわたしを死刑にしてしまうならば、またほかにこういう人間を見つけることは、容易ではないだろう。わたしは何のことはない、すこし滑稽な言い方になるけれども、神によってこのポリスに、付着させられているものなのです。（同書、八六頁＝三〇D─E）

このときソクラテスは、「国家の認める神々を認めないで、他の新奇なダイモニオン〔＝ダイモーンのようなもの〕を導入」したという罪で裁判にかけられていました。周知のとおり、『ソクラテスの弁明』はその裁判の様子を描いた対話篇です。ソクラテスは、自分はダイモーンの声を聞いているのだから、「国家の認める神々を認めない」という罪には該当しないと主張しています。もっとも、ソクラテスが聞いているというダイモーンの声はやはり少々特殊なもののようです。というのも彼は、自分はダイモーンの声を聞き取れる稀な人間であり、自分を殺してしまったら、あとで困ることになるぞ、とも言っているからです。

いずれにしても、古代ギリシアにおけるダイモーンは悪いものではなかったことが分かるでしょう。しかし、ユダヤ・キリスト教の展開のなかで、ダイモーンは次第に悪魔化され、今日でいうところの「デーモン」、すなわち「悪魔」へと変貌していくことになります。

ユダヤ教は紀元前一二〇〇年頃に発明された人類史上初めての一神教だと考えられています。一神教とは、神がたったひとつの存在であり、そのひとつの神が世界のすべてに関わることによって安定化されるシステムをもつ宗教ですが、ユダヤ教における神と人の関係も、神がモーセに語りかける、つまり「人が神の声を聞く」ものとして開始されています。モーセはもともと奴隷の子どもでしたが、神の摂理によってエジプト王女の養子になります。しかし、同胞を助けようとしてエジプト人を殺害し、アラビア半島のミディアンに行き着いて羊飼いになりました。そして、羊に草を食べさせるために山に登っているとき、柴の間に燃え上がっている炎の中に主の御使いが現れ、神から「モーセよ、モーセよ」と話しかけられるに至るわけです（『旧約聖書　出エジプト記』）。

神が人（モーセ）に語りかけるというのは、さきほどみたダイモーンと人の関係によく似ていないでしょうか。両者において、超越者である神やダイモーンは、それそのものとしては世界に現れていませんが、なぜかその声だけは聞こえています。そして、その言葉が（宗教的）真理として即座に受容されるのです。モーセは神の言葉を預かる「預言者」といわれますが、そのあり方は神の言葉をインスピレーションによって取り次ぎする詩人ともどこか似ています。

キリスト教でも、同じ「預言」の構造が繰り返されています。『ヨハネによる福音書』の次の箇所では、エルサレムでの説教の際にイエスが次のように述べたことが記録されています。

「わたしの教えは、自分の教えではなく、わたしをお遣わしになった方の教えである。この方の御心を行おうとする者は、わたしの教えが神から出たものか、わたしが勝手に話しているのか、分かるはずである。自分勝手に話す者は、自分の栄光を求める。しかし、自分をお遣わしになった方の栄光を求める者は真実な人であり、その人には不義がない。モーセはあなたたちに律法を与えたではないか。ところが、あなたたちはだれもその律法を守らない。なぜ、わたしを殺そうとするのか。」群集が答えた。「あなたは悪霊に取りつかれている。だれがあなたを殺そうというのか。」(『ヨハネによる福音書』七・一六―二〇、『新約聖書　新共同訳』)

ここでイエスは、やはり自分は神の言葉の取り次ぎ人であり、それゆえ自分の言葉は真理だと主張しています。ところが、イエスはそのような主張をするなかで、なぜか自分が殺されると思い込んでいるのです。「なぜ、わたしを殺そうとするのか」とイエスに問われた群衆は驚いて、それは妄想だと反論しています。病跡学的な見地からいえば、考想吹入(頭のなかに考えが直接吹き込まれる)があり、さらには迫害妄想が出てきているともいえます。実際、このような特徴をとりあげて、イエスを精神病の人物とみなす研究が流行した時期があります。[2]

追放されるダイモーン

さて、このように古代ギリシアの思想とユダヤ・キリスト教のそれには、人が神やダイモーンの声を聞き、その言葉を真理とみなすという類似性があります。ところが、この二つの思想が合流すると、ダイモーンはまさに「悪魔」化され、まったく否定的な価値を与えられるようになっていくのです。

その過程を、四段階に分けてみていきましょう。

まず、古代ギリシアにおいてダイモーンという言葉が一般にどのように扱われていたかについて、ドッズの『ギリシア人と非理性』を参照しておきます。

『イリアス』の〔…〕テウクロスの曖昧さが懐疑主義となんの関係もないことは、明白である。それは、単なる無知の結果である。ダイモーンという言葉を用いることによって彼が表現しているることは、「より高き力が何事かを生ぜしめた」ということであり、この事実が彼の知っているすべてなのである。（ドッズ 一九七二、一五頁）

ホメロスにおける心理的干渉のもっとも一般的なタイプ〔では〕〔…〕平常の人間行動からのあらゆる逸脱は、その原因が当人自身の意識によってにせよ他人の観察によってにせよ直接に確認されない場合には、超自然的な働きかけに帰せられる。（同書、一六頁）

古代ギリシアの人々は、「よくわからないもの」に対してダイモーンという言葉を与えていました。つまり、人間の世界で起こるはずのない超自然的なことが起こったとき、それはダイモーンの作用によるものだと考えられたのです。とてつもなく大きな災害が起こったときに「これは神の怒りだ」と考えるような思考は、現代にも少しは残っていると思いますが、古代ギリシアではそのような思考がきわめて一般的であり、ホメロスの話のなかにも同じ構造がみられるというわけです。

二段階目として、プラトンの対話篇『饗宴』をとりあげてみます。この対話篇のなかで、プラトンは、ダイモーンは神そのものではなく、神々と人間の中間にあり、両者のあいだを媒介するものだと書いています。図式化すると、神々↕ダイモーン↕人間という構造をとることになります。もっとも、ダイモーンが神々と人間の中間にあるといっても、神々↕ダイモーン↕人間という垂直的な構造は崩れていませんし、ダイモーンを介して神の言葉を取り次ぐ、という構造も崩れていません。ここでは、『饗宴』の次の箇所を確認するにとどめましょう。

〔エロースは〕死すべきものと不死なるものとの中間にあるのです。〔…〕〔それは〕偉大なダイモーンですよ、ソクラテス。そしてダイモーン的なものはすべて神と死すべきものの中間にあるからです。〔…〕〔ダイモーンは〕神々へは人間からのものを、また人間へは神々からのものを伝達し送り届けます。つまり、人間からは祈願と犠牲とを、神々からはその命令とさらには犠牲の返礼とを。そして、これら両者の真中にあって、その空隙《くうげき》を充たし、世界の万有が一つの結合体であるようにとしている者です。(プラトン 一九七四、七八頁=二〇二D—E)

「死すべきもの」というのは有限の寿命をもつ人間のことであり、「不死なるもの」とは無限の寿命をもつ神々を指しています。そして、その二つの中間にあるのがダイモーンであり、ダイモーンは神々には人間のものを送り、人間には神々のものを送るという双方向性が想定されています。三番目にみるのは、新約聖書です。『エフェソの信徒への手紙』では、天上の神と地上の人間のあいだの「空中」にいるのは「霊《プネウマトス》」だとされており、この「霊」は人間をみだらな肉の欲望に赴かせるものとされています。

さて、あなたがたは、以前は自分の過ちと罪のために死んでいたのです。この世を支配する者、かの空中に勢力を持つ者、すなわち、不従順な者たちの内に今も働く霊に従い、過ちと罪を犯して歩んでいました。わたしたちも皆、こういう者たちの中にいて、以前は肉の欲望の赴くままに生活し、肉や心の欲するままに行動していたのであり、ほかの人人と同じように、生まれながら神の怒りを受けるべき者でした。しかし、憐れみ豊かな神は、わたしたちをこの上なく愛してくださり、その愛によって、罪のために死んでいたわたしたちをキリストと共に生かし、——あなたがたの救われたのは恵みによるのです——キリスト・イエスによって共に復活させ、共に天の王座に着かせてくださいました。(『エフェソの信徒への手紙』二・一—六、『新約聖書　新共同訳』)

ここでいわれている「空中」を漂う「霊」は、悪い霊、すなわち「悪霊」であり、地上にいる人々を誘惑し、暴飲暴食や恋愛にうつつをぬかすことへと誘う存在です。そのような肉の欲望に従うのは赦されないことではありますが、神はその罪を贖《あがな》ってくれているのだ、と記されています。

ここで注目すべきなのは、プラトンの『饗宴』における神々↕ダイモーン↕人間という三つの存在の関係が、高み・空中・地上という形で垂直の空間に表象されるのと同様に、キリスト教における神・悪霊・人間という三つの存在もまた、高み・空中・地上という形で表象されていることです。このような同型性をもとに、プラトンの哲学とキリスト教を結びつけたのが、四番目に紹介するアウグスティヌス（三五四―四三〇年）でした。アウグスティヌスは『神の国』において、プラトンのダイモーン論をキリスト教の側から解釈し、その位置づけを大幅に変更しています。次の箇所をみておきましょう。

ダイモーンは〔…〕伝令や通訳として神々と人間とのあいだにあって、地上からはわたしたちの請願を伝え、天上からは神々の援助をもたらすと、けっして信じてはならないというほかはない。そうではなくて、ダイモーンは、他を害しようとする欲望にみちみちて、正義とはまったく縁がなく、傲慢にふくれあがり、嫉妬に青ざめ、欺瞞に巧みであって、なるほどこの空中に住む――というのは、かれらは取り返しのつかない犯罪の報いによって、崇高な上天から追放されて、このいわば、身分相応の牢獄のうちにあらかじめ落されているのであるから――けれども、しかし、空気は地と水の上にあるからといって、ダイモーンは、その価値が人間にまさっているわけではないのであって、人間はこの地上に生きる身体によってではなくとも、とくに真実の神を援助者に選んだその敬虔な精神によって、わけなくダイモーンを凌駕するのである。（アウグスティヌス　一九八二―九一、(2)二〇六―二〇七頁）

プラトンの『饗宴』によれば、ダイモーンは神々と人間のあいだに存在しているのでした。そして、人間は神々に祈り、犠牲を捧げ、それを受け取った神々は犠牲の返礼を人々に与えて、さらに

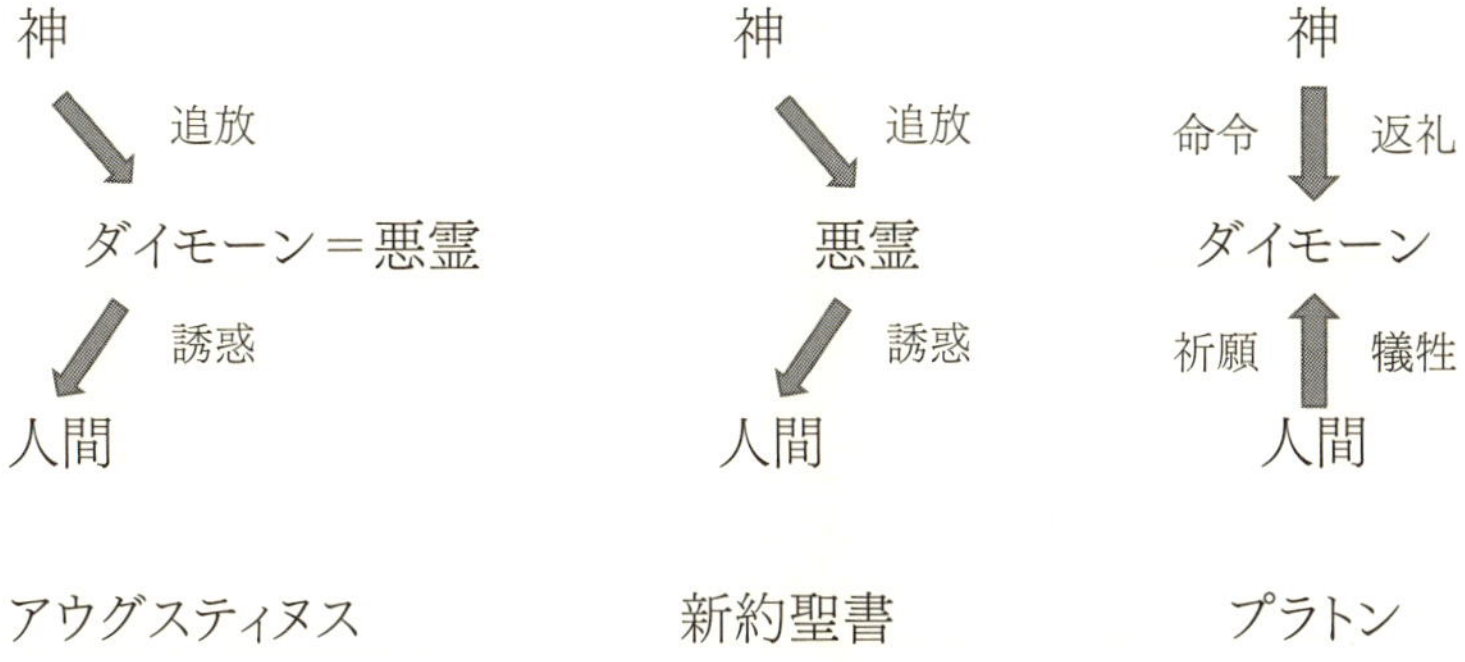

ダイモーン（悪霊）の位置づけ

人々に命令を行うとされていました。しかし、プラトンの哲学をキリスト教に導入したアウグスティヌスによれば、ダイモーンはそのようなものではないというのです。というのも、キリスト教における悪霊＝ダイモーンは取り返しのつかない犯罪を行ってしまい、神から追放された存在だからです。ダイモーンは、神々と人間のあいだを媒介するどころか、人間を悪に誘う存在であるとされており、つまりは人間が神に向かおうとする修行の邪魔をする存在にほかならないのです。

それゆえ、人間は、ダイモーンにそそのかされることがあったとしても、宗教的な修行を重ねていかなければなりません。そうすれば、ダイモーンに打ち勝つことができるからです。次章で詳しくとりあげますが、当時のキリスト教では、教会で祈りを行うことよりも、人里離れた砂漠で修行することが重視されていました。その修行生活は、現代の感覚からは想像を絶するものであり、お風呂に入れないのはもちろん、食物や水も最低限しかなく、外界との交流もほぼ完全に遮断された極めて厳しいものだったようです。そのような修行を行っているうちに、「昔の楽しかった生活に戻りたい」、「修行なんかやめて早く生まれ故郷の町に戻りたい」と思うようになり、意気消沈してしまうのはごく普通のことですが、まさにそのような「修行からの逃避」に修道士たちを誘う存在がダイモーンだと考えられたのです。言い換えるなら、ダイモーンは、宗教的な善に到達しようとしている修道士たちを神の前からあとずさりさせるような存在だと考えられたわけです。それゆえ、このダイモーンは「白昼の悪魔」とも呼ばれるようになりました。

こうして、プラトン主義の哲学とキリスト教の教えを一体化させたアウグスティヌスにおいて、ダイモーンの位置づけの変化が明確化されるのにともなって、ダイモーンはふたたび「こころの病」と関連するようになります。もちろん、その病はプラトン的な神的狂気ではありません。むしろ、「うつ」という言葉のほうがしっくりくるかもしれません。実際、厳しい環境のなかで修行に身が入らず、かつての楽しかった生活を想う、というタイプの修道士の「うつ」のあり方は、現代の過重労働で仕事に身が入らなくなったけれども、趣味などの楽しみはできる、というあり方とよく似ていないでしょうか。現代において、このようなタイプの「うつ」は、メディアを中心に「新型うつ」と呼ばれていますが、当時は「怠惰《アセディア》」と呼ばれていました。これは、「うつ」であるという点はメランコリーと同じですが、おそらく創造に結びつくことは難しいでしょう。このようにして、アリストテレスの「メランコリー＝創造の病」説は、理論的にも、実践的にもその役割を一旦終えてしまうのです。

次章では、このような「うつ」が、どのようにしてふたたび創造と結びつけられるようになるのかをみていきましょう。

第4章

フィチーノとデューラー

怠惰からメランコリーへ

マルシリオ・フィチーノ

「うつ」の二つのイメージ

前章では、プラトンとアリストテレスにおけるメランコリー（うつ病）の扱いを確認するところから議論を始めました。プラトンの対話篇において、メランコリーはほとんど無価値のものとされ、それは詩のような芸術の創造を可能にする神的狂気とは異なる「人間的な狂気」だとされていました。他方、アリストテレスはそのメランコリーを芸術や政治や学問における天才的な創造と結びつけていました。本書の主題である「創造と狂気」について、一般にもっともよく知られているのが、このアリストテレスの「メランコリー＝創造の病」説ではないかと思います。ところが、アリストテレスの時代以降、メランコリーを創造と結びつける言説は下火になってしまいました。議論を先取りしておくと、本章でとりあげるフィチーノとデューラーがその言説を一五〜一六世紀にリヴァイヴァルすることになるのですが、それ以後、近代の到来と軌を一にするようにして、メランコリーではなく、むしろ統合失調症的なものが創造と結びつけられるようになっていくのです。

その間に起こったことを、概略的にではありますが、振り返っておきましょう。注目すべきなのは、アウグスティヌスによるプラトンの解釈です。彼は、ちょうどローマ帝国による三一三年のキリスト教の公認の後に生まれ、三九二年の国教化のときに壮年期を迎えていましたが、彼はプラトンの対話篇におけるダイモーンを、神々と人間のあいだを媒介する存在としてではなく、むしろ人間を肉の欲望（不純な欲望）に赴かせるものと解釈しました。ダイモーンは、神々と同じように人間に何らかの言葉を授けてくれる善い存在でしたが、キリスト教ではデーモン——修道士を惑わせ、「怠惰《アセディア》」と呼ばれる一種のうつ状態に陥らせる悪霊——へと変貌したのです。

本章では、この二つの「うつ」のイメージ、すなわち、初期キリスト教における怠惰としての「う

ピーテル・ブリューゲル《怠惰》

つ」のイメージから、一五～一六世紀にふたたび創造と結びつけられるようになったメランコリーのイメージへの変化について論じていきます。

前章の最後で紹介したように、紀元三世紀頃の初期キリスト教の修道士たち（しばしば「砂漠の教父」と呼ばれています）は、人里離れ、外界から隔絶されたエジプトの砂漠で修行生活を送り、そのなかで神との霊的接触を待ち望みました。しかし、彼らも人間ですから、修行による身体的疲労と霊的生活それ自体に伴う疲労のために、しばしば「こんな生活なんかやめたい」、「昔住んでいた華やかな町に帰りたい」などと考え、一種のうつ状態に陥ることがあったようです。当時、このような状態は「怠惰《アセディア》」と呼ばれており、これはのちに「七つの大罪」の一つとみなされるようになりま

アルブレヒト・デューラー《メレンコリアⅠ》

す。ピーテル・ブリューゲル（一五二五―六九年）の《怠惰》（一五五八年）という版画は、まさにこの「怠惰」としての「うつ」のイメージを描いたものです。

次に、アルブレヒト・デューラー（一四七一―一五二八年）の《メレンコリアⅠ》（一五一四年）をみてみましょう。《怠惰》との違いは一目瞭然です。二つとも、「うつ」と関係する絵画ではありますが、前者は非常に無精ないし緩慢なイメージであり、とても創造と結びつくとは思えないのに対して、後者は物思いにふけっている人物のイメージであり、何かしらの創造に繋がっていきそうな気配をもっています。この二つのイメージを、よく記憶しておいてください。本章では、前者から後者への移行がどのようにして可能になったのかを考えていきます。

修行生活における「怠惰」

まず、初期キリスト教における修行生活が実際にどのようなものだったのかをみていきましょう。

ラテン語訳聖書の決定版であるウルガータ聖書を完成させた聖ヒエロニムス（三四七頃―四二〇年頃）は、自分が修行している最中に悪霊に誘惑された体験を次のように描写しています。

おお、なんとしばしば私は荒れ野の中に身を置きながら、そして、灼熱の太陽の炎に焼き尽くされながら修道士たちにぞっとするような住まい〔＝砂漠〕を提供してくれたあの広大な孤独の場所にいながら、ローマの享楽のただ中に自分がいるとみなしたことでしょうか。〔…〕地獄への恐れのために、このように苛酷な牢獄への罰を私に課したのは私自身にほかなりませんでした。ただ蠍《さそり》と野獣とを友としながら、私はしばしば娘らの輪舞の〔幻覚の〕ただ中にいました。私の顔色は断食のために青ざめていましたが、精神は、体は冷たいままに、憧れ（desideria）によって燃え上がっていました。その肉体はもう一足先に死んだも同然な一人の人間を前にして、ただ欲望（libidines）の残り火だけがぶすぶすと燃え立っていました。（ヒエロニュムス　一九九九、六七八―六七九頁）

ヒエロニムスは、灼熱の太陽の炎に焼き尽くされながら砂漠で生活をしていたとき、かつての楽しかったローマでの生活の幻覚を何度もみたというのです。途中の省略した箇所では、現在の生活の不平不満が長々と綴られています。「憧れ（desiderium）」というラテン語は、「……を喪失したことを嘆く」という意味ですが、ここで彼はかつての生活を喪失したことを嘆いているのです。

ヒエロニムスに近い世代の修道士エウアグリオス・ポンティコス（三四五―三九九年）は、このような修行生活における体験を「怠惰」と呼び、より主観的な立場から記述しています。

怠惰《アセディア》の悪魔は、「真昼の悪魔」とも呼ばれ、あらゆる悪魔のうちでも最も重くのしかかるものである。〔…〕それはまず、修道者が太陽を見ても、動きが鈍い、あるいは動いてもいないと思わせる。一日が五〇時間もありそうに感じさせるのである。〔…〕彼〔＝悪魔〕はまた修道者をして他の場所を望むように仕向けすらする。それは、必要なものを簡単に見つけることができ、より安易な、見返りの多い手仕事に従事できる場所のことである。〔…〕彼〔悪魔〕はこれらのことに加えて、修道者に家族の者たちや以前の生活を想い出させる。また禁欲生活の労苦を修道者の目の前に提示し、人生がいかに長い時間であるかを描き出す。そして彼〔悪魔〕は、よく言われるように、あらゆる手練手管を弄しつつ、修道者が修屋を放棄し、試合の場から逃げるように仕向けるのである。（エウアグリオス・ポンティコス 一九九四、四〇―四一頁）

厳しい修道生活のなかで、太陽を見てもまったく動いておらず、全然時間が進んでいかないような感覚になる。これは、うつ病の主観的体験とよく似ています。うつ病では、周囲の人々は普通の時間を生きているのに対して、自分にとっての時間だけが遅くなったように感じられ、それゆえ自分だけが周囲から取り残されてしまっているように感じられます。他の人々が水着で泳いでいるときに、自分だけが着衣水泳をしているようなものです。このように、修道生活における怠惰は、やはりうつ病と似た側面をもっています。もっとも、怠惰には食欲亢進、趣味や遊びへの意欲の亢進、愛の渇望などもみられ、これはうつ病ではあまりみられない特徴です（うつ病は、「故郷喪失の病」と呼ばれることもあるように、かつてあった理想的な状態から完全に切り離されてしまい、そこに戻ることが絶対にできなくなってしまったという意識を含むものです）。

このような怠惰は、ふつうに考えると修行生活からの逃走であり、それはつまり善からの逃走です。しかし、現代イタリアの思想家ジョルジョ・アガンベン（一九四二年生）によれば、怠惰はそのように単に否定的なものとみるだけでは不十分であり、むしろ怠惰が肯定的な側面をもつこと、つまりは両義性をもつことが重要だとされています。実際にアガンベンの記述を読んでみましょう。


怠惰な者を苦しめるのはそれゆえ、悪の意識ではなくて逆に、善の中でもっとも偉大なものへの配慮である。怠惰とはまさしく、神の前で人間が立ち止まるという義務に直面して、目を眩ませて怯えながら「後ずさりすること」である。（アガンベン 二〇〇八、三〇頁）

「その対象に欠けるかぎり、霊魂は切にそれを追い求め、嘆き叫びながらそれに追いつこうとするが、それは霊魂から逃れてしまう」〔…〕。

怠惰のもつ両義的な陰極性はこうして、喪失を所有へと転換しうる可能性を秘めた弁証法的な原動力となるのである。その欲望が到達しえないものの中につなぎとめられている以上、怠惰とは、ただ単に「～からの逃走」ではなくて、「～への逃走」でもあるのだ。それは、否定と欠如という在り方において、対象と交流するのである。（同書、三四頁）

悪魔にたぶらかされた修道士が怠惰に陥り、神の善から逃走することとは、修行生活が向かっていくはずの神の善をはっきり認識しているからこそ起こるのだ、というのです。言い換えれば、神の善をはっきり認識していなかったとしたら、修道士はそれを前にしてひるむこともないはずである、だとすれば怠惰にも肯定的な側面があるのではないか、というのです。

非常に逆説的な考え方です。アガンベンは、この逆説を「弁証法的」と評していますが、それはまさに、怠惰における喪失が、まったく取り返しのつかないような喪失ではなく、「何かを喪失したということは、それを取り戻すこともできる」という形で対立物のなかに本質を提示しているからです。

アガンベンによれば、このような逆説的な考え方は、まさにのちにとりあげるフィチーノとデューラーにおいて、沈鬱的なメランコリー（うつ病）であることが創造を可能にする、という逆説を準備するものです。つまり、この逆説には、さきほどみたブリューゲルの《怠惰》とデューラーの《メレンコリアI》をつなぐ鍵があるのです。

中世の悪魔憑き

フィチーノとデューラーを論じる前に、このような怠惰がのちに中世においてどのように扱われるようになったのかをみておきたいと思います。怠惰においては、人間がもつある種の欲望は、本人に由来するものというより、むしろ外部（空中）の悪魔によってそそのかされたものと考えられています。精神分析の用語を使うなら、その欲望は、外部にいる悪魔に投影（Projektion）されているといえます。

中世のキリスト教神学が体系化された一三世紀には、トマス・アクィナス（一二二五頃―七四年）によって、悪魔（悪霊）と理性が明確に対置させられるようになります。次にみるのは、彼の『神学大全』の一節です。

人は罪を犯すことへと動かすものにたいして理性によってのほかは抵抗しないのであるが、悪霊(Diabolus)にとりつかれた者どもにおいてあきらかなごとく、理性の行使は想像力と感覚的欲求能力を動かすことによって全体的に妨げられることが可能である。(アクィナス　一九九八、二二八頁)

砂漠の修道士たちを「白昼の悪魔」が誘ってきたのと同じように、中世の人間は悪霊に誘われました。もちろん、人間はそのような誘いに対して理性によって抵抗するのですが、悪霊にとりつかれてしまうとその理性の機能もだめになってしまい、想像力(空想の力)と感覚的な欲求能力が過剰に働くことになります。そうして人々は幻覚をみるようになってしまう。ちょうど、フランシスコ・デ・ゴヤ(一七四六―一八二八年)の絵画のタイトルのように、「理性の眠りは怪物を生む」の

フランシスコ・デ・ゴヤ
《理性の眠りは怪物を生む》

です。

中世には、実際にこのような悪霊の取り憑きによって生じたとみなされる狂気が存在していました。いわゆる「悪魔憑き」のことです。この時代の文献には、しばしば「トランス〔状態〕、猥雑な態度、しかめ顔の表情、芝居がかった叫び声や粗野な行為、ヒステリー患者に固有の暗示性と演技性」などの症状を示す憑依現象が記録されています（ラアリー 二〇一〇、五三頁）。症候学的な見地からみて、これらの患者は二〇世紀の精神医学なら「ヒステリー」と診断されたことでしょう。しかし、近代精神医学の誕生以前の時代ですから、このような狂気はやはり宗教的な罪にその原因があると考えられていました。たとえば、次のような事例が記録されています。

悪霊は再びやって来て、愛の言葉で彼女を誘惑した。これが悪しき霊だと分かったので、彼女が拒絶すると、悪霊は〈善良なアレイディスよ、そう言わずに、私の言うことを聞け。誠実で、正直で、高貴で、富裕な夫をおまえに与えよう。何故おまえはこんなみじめな所にとどまって、空腹に苦しみ、夜を徹した仕事や他の不便をがまんしているのか？　俗世へ戻り、神が人のために創り給うた歓びを楽しむがよい。もしおまえが私に従うならば、おまえには何一つ不自由させることはない〉と答えた。〔…〕〔悪霊は〕一方では修道院の生活に結びついた不自由や性的葛藤を強調し、他方では贅沢と快楽を約束する。〔…〕純潔が賞賛された時代、悪魔はあらゆる形式の淫乱を正確に具現した。それ故悪魔は往々、様々な性的な幻想と一体のものであり、さもなければ罪の中で体験されたであろうような状況の責任を負わされることもあり得た。（同書、五五―五六頁）

修道女の純潔を汚そうとする悪霊、という図式です。もっとも、これは当時の解釈がそうだったということであって、精神分析的な視点からは修道女がもっていた欲望が、悪霊という他者に投影されているようにもみえます。実際、フロイトによる憑依現象（悪魔神経症）に対する理解は、この修道女の事例にほぼそのまま当てはまります。

かつて憑依と呼ばれた現象は、現在の神経症に相当している。〔…〕精神分析にとって悪魔は、悪しき欲望または棄却された欲望、つまり却下され抑圧された欲動の蘖《ひこばえ》〔＝後継者〕そのものなのだ。中世にあっては、人々はこの心のうちなるものを、悪魔という外的世界の存在へ投射していた。（フロイト 二〇〇七、一九一頁）

フロイトは、人間が抱く欲望は、その人が「こんな欲望をもってはいけない」と思ったとき、意識から追い出されると考えました。この追い出しのことを「抑圧（Verdrängung）」と呼び、追い出された欲望が行き着く先を「無意識（das Unbewusste）」と呼びます。もちろん、抑圧がしっかり働いているうちはよいのですが、その機能が何らかの理由で弱まったとき、たとえば睡眠中などには、抑圧された欲望がはっきり現れてくることになります。このようにして現れてくるのが、夢の荒唐無稽な表象であったり、幻覚妄想的な憑依現象であったりするとフロイトは考えたのです。《理性の眠りは怪物を生む》（一七九九年）というゴヤの絵のタイトルの精神分析的な対応物がここにあります。

「うつ」の価値転倒

さて、本題に戻りましょう。ブリューゲルが描いた《怠惰》の否定的なイメージから、デューラーの《メレンコリアI》にみてとれる創造のイメージへの移行ないし逆転がいったいどのようにして生じたのかを私たちは問題にしていたのでした。

この逆転の鍵を握るのが、一五世紀のイタリア・ルネサンスと同じ時期にあらわれた新プラトン主義です。新プラトン主義とは、プロティノス（二〇五頃—二七〇年頃）に端を発する、プラトン哲学を復権させようとする思想運動のことであり、一五世紀イタリアにおけるその中心人物が、マルシリオ・フィチーノ（一四三三—九九年）という哲学者・神学者でした。彼は、『三重の生について』（一四八九年）のなかで、プラトンの『ティマイオス』の記述などを根拠にして、それまで悪魔と関連する怠惰として考えられてきた「うつ」に非常に高い価値を与えているのです。

前章で触れたように、プラトンの『ティマイオス』では、人間は頭、胸、腹に分かれており、頭が理性を、胸が情念を、そして腹が（非人間的な）動物的な部分を司っているとされていました。そして、その動物的な腹のなかでも最も最下層にある肝臓が、最も動物的で価値の低いものだとされていました。その一方で、たしかに獣のようなものではあるけれども、実はその肝臓こそが高い価値を与えられるべき「予見の器官」なのだ、という両義的な規定をもプラトンは行っていたのでした。

さらにプラトンは、肝臓について論じたあと、肝臓でつくられる胆汁のような体液が、「身体中を彷徨《さまよ》った挙句、外へ出るはけ口が得られなくて、内部に閉じ込められ」る（プラトン一九七五c、一六六頁＝八六E—八七A）ことが様々な病気の原因だと論じています。そして、さらにそのあとで、ダイモーンを善き生と結びつける議論がなされます（同書、一七四—一七五頁＝九〇B—九〇D）。

フィチーノは、このようなプラトンの筆の運びのなかに、「肝臓でつくられる黒胆汁はたしかに否定的な（悪い）ものではあるが、むしろその黒胆汁が最高度に濃縮されて溜まることがあれば、それは神からダイモーンを与えられることと等しく、むしろ肯定的な（善い）ものでありうる」、という逆説的なメッセージを読み解いたようです。実際に、彼の『三重の生について』には次のような一節があります。

> 魂が外面的なものから内面的なものに身を引くこと。ちょうど周辺から中心に向かうように〔…〕。さて、周辺から中心に自己集中することとその中に留まることは、ほとんどすべてが黒胆汁に酷似する医療上の特徴である。それゆえに黒胆汁は一つのことに集中し、そこに留まって、いたるところで観照〔＝熟考すること〕する人間の心情を刺激する。そして世界の中心に似ているがゆえに、全事物の中心を探求するように強いる傾向があり、あらゆる至高のものを把握するために自分を越えていくように導くその同じ黒胆汁が、すなわち最高の惑星の一つであるサトゥルヌスと共働するのである。（Ficino 2002, pp. 113-115）

フィチーノがいうには、黒胆汁は中心に集まる性質をもっており、中心に留まるものであるようです。このような黒胆汁が悪いものとされていたのは、「澱《よど》む水は腐る」という言い方のように、溜まるのは悪いことだとみなされていたからです（実際、胆汁がうっ滞すると様々な病気になることが知られています）。ところが、フィチーノはここに一捻りを加えるのです。黒胆汁が一箇所に集中してとどまることは、人間がじっくり物事を考えることと等しいのではないか、だとすれば、それは否定的なものではなく、むしろ肯定的なものだと考えるべきではないか、と彼は主張するのです。

さらにフィチーノは、このような黒胆汁の性質を土星とも結びつけています。土星は、当時の天文学では、もっとも遠くにある惑星だと考えられていました。もっとも遠くにある惑星であるということは、必然的に、公転周期がもっとも長く、要するにもっとも動きが遅い鈍重な惑星であることを意味します。それゆえ、土星とその守護神であるサトゥルヌスは、黒胆汁がうっ滞しているメランコリーのイメージと結びつけられていました（怠惰やうつ病では時間の流れが非常にゆっくりになってしまっている、という事実をここに重ねてもよいでしょう）。このような土星＝サトゥルヌスの否定的なイメージは、ゴヤの《我が子を食らうサトゥルヌス》（一八二〇―二三年）をみれば一目瞭然です。ところ

フランシスコ・デ・ゴヤ
《我が子を食らうサトゥルヌス》

が、フィチーノはあろうことか、その土星の価値をも逆転し、最高の惑星の一つであるとまで言っているのです。

ヴァールブルク学派に属するフランスの美術史家アンドレ・シャステル（一九一二—九〇年）は、フィチーノが行ったこの逆転を次のようにまとめています。

中心から最も遠く、その回転において最も緩慢なこの惑星〔＝土星〕は、当然ながら地上の生には敵対的である。この星は通常の生活に好意をもたず、平衡を乱し、もっとも零落したものたちの住む最下層へ転落するか、観照の至高の位階へ飛翔するか、いずれかを強いる。と言うのは、この星こそまさしく占星術の星、即ち知の星であるからである。〔…〕

フィチーノはこの神話的対立の図式を大いに利用した。不穏な精神として神経質で、心に憂悶を抱きやすい世代を代表する文筆家として、彼は百科全書が「怠惰」（acedia）の名で呼ぶ苦悩の感情、精神的人間の病、憂鬱症、ペトラルカが大いなるテーマとした夢想と故なき苦悩への傾向などに対して、新しい意義を付与した。（シャステル 二〇〇二、三八七—三八八頁）

怠惰＝土星＝メランコリーは、たしかに時間の停滞と関係しており、その点では「愚鈍」な、つまりは否定的なものですが、発想を変えれば「じっくり物事を考える」という肯定的なものにもなりうるのです。この両義性は、アガンベンが怠惰に見出した「神聖なる善からの（神聖なる善を認識できたがゆえの）後ずさり」という考えともよく似ています。フィチーノの結論は、次のようなものです。

人々はサトゥルヌスの不吉な力を、木星たるゼウスに訴えるだけでなく、まさしくサトゥルヌスそのものである神格の観照を、全身全霊を捧げて行うことによって、恵み豊かなものに変えることができる。カルデア人、エジプト人、プラトン主義者たちはこのようにして、運命の悪意を逸すことができると信じている。（Ficino 2002, p. 367）

否定的な土星の力を最高度にまで強めることで肯定的な力に変える、ということです。わかりやすくするために少々卑近な例をあげるとすれば、ラーメン屋の腕組みのポーズがこれによく似ているかもしれません。最近のラーメン屋では、黒いTシャツを着て頭にねじりはちまきをした店主が腕組みしているイメージがよく掲げられていますね。腕組みというのは、他者を拒絶するポーズであり、つまりは否定的なポーズです。けれども、逆に考えれば、腕組みをして他者を拒絶しているということは、「わが道を行く」ということでもあり、つまりは他店の追随を許さないオリジナルなラーメンを作っているのだ、というイメージにもなりえます。このような否定的な表象（イメージ）から肯定的なそれへの逆転が、まさにフィチーノによって達成された事柄なのです。

《メレンコリアⅠ》

次は、アルブレヒト・デューラーの《メレンコリアⅠ》について考えていきましょう。

デューラーに関しては、前章から何度か名前が出てきている美術史家アビ・ヴァールブルクの仕事が大いに参考になります。ヴァールブルクはハンブルクの富裕なユダヤ人銀行家の息子であり、潤沢な資金をもとに世界中のあらゆる美術資料を集め、美術史においてきわめて重大な仕事を成し遂げました。ちなみに、彼は統合失調症を患った人物でもあり、有名な精神病理学者ルートヴィヒ・ビンスワンガー（一八八一―一九六六年）の治療を受けたこともあります（カルテも発掘されており、二〇〇七年に出版されています）。

さて、ヴァールブルクに従ってデューラーの《メレンコリアⅠ》を読み解く際にキーワードとなるのは、「ダイモーン的古代の復活」という言葉ではないかと思います。いわく、古代に盛んに論じられていたダイモーンの概念は、キリスト教世界にも実は生きつづけており、それが大々的に復活するのが一五～一六世紀のルネサンス期や宗教改革の時代である、というのです。

すでに前章で論じたように、中世のキリスト教世界では、ダイモーンは悪霊だとみなされており、その肯定的な――つまり、創造と結びつくような――側面は切り捨てられていました。しかし、教会や封建制度から解放された「個人」が発見されるのにともなって、「ダイモーン的古代」、つまりプラトン的なダイモーンがバージョンアップした形で復活するのです。その端緒が先述したフィチーノであり、さらにこの復活がデューラーの《メレンコリアⅠ》に大いに関係しているとヴァールブルクは考えています。まず、彼の記述をみておきましょう。

> フィチーノの手段は一方では内的な精神の集中であり、これによって鬱病者はその不毛な鬱状態を人間らしい天才へと変化させることができるのであった。（ヴァールブルク 二〇〇四、一七四頁）

したがってデューラーにあって土星の精は、惑星に照らされる被造物の自立した思考活動によって無害なものへと変ぜられる。この惑星の子は、自らの思いに深く沈潜することにより、「最も卑しい性格」になろうと脅かすダイモン的なこの惑星の呪いから逃れようと試みる。メランコリーが手にしているのは天才を表すコンパスであって、卑しいシャベルではない。魔術によって呼び出された木星は、土星に対するその温和で宥和的な作用により人間を手助けする。木星の反射光による人間の救済は、この銅版画においていわばすでに成就されている。（同書、一八〇頁）

フィチーノが述べていたように、怠惰＝土星＝メランコリーは、人々をうつ状態に陥《おとしい》れるけれども、それを徹底することで肯定的な側面を引き出すこともできる。《メレンコリアⅠ》にみられる「こめかみに手をあてた」人物像は、「思索」を意味する伝統的なポーズですが、まさにそのような深い思索が怠惰＝土星＝メランコリーによって可能になるのです。また、ヴァールブルクは（これはフィチーノも述べていたことですが）このような逆転の際には、必ず木星の助けが必要である、と言っています。木星は、《メレンコリアⅠ》のなかでも右上に掲げられた魔法陣として表現されています。こうして、メランコリーはふたたび創造と結びつけられるようになったのです。

ダイモーンに取り憑かれた心

ヴァールブルクは、同じ著書のなかで、ドイツの宗教改革の中心人物だったマルティン・ルター（一四八三—一五四六年）の誕生日をめぐるごたごたにも考察を加えています。

ルターの誕生日は一四八三年一一月一〇日ですが、この日付は占星術では「土星のもとに生まれた」ことを意味しており、ルターは怠惰の星の子どもとみなされていました。実際、そのことを心配した周りの人々が、ルターの誕生日を一四八四年一〇月二二日――これは、木星が守護神である誕生日です――に変えようとしたそうです。そのように変更することで、ルターという人物が何か大きな改革を成し遂げる者であることを強調しようとしたのでしょう。ところが、ルターはその変更に異を唱えるのです。

「〔…〕あなた〔＝ルター〕の〔変更された〕誕生時ホロスコープに見られる星位はあなたが大変革を成し遂げることを告げているというのです」。これに対しルターはそれをはねつけた。「〔…〕こうした現在の状況や私のなすべき務めがあなたの言う不確かな術などに左右されるものとお考えだろうか。否、それはまったく別なものなのだ。こうしたことができるのは神の御業《みわざ》のみである。これに関し誰も私の考えを変えることはできますまい」。（ヴァールブルク　二〇〇四、一三四―一三五頁）

ルターは、占星術など信じておらず、誕生日の変更に反対したのです。しかし、ルターは別のところでは占星術を信じている様子をみせており、自らの「土星の子ども」としての運命を嘆いてもいます。

「私、マルティヌス・ルターは最も不吉な星、たぶん土星の下に生まれた。私が人々にやってもらいたいことはいっこうにはかどらない。仕立屋、靴屋、製本屋そして私の妻は、私の前にぜんぜん姿を見せる気配がないのである」。（同書、一四二頁）

ここでルターは、「自分は土星の星の生まれだから、何をやってもだめだ」と言っています。このような彼の誕生日に対する両義的な態度について、ヴァールブルクは次のように結論づけます。すなわち、ルターは、実際は自分が土星の星の生まれであることを大いに気にしていたがゆえに、それを気にしていないと強く主張することで、自分が土星の生まれであることを跳ね除けなければならなかったのだ、と。ルターは、土星のもとに生まれたことを気にしていたからこそ、自分の生まれた誕生日を勝手に書きかえて木星の生まれにしようとした人たちに抵抗しなければならなかったのです。ここでも、本章で確認してきたアガンベン的な逆説の論理が作動しているように思えます。

こうしてヴァールブルクは、次のように、ルターはデューラーと同じような位置にある人物だという結論に至ります。

> ルターとデューラーは、〔…〕すでに近代人の知的、宗教的な内的解放をめぐる闘争の只中にいるのである。とはいえ、それはまだ始まったばかりなのである。というのも、ルターが依然として天地の怪物（さらにまた古代のラミアたちも）を恐れたように、〈メランコリー〉もまた自分がまだ完全には古代のダイモンへの畏怖から解放されているわけではないことを知っている。（同書、一八〇—一八一頁）

ここには、まもなく誕生する近代的な主体の萌芽のようなものがみられます。ルターの場合は、占星術というオカルト的なものからなんとか逃れることで、新しい近代人としての自我を目覚めさせようとする格闘がありました。そしてデューラーの場合は、土星の力そのものを徹底し、思考を深めることで、自分の理性を使って思考する近代的主体を立ち上げようとしているわけです。

しかし、この時代の傑出人であるルターとデューラーは、やはり古代的な占星術やダイモーンから自分がまだ逃れられていないことに十分に気づいています。それは、ルターにおける土星の星の生まれであることへの心配、デューラーにおける木星の利用といった点にも現れていると考えられるでしょう。

次章では、近代的主体を「コギト」として抽出することになるデカルトの思考をとりあげますが、そのデカルトにおいても、ルターとデューラーにみられたような「ダイモーンへの畏怖」はそのまま保存されています。しかし、ひとたびデカルトが近代的主体を「コギト」という形で成立させると、その成立に必要であったダイモーンや悪霊の存在は忘れ去られ、純粋な近代的主体が登場することになります。ところが、そのとき、忘れ去られたはずのダイモーンが、いわば排除されたものが回帰するようにして現れてくる。その現れが、狂気のなかの狂気としての統合失調症なのです。次章以降では、その流れを順に追っていきましょう。

第5章

デカルト

狂気に取り憑かれた哲学

デカルト

近代的主体は、狂気のなかから生まれる

前章では、キリスト教世界のなかで「悪霊」化されたダイモーンが、いかにして創造とふたたび結びつけられるようになったのかをみてきました。重要な役割を果たしたのは、イタリア・ルネサンスにおける新プラトン主義の再興にとって中心的な役割を果たしたフィチーノと、銅版画《メレンコリアI》で知られるデューラーでした。

メランコリー（うつ病）は、一方では「怠惰」という「七つの大罪」のひとつと関係しており、他方では地球からもっとも遠く離れた不吉な惑星である土星と関係しているがゆえに、非常に低い価値しか与えられていませんでしたが、フィチーノとデューラーにとっては、そのような否定的な性質を徹底することで肯定的な性質が——すなわち、創造性が——得られると考えられたのです。そして、このような文脈のなかからいかにして近代的主体が登場するのか、ということを、前章の終わりではルターを例にして確認しました。

近代的主体とは、ここではひとまず「自分の理性をつかって思考し、行動することができる主体」としておきましょう。当然、芸術を創造する際や、すぐれた哲学的言説を作り上げる際にも、近代的主体なら神やダイモーンの力ではなく、自分の理性をつかって創造を行うはずです。ところが、ここから数章をかけて説明していくように、まがりなりにもデカルトとカント以降、人類史のなかに近代的主体が登場したにもかかわらず、その背後にはつねにダイモーンないし狂気の影が取り憑いており、むしろそのダイモーンないし狂気の作用によってこそ、芸術の創造が可能になってきたと考えられるのです。

そこで、まず本章では、デカルトの哲学を検討しながら、近代的主体における拭い去ることのでき

ないダイモーンの取り憑きについてみていこうと思います。そのなかで、「メランコリーと創造」というパラダイムが、近代的主体の登場とともに「統合失調症と創造」というパラダイムに変貌していくさまが浮かび上がってくるはずです。

デカルトとフィチーノ

ルネ・デカルト（一五九六―一六五〇年）は、その有名な著作『方法序説』（一六三七年）において、学問的（科学的）な推論をしていくためにはどんな方法が必要であるかを論じたとされています。実際、彼は、「明証」、「分析」、「総合」、「枚挙」という四つの原則に従って問題を解いていくことが重要だと述べています（デカルト 二〇一〇、三七―三八頁）。

「明証」というのは、「私の精神に明晰かつ判明に現れるもの以外は、私の判断のなかに取り入れないこと」を指します。つまり、「誰かがそう言っているから」という理由で、何かを正しいと思い込まないようにする。そして、自分の精神のなかではっきりと「これはたしかに正しい」と思えるに至ったものでなければ正しいと認めてはならない、ということです。

「分析」とは、「吟味する諸問題〔…〕を〔…〕問題をよりよく解くために必要なだけの小部分に分けること」を指します。つまり、漠然とした大きな問いを立てるのではなく、問題を細かく切り分けていって、小さな問題から解いていく。そして、それらの小さな問題を解いて得られた答えを、今度は「総合」する。すなわち、「最も単純で最も認識しやすいものからはじめて、〔…〕最も複雑なものの認識にいたる」ようにする。細かい研究の積み重ねによって、全体として大きな研究が可能になるというのは、まさに近代以降の学問（科学）の原則そのものだといえます。

そして、「枚挙」とは、「完全な枚挙と全般的な見直しをすべての場合に行うこと」を指します。先の三つの原則によって得られた答えだけで満足せず、あらゆる場合を考えて再検討すべきだ、ということです。

デカルトが提示したこの四つの原則は、現代人にとってはごく普通のことのように聞こえます。もちろん、実際には事実は逆であり、むしろデカルトこそが近代から現代にいたる科学の基本原則を規定した人物なのです。私たちが彼の言説を「当たり前」と思うのは、彼の言説が後世に与えた影響の大きさを示していると考えたほうがよいでしょう。

ところで、このようにデカルトを要約した場合、彼は近代の科学主義者であり、合理的なもの以外は認めない人物だったように思えてきます。有名な「コギト」――「我思う、ゆえに我あり（cogito, ergo sum）」――も、近代的主体を確固たるものとして基礎づけるものだったと考えられています。また、彼の生きた時代は、現代に通じる科学が徐々に生まれた時代でもありました。たとえば、ガリレオ・ガリレイ（一五六四―一六四二年）、ヨハネス・ケプラー（一五七一―一六三〇年）といった人たちはデカルトの同時代人であり、科学的認識を広めていった人物です。だとすれば、デカルトは悪霊やダイモーンの存在など信じていなさそうな人物だと思えてきますが、実際のデカルトは、そのような人物ではまったくありませんでした。

デカルトは、たしかに近代的主体を、つまりは「理性（raison）」を立ち上げた人です。しかし、彼のいう「理性」は、私たちがいま使っているような近代以降の理性のことではなく、むしろプラトンやアリストテレスが論じていた「理性的霊魂（âme raisonnable / anima rationalis）」であり、彼はこの理性的霊魂が不滅であること（つまり、肉体が死んでも霊魂が残りつづけること）を証明しようとしていたのです。田中仁彦（一九三〇年生）は、このようなデカルトの手続きを、同様に理性的霊魂から出発して霊魂の不滅を説いたフィチーノのそれに重ねて理解しています（田中仁彦 二〇一四）。つまり、デカルトは――フィチーノの熱心な読者だったかどうかは別として――近代の科学主義者などではまったくなく、古代から近世に至る知的遺産の痕跡を大いにとどめた人物だったのです。

　このことは、デカルトにおける理性と狂気の位置づけにとってきわめて重要な意味をもっています。前章でとりあげたフィチーノやデューラーの場合、創造のような何らかの肯定的な事柄が可能になるのは、怠惰やメランコリーのような狂気（ダイモーン）の影響を避けるのではなく、むしろ徹底することによってでした。もし、デカルトが彼らと同様の「ダイモーン的古代の復活」の系譜に属していたとすれば、必然的に、デカルトにおける「理性」は、狂気（ダイモーン）を徹底することによってはじめて可能になるものだったのではないかと推測できることになります。そして、デカルトのテクストを詳しく読めば、実際にそうであることがわかるのです。デカルトのコギトは、自らが狂気に取り憑かれている（かもしれない）という疑いのなかから、「理性」を取り出してくる、という逆説的な手続きをとっています。そのことはのちに具体的に論証していきますが、ここではひとまず彼の哲学が一種の「狂気に取り憑かれた哲学」である可能性を念頭においておくことにしましょう。

三つの夢

　デカルトにおける理性と狂気の関係を問う際には、彼の人生を病跡学の観点から検討しておくことが大いに役立ちます。ここでは、精神科医の内海健のデカルト論を参考にしつつ、デカルトの病跡を簡単に描いておきましょう。

さて、内海によれば、デカルトは「スキゾイド」（分裂気質、統合失調症気質）と診断される人物です。スキゾイドとは、スキゾフレニア（統合失調症）に「……オイド（……のような）」という接尾語をつけたもので、「統合失調症と共通する特徴をもつが、統合失調症そのものとは少し違う」という意味です。特に、「統合失調症らしい性格特徴をもつけれども、明確な発病はない」というケースがスキゾイドとしばしば名指されます。

スキゾイドには、明確な発病はありませんが、仔細に観察すればわかるような生活上の特徴があります。それは、世界とうまく調和できない、ということです。ふつう、人々は自然に世界と調和して生きています。言い換えれば、自分が今ここに生きているのはとても自然なことであり、自明なことでもある、つまり自分がここに生きていることにほとんど疑いをもたずに生きることができるのが健康な人々のあり方です。ところが、スキゾイドの人々には、そのような自然な居場所が世界のどこにもありません。それゆえ彼らは、自分のいる現在の世界から常に外に出ていこうとします。共同体にうまく馴染めず、そこから絶えず離脱しようとする傾向があるのです。

デカルトの生活史のなかにも、このようなスキゾイドの特徴を読み取ることができます。デカルトは、幼児期に母を亡くしました。父も不在になることが多く、彼を拒絶してもいました。彼には自分がそのなかで馴染んでいられるような家族がなかったのです。二人の兄がいましたが、彼らはデカルトを父の葬儀にも呼ばなかったようです。さらにデカルトは、のちに放浪生活を送りますが、このような特徴もスキゾイドのそれと一致します。彼は、家族のなかにも、放浪先にも、自分がしっくりくるような安住の場所をみつけることができませんでした。内海は、デカルトは「終生定まった帰属集団をもたない「父の国」から断絶された息子」だったと整理しています（内海 一九八四、一二二頁）。

また、一六二八年以降、オランダに閉居した際には、デカルトはごく一部の友人との文通以外、一切の交流を絶っており、さらには自分の居所を知られないように何度も転居を繰り返していたようです。ここには、自分の居所が他人に知られると何か困ったことが生じる、といった迫害妄想の芽のようなものが感じられます。デカルトにははっきりした幻覚や妄想はみられませんが、どうやら極めて微弱な異常体験があったのではないかと推測されるのです。

では、デカルトの人生を、『方法序説』の記述からも確認していきましょう。

私は幼少の頃から文字による学問で育てられた。そのやり方によって人生に役立つすべてのことについての明晰で確かな認識を獲得できる、と聞かされていたので、私はそれをぜひ習得したいという強い願望を持っていた。ところが、〔…〕多くの疑いと誤りとに私は悩まされた〔…〕。〔…〕哲学は数世紀ものあいだ、最もすぐれた人たちによって研究されてきたにもかかわらず、いまだにそこで論争の種にならない、したがって疑わしくないものは何もない〔…〕。〔…〕一つのことがらについては真なる意見は一つしかありえないのに、学者によっていかに多くの異なった意見が主張されうるかを考えて、私は本当らしく見えるにすぎないものをほとんどみな虚偽だとみなした〔…〕。（デカルト 二〇一〇、二二―二六頁）

デカルトは幼少期からよく本を読んで勉強していたようですが、いろいろな著者が別々のことを書いているのをみて、一切は疑わしいと思うようになったようです。同じことは、自分が生まれ育った共同体にもあてはまるでしょう。たとえば、家庭では「親の言うことが正しい」といわれますが、学校では「書物に書いてあることが正しい」などといわれます。すると、異なる共同体に赴けばそこには別の真理があることになり、結果としてそのどれにも根拠がないことになります。そのような究極的な根拠のなさに、デカルトは満足できませんでした。だからこそ、彼は自らのいる共同体から絶えず離脱していくわけです。続きをみてみます。

〔…〕私は教師たちの手から解き放たれる年齢〔＝二二歳、一六一八年〕になるとすぐに、書物による学問をまったくやめてしまった。そして、これからは私自身のうちに、あるいは世間という大きな書物のうちに見いだされるであろう学問だけを求めようと決心して、私の青年時代の残りを旅をすることに費やした。〔…〕
　私が他の人の生き方をただ考察しているだけの間は、私を確信させるようなものはあまり見いださず、そこには以前に哲学者たちの意見の間に認めたのとほとんど同じだけの多様性があることに気づいたことは事実である。したがって、〔…〕多くのことがわれわれにはまるで法外でバカバカしいと思われても、やはり他の多くの人たちによって一般に受け入れられ、容認されているのであるから、先例と習慣によってのみ私が納得したものをあまり固く信じてはいけない〔…〕。（同書、二七―二八頁）

デカルトは、放浪をするようになったあとでも、確実な根拠に支えられたものを何一つみつけられませんでした。しかし、翌年（一六一九年）の一一月一〇日、彼はドイツの炉部屋での思索のなかで、ついに本章の冒頭で紹介した「明証」、「分析」、「総合」、「枚挙」の四原則を発見します。そのときのことを、デカルトは次のように綴っています。

> 私はその当時ドイツにいた。まだ終っていないその地の戦争が私を呼びよせたのであった。そして、皇帝の戴冠式から軍隊に帰るおりから冬が始まり、私はある冬営地にひき留められた。そこでは、私の気を散らすような人との交わりもまったくなく、幸にして心配事や情念で心を悩ませることも一つもなかったので、私は日がな一日ひとりで炉部屋に閉じこもり、心ゆくまで思索にふけった。（同書、二九頁）

ところが、こうして諸科学を基礎づける四つの原理に到達するや否や、デカルトはその晩に三つの夢をみることになります。これらの夢は、まさに悪霊が登場する夢です。それは、彼が近代的な理性を基礎づけようとするとき、その理性が悪霊によって裏打ちされなければならないことを告げるかのように現れてくるのです。ここでは、その三つの夢をアドリアン・バイエ（一六四九—一七〇六年）の『デカルト伝』に従ってみていきます（なお、日本語訳は概略版の翻訳であり、夢の詳細は掲載されていません）。その夢がみられた状況は次のようなものでした。

> 霊感（enthousiasme）に満たされ、この日驚くべき学問の基礎を見いだしたという思いにすっかり心を奪われて床についてから、彼は一晩のうちに次々に三つの夢を見た。いずれも、天上から訪れたものとしか考えられないほどの夢であった。（Baillet 1691, p. 81）

デカルトは、この夢がインスピレーション（霊感）によって到来したものであることに気づいていたようです。

第一の夢は、おおよそ次のようなものでした――デカルトは眠りについたあと、亡霊（fantôme）のようなものに脅かされる。彼が道を歩いているとき、身体の右側に弱々しい感覚があるため、身体を左側に傾けざるを得なくなる。一歩足を進めるごとに倒れそうになりながらも歩いていくと、通りに学院が見えてくる。そこで彼は、祈りを捧げるために学院のなかの教会に行こうとする。ところが、知り合いが現れて挨拶しなければならなかったり、また別の男が現れてN氏に会えばもらえるものがあると言われたりして、なかなか教会に辿りつくことができない。しかも、自分は風の中でよろめきそうになっているのに、みなはしっかり姿勢を維持して立っている（ibid., pp. 81-82）。

この夢は、まるでカフカの作品のような世界観をもっています。デカルトは、どれだけ頑張っても目的地に全然辿りつけないのです。また、彼以外のふつうの人々は、亡霊の影響を受けていないようなのですが、彼だけは亡霊のせいでまともに歩くことができなくなっています。この夢を見て、デカルトはすぐに目を覚まし、脇腹に痛みを感じます。そして、この夢は、悪霊（mauvais génie）が彼を誘惑しようとしていたために生じたのではないかと考えるに至ります。

デカルトは、この第一の夢を見て起きたあと、二時間ほどのあいだ善と悪について考えたようです。つまり、この夢に出てくる「右」と「左」という対が善と悪に関係していることに思い至ったのです。どういうことかというと、ラテン語文化圏では、「右（dexter）」は善いものに、「左（sinister）」は邪悪なものに関連していますが、そのことを考慮すると、「身体を左側に傾けざるを得なくなる」というのは、悪霊がデカルトを邪悪な側に引っ張っているということだと考えられるのです。

第二の夢は、ふたたび眠りについたデカルトがみたものです。それは、夢の中で落雷のすさまじい音が鳴り、そのせいで飛び起きると、部屋の中にたくさんの火花が降ってくるのがみえた、というものでした。デカルトは、この火花が夢の中のものにすぎないことを確かめて、ふたたび眠りにつきます。

第三の夢は、これまでの二つの夢に比べれば悪夢ではありません。しかし、この第三の夢にこそデカルトの思考の秘密が隠されていると考えられるので、少々詳しく読んでみましょう。

この最後の夢において、彼〔＝デカルト〕は、誰が置いたか分からないが机の上に本があるのを発見する。その本を開いてみると、辞書であることが分かった。〔…〕そのとき、彼の手はもう一つ別の本に触れる。それは、新しい本ではなかったが、どこからやってきたのか分からないものであった。彼は、それはまた別の著者の詩集であり、『詩全書』などという題名がついた本であった。興味をもってその本を開くと、本の初めにある「ワレ、イカナル人生ノ道ヲ歩ムベキカ(Quod vitae sectabor iter?)」などという詩句が目に飛び込んできた。同時に、彼はそこに見知らぬ一人の男がいることに気づくが、その男は「在リ、シカシテ在ラズ(Est et non)」で始まる詩句をとりあげ、それを非常に良い詩句であると褒めちぎった。デカルトは、それがアウソニウスの田園詩の一つであり、大きな詩集に載っているのを知っている、と答える。そして彼は、自分は詩集の順番と構造を完全に知っているのだと自慢しつつ、その詩句を男に見せようとして先ほどの本の頁をめくり始める。彼が本をめくって詩句を探していると、男はその本をどこで手に入れたのかと彼に尋ねるが、デカルトはどうしてこの本を持っているのか分からないし、また、少し前には別の本〔=辞書〕を触っていたのにそれが消えてしまい、その本も誰が持って来て誰が持って行ったのか分からないと答える。彼が詩集を調べ終えないうちに、その本〔=辞書〕が机の一方の端に現れる。しかし、この辞書が最初に見た時のような完全な姿ではないことに彼は気づく。その間に、彼はアウソニウスの詩に行き当たるが、〔…〕「在リ、シカシテ在ラズ」で始まる詩は見出せないので、この男に同じアウソニウスの詩で「ワレ、イカナル人生ノ道ヲ歩ムベキカ」で始まるもっと美しい詩があるのだと言う。男がそれを見たいというので、デカルトは再び探し始めなければならなくなるが、その際に様々な銅版の肖像画が現れてきて〔…〕自分が知っているのと同じ印象のものではないという感じがする。ここに至って、本も人も彼の想像力から消え去ってしまうが、それでも彼を目覚めさせることはなかった。(ibid., pp. 82-83)

非常に不思議な夢ですが、デカルトはこの夢を、第一の夢と第二の夢という二つの悪夢を解決する夢である、ときわめて肯定的に解釈しています。すなわち、「辞書」は「統合された学問」を意味しており、『詩全書』と題された詩集は哲学と知識を結びつけるはっきりした方法を表しており、「ワレ、イカナル人生ノ道ヲ歩ムベキカ」という言葉は「賢人の忠告、ないし道徳神学」を示していると考えたのです。こうして、この第三の夢は、デカルトによって、数学を普遍的原理とすることの啓示とみなされました(ibid., pp. 83-84)。

しかし、この第三の夢のデカルト自身による解釈には、どうも納得しかねるところがあります。というのも、この夢は、どうみても、第一の夢と同じような、どれだけ頑張っても目的地に辿りつくことができない、というカフカ的構造をもっているからです。つまり、この第三の夢は、「ある本(辞書）を見ていたのに、次の瞬間には別の本（詩集）に変わっており、その本（詩集）のなかに何かを探そうとするがみつけられず、また最初の本（辞書）が現れるけれども、その辞書もどこか最初の本とは違う感じがして、結局、二番目の本（詩集）のなかにも求める詩を探し出すことができない」という夢であり、見出されるべき根拠が無限に先送りされる夢にほかならないのです。

「コギト」の根拠は無限に先送りされる

デカルトは、自分が『方法序説』で見出した方法は、学問（科学）を根拠づけるためのものであり、そのことは自分の夢においても明らかであると考えていました。しかし、その夢を仔細にみていくと、どうやら彼の考える根拠は、実際には無限に先送りされてしまうことが明らかになるのです。

実は、このような構造は、『省察』（一六四一年）で展開される有名な「コギト」の根拠づけにも見出されます。言い換えれば、デカルトの「コギト」は彼がそう考えているほど確実な根拠にはなりえていないのです。彼の論証を——彼が自分では気づいていないことにも注目しながら——順に追っていきましょう。

> たとえば、いま私がここにいること、暖炉のそばに座っていること〔…〕。実際、私をだれか気の狂った（insanis）人たちと比べでもしないかぎり、この手そのもの、そしてこの身体全体が私のものであることが、いかなる理由で否定できようか？　この人たちの脳は黒い胆汁（bile labefactat）から出る悪性の蒸気によってひどく攪乱されているので、自分が赤貧であるのに王様であるとか、裸であるのに紫衣を身につけているとか、頭が粘土製であるとか、全身が水瓶であ

るとか、ガラスでできているとか、頑固に主張するのである。(デカルト 二〇〇六、三六頁)

ここでデカルトが述べている事柄が、第3章と第4章で紹介したメランコリーと大いに関係していることに気づいたでしょうか。デカルトは、人は黒胆汁が過剰になると幻覚をみたり妄想を抱いたりすることがあり、だとすれば自分の見ているものや感じているものが正しい認識であることにはまったく根拠がないと述べています。なお、全身が水瓶やガラスでできているというのは、この時代のメランコリーによく観察された「ガラス妄想」と呼ばれる症状のことを指しています。

次にデカルトは、今度はメランコリーではなく悪霊をもちだして、同じような疑いを発します。

〔…〕ある悪しき霊(genium aliquem malignum)で、しかも最高の力と狡知をもった霊が、あらゆる努力を傾注して私を欺こうとしている、と想定してみよう。天、空気、地、色、形、音、その他外界のすべては夢のだましにほかならず、それによってこの霊は信じやすい私の心に罠をかけていると、私は考えよう。〔…〕

〔…〕何か最高に有能で狡猾な欺き手がいて、私を常に欺こうと工夫をこらしている。〔とすると、すべての知識は不確実であるが〕それでも、かれが私を欺くなら、疑いもなく私もまた存在するのである。できるかぎり私を欺くがよい。しかし、私が何ものかであると考えている間は、かれは、私を何ものでもないようにすることは、けっしてできないだろう。それゆえ、すべてのことを十二分に熟慮したあげく、最後にこう結論しなければならない。「私は在る、私は存在する」Ego sum, ego existo という命題は、私がそれを言い表すたびごとに、あるいは精神で把握するた

びごとに必然的に真である、と。（同書、四一―四五頁）

前章でとりあげた初期のキリスト教の修道士を悪霊がたぶらかしたように、自分も悪霊（悪しき霊）によって幻覚を見せられているのかもしれない。だとすれば、自分がもっていると思っている知識はすべて間違っていることになります。すべての知識はまったく根拠を欠いたものである、ということになるわけです。けれども、悪霊に欺かれているということは、欺く対象であるところの「私」が存在することだけは少なくとも確実である、とデカルトはいっています。これが彼のコギトであることはいうまでもありません。こうして彼は、コギトをあらゆる物事の根拠に据えて演繹的に推論していき、すべての学問の認識を体系化することを目指したのです。

前章でフィチーノとデューラーの逆説をみてきた私たちは、ここでデカルトが用いているロジックにも同じ逆説が機能していることに気づくはずです。フィチーノとデューラーにおいて、土星やメランコリーの否定的な性質を徹底することで肯定的な性質が得られたのと同じように、デカルトは、自分がメランコリーや悪霊に取り憑かれているかもしれない、という否定的な事態をはっきり認めることから肯定的なものとしてのコギトを打ち立てているからです。

だとすれば、このコギトは、やはり前章でルターにおいて確認したような、きわめて不安定な要素を孕んでいることになります。というのも、デカルトのいう「「私は在る、私は存在する」という命題は、私がそれを言い表すたびごとに、あるいは精神で把握するたびごとに必然的に真である」という一節は、いっけん近代的主体の力強い設立宣言のようにも聞こえますが、それを逆から読めば、そこには不吉な真実が開示されてもいるからです。すなわち、コギトは、私がそれを言うたびごとにおいてしか真ではありえず、私はたえず悪霊に欺かれる可能性をもってしまっているのです。

　言い換えましょう。デカルトのコギトは、悪霊に欺かれているからこそ成立するものです。だとすれば、コギトは、悪霊に貼る「御札」のようなものだと考えたほうが良いものであることになります。[2]注意してください——御札を貼ったからといって、悪霊を退散させられるわけではありません。むしろ、コギトとは悪霊に貼った御札そのものにほかならないのであり、コギトは悪霊を退散させることが原理的にできないのです。そして、その御札としてのコギトは、「私は在る、私は存在する」というお題目を唱えたときにのみ成立し、そうでないときには、悪霊はずっと自分に取り憑いたままです。だとすれば、この御札としてのコギトは、実は私にとっての根拠を何ら担保するものではありません。さきほどみた第三の夢と同じように、根拠はどこまでも先送りされてしまうのです。そのことを、内海は次のように要約しています。

> ここ〔『省察』の「悪しき霊」をめぐる考察の箇所〕ではあたかも思考が悪霊を乗り越える契機として描かれているようにみえる。だが、〔コギトによって〕私が成立するのは思考している間であり、思考の断絶は乗り越えられない。そればかりではなく、叡智的なものを切断する悪霊の否定性のもとでは、思考自体が成立しない。〔…〕
> 　こうして、方法的懐疑の誇張的極点において、主体は乗り越え不可能な否定性に出遭うことになる。もし主体を世界を基礎づけるものとして考えているのなら、これは致命的である。だがコギトは「確信の主体」であって、「基礎づけの主体」ではない。それゆえむしろ悪霊という法外なものの到来こそ、自己確信の源泉となる。（内海 二〇〇三、一八六—一八七頁）

コギトは、「自分は悪霊に欺かれているかもしれない」と思考する瞬間にしか正しいものではありません。それは、悪霊に取り憑かれたままの人間が、悪霊に取り憑かれているということそのものから引き出せる瞬間的な確信にすぎません。だとすれば、そのようなものは世界を基礎づけるものとしては到底役に立ちません。

けれども後世において、デカルトのコギトは、近代的主体を基礎づけ、世界の認識を安定させる原理として読まれてきました。そのような思想は、「デカルト主義」と呼ばれることになるでしょう。デカルト主義では、もはやコギトは悪霊との格闘の末に獲得されるものではなく、所与のものとして近代的主体の根拠に据えられることになります。そうして、西洋思想のなかから悪霊（ダイモーン）が排除されることになったのです。

しかし、排除された悪霊＝ダイモーンは、排除されたままでいるわけではありません。排除されたものは、必ず回帰してきます。内海は、デカルト主義における悪霊の排除は、人間の内面を侵すものとして――すなわち、「私」が心のなかで考えていることが「他者」に筒抜けになり、「私」の考えが「他者」に読み取られたり、「他者」の考えていることが「私」に植えつけられたりする病である統合失調症として――回帰してくることを帰結したのだろうと書いています（同書、一八八頁）。統合失調症が、近代的主体が登場したあとにしか現れないのはおそらくはそのためなのです。

このような内海のデカルトに関する洞察は、アガンベンの「身振り」についてのそれとも響きあっています。アガンベンによれば、近代以前には身振りが非常に重要なものとして扱われており、病も身振りにおいて現れていました。たとえば、アリストテレスが痙攣を主な特徴とする「てんかん」を創造と結びつけたことや、デューラーの《メレンコリアI》における思索のポーズは、病が身振りにおいて現れていたことを示す好例です。反対に、「近代人は自分の身振りを失った人間」であり、さらに言えば近代人とは「内面の犠牲者」にほかならないというのです（アガンベン 二〇〇九、三〇二頁）。

デカルトは狂気を追放したのか？

すでに気づかれた方もいると思いますが、ここまで内海健の議論を参照しつつ行ってきたデカルトにおける理性と狂気の位置づけについての検討は、フーコーとデリダのあいだの論争をそのままなぞるものでもあります。

フーコーは『狂気の歴史』のなかで、狂人がいかにして施設（のちの精神病院）に隔離されるようになったのかを論じました。彼によれば、かつて狂人は社会のなかにごく普通に存在し、「正常」とされる人々と触れ合っていたのですが、ある時期に「大いなる閉じ込め」が起こり、狂人を隔離するようになったといいます。フーコーは、この「大いなる閉じ込め」を規定した思考を、さきにみたデカルトの『省察』の一節と関連づけています。つまりフーコーは、『省察』は狂気を閉じ込め、理性としてのコギトを純粋なものとして確保しようとする書物だったと考えているわけです。実際にフーコーの文章をみておきましょう。

文芸復興によって、その声が解き放たれたが、早速もうその狂暴さが抑制されてしまった〈狂気〉、古典主義時代は、それを異様な権力的強制によって静めるようになる。

〔…〕デカルトは、あの〔コギトの〕確信――狂気はもはや自分と関係をもちえない――を今や手に入れて、それをしっかりと保持している。〔…〕こうして、狂気の危険は、〈理性〉の働きそのものから消えさったわけである。〔…〕デカルトの懐疑は〔…〕狂気を追放するのである。〔…〕人間はあいかわらず狂気におちいることはあっても、真なるものを知覚しようとしている主体の絶対権の行使としての思考は気違いじみることはありえない。（フーコー 一九七五b、六五―六七頁）

フーコーは、デカルトがもはや狂気とまったく関係のないコギト、すなわち純粋な理性を手に入れたのだ、と解釈しています。これまで私たちがみてきたような論点を、フーコーはまったく無視しているのです。

　他方で、フーコーが私たちと同じような解釈をしている箇所もあります。彼は、一七世紀に生じた「大いなる閉じ込め」という狂人の監禁の結果、狂気は排除され、その排除された狂気は――私たちはそれが統合失調症として回帰してくると論じたのですが――一九世紀以降の文学の世界のなかに回帰してくると言っているのです（フーコー＋清水＋渡辺 二〇〇六）。そのような文学としてフーコーが名指しているのは、ヘルダーリンやアルトーのような人物であり、いずれも統合失調症圏の疑いのある人物です。このような狂気の人物が書く文学のなかに、狂気の世界があらわれてくるというのは、きわめて重要な指摘です。

　しかし、フーコーのデカルト解釈は、デカルトが狂気を監禁し、理性を純粋なものとして取り出したとする点で、きわめて単純なものだといわざるをえません。すでに述べたように、コギトは狂気

〈悪霊〉を切り離すことで成立するのではなく、むしろ狂気〈悪霊〉と関係をもちつづけていることによってはじめて成立するものだからです。そのような論点からフーコーを批判したのが、デリダの「コギトと狂気の歴史」（一九六三年）という論文でした。デリダの批判を聞いてみましょう。

もはやデカルトは狂気を根底的な懐疑の局面から追い出さないだけでなく、狂気の脅威をもたらす可能性を知性的なものの中核に位置づけただけでもなく、デカルトはどんな特定の認識にも、権利的には狂気の可能性をまぬかれることを禁じているのだ。デカルトは単に、最初の段階の最初の局面で、自然的懐疑の非誇張的な契機において、狂気を排除するふりをしているだけなのだ。〔…〕

デカルト的〈コギト〉の誇張的大胆さ、その狂った大胆さを、われわれはおそらくもはや大胆さとしてはあまりはっきりと理解してはいない。なぜなら、デカルトの同時代人とはちがって、われわれはあまりにも安心し、〈コギト〉の尖端的経験よりもその図式にあまりにも慣れているからだ。〔…〕

〔…〕この企図は人間学的事実性という意味で人間的なものではなく、まさに形而上学的で神霊的〔＝ダイモーン的〕であり、それはまず、神霊〔＝ダイモーン〕との、無意味の〈悪しき霊〉との戦争のうちに自分を認め、〈悪しき霊〉に何とか太刀打ちできる者たらんとし、自己のうちなる自然的人間を縮減しながら、〈悪しき霊〉に抵抗するのである。この意味で、それ固有の創始的運動における〈コギト〉ほど、安定せざるものは何もない。（デリダ 二〇一三b、一〇七―一〇九頁）

デカルトは、コギトを打ち立てるために悪霊についての考察を行いましたが、それは単なる思考実験ではありえず、むしろその思考実験によって打ち立てられたコギト自体もその影響をこうむらざるをえない、とデリダは主張しています。デカルトにとって、コギトとは悪霊（ダイモーン）という否定的なもののなかからはじめて現れるものであり、悪霊のことを考えるたびに、悪霊にそのつど御札を貼り続けるかぎりにおいて、かろうじて維持されるものです。その意味で、一般に考えられているのとは反対に、コギトはもっとも不安定なものだといいうるのです。

最後に、ラカンのデカルト論にも触れておきましょう。彼がこのフーコーとデリダのあいだの論争に注目していたかどうかは定かではありません。しかし、彼のデカルトに関する主要な二つの言及は、まさにフーコーとデリダのそれぞれのデカルト論の立場に近いものだといえます。

ラカンは、一九四九年に発表した「鏡像段階（stade du miroir）」についての有名な論文のなかで、この鏡像段階の発見は「コギトから直接的に由来するすべての哲学に反対する」ことを可能にする、という力強い宣言をしています（Lacan 1966, p. 93）。どういうことかというと、デカルトのコギトが意識の主体（自分が何を考え、何をやっているのかを意識している主体）のモデルだとすれば、無意識の主体（自分の知らないうちに何かしらの失錯行為をやってしまったり、症状を生み出してしまったりする主体）を重んじる精神分析は、いわば水と油のような関係にあると考えられるということです。

けれども、ここまでデカルトを論じてきた私たちにとって、やはりこのようなデカルト解釈は不十分なものといわざるをえません。というのも、コギトとは、悪霊（ダイモーン）という、意識の主体を欺くものによってはじめて可能になるものだからです。おそらくはそのような考えのもとに、ラカンは一九六四年度の講義録である『精神分析の四基本概念』のなかで、デカルトを再びとりあげ、次のように語っています。

いずれにせよ、私が強調したいことは、デカルトとフロイトという二つの歩みが接近し、重なるような点があるということです。
デカルトは、「我、疑うことによりて、思うことを確信す」と言っているのです。（ラカン 二〇〇〇、四五頁）

まったく同様の仕方で、フロイトは、彼が疑いを持つそのときに――というのは結局それは彼自身の夢ですし、最初に疑うのは彼だからですが――、何らかの無意識の思考がそこにあるということを確信します。ということはつまり、無意識の思考は不在として現れてくるということです。〔…〕要するに、フロイトはこの〔無意識の〕思考が「我あり」なしに、ただそれだけでそこにあると確信するのです。〔…〕いわば彼の代わりに誰かが思うのです。（同書、四六頁）

ここでラカンは明らかにデカルトに対する評価を変えており、コギトに不可欠な疑い――自分は悪霊に取り憑かれているのではないか、自分は狂気に冒されているのではないかという疑い――こそが、無意識の主体を証拠立てていると考えるようになっています。もっとも、デカルトにおいて、狂気や悪霊を介した疑いは意識の主体と関連づけられていましたが、ラカンはそれを無意識の主体に関連づけています。実際、人々が精神分析家のところに赴くのは、自分の人生のなかで「何か」がうまくいかない、自分のあずかり知らない「何か」が自分の人生に大きな影響を及ぼしている、という疑いを抱き、その答えを分析家に求めるからではないでしょうか。そこにおいてこそ、無意識の主体が瞬間的に見出されるのです。

このような議論を概観することで、デカルトのコギトに端を発する近代的主体は、二つの方向から狂気と関連をもつ運命にあることがみえてこないでしょうか。一つは、やっとの思いで作り上げた自分のコギトがなんらかの影響によって崩れ、自分の内面が他者の内面と直接的につながってしまうこと――すなわち、統合失調症における自我障害です。もう一つは、自分の内面のなかに他者が巣食い、自分では気づくことのできない心の動きを生み出すこと――すなわち、無意識です。デカルト以降、近代的主体は、この二つの狂気を心のなかに抱え込むことになります。そしてこれこそが、現代でもその力を感じ取れる近代的主体の構造なのです。

次章では、そのような狂気を孕んだものとしての近代的主体のあり方をカントの哲学のなかに読み取ることを試みます。

第**6**章

カント

狂気を隔離する哲学

カント

ついに近代的主体が問題となる

前章ではデカルトについて考えました。フーコーによれば、デカルトの哲学は理性と非理性をはっきりわけるものであり、前者の理性によって近代から現代にまでつづく合理的で科学的な精神を基礎づけたとされます。しかし、内海健やデリダの読解を参考にしながら確認したように、実際にはデカルトの哲学は狂気（悪霊）に取り憑かれた哲学だと考えることができます。

デカルトのコギトは、「私は存在する（ergo sum）」という確信を手にするために、狂気（メランコリー）によって幻覚をみせられている「私」や、悪霊によって騙されている「私」を前提としなければなりませんでした。彼のコギトは、「主体としての私は存在する」と主張しているのではなく、「狂気や悪霊に取り憑かれている私は存在する」と主張しているのです。前章ではそのことを、「コギトとは、狂気（悪霊）に対して貼られた御札である」と表現しました。御札によって狂気（悪霊）を追い払った結果として、確固たるコギトが残るのではありません。そうではなく、狂気（悪霊）に貼った御札そのものがコギトなのであって、逆にいえば、狂気（悪霊）がなければコギトはありえないのです。このように、コギトは狂気（悪霊）を抱え込みつづけるかぎりでしか存在できないものであり、近代以降の合理的で科学的な精神を基礎づけることなど到底できようもないものです。デカルトはそのことに十分に気づいていませんでしたが、彼の夢はそのことをはっきり告示していました（彼の三つの夢、特に最後の夢の解釈においてみたとおりです）。

さて、本章ではイマヌエル・カント（一七二四―一八〇四年）について考えていきます。結論を先取りするなら、カントの哲学は、デカルトのコギトにいまだ取り憑いていた狂気を「私」の外部に隔離し、近代的主体を純粋なものとして定立しようとするものだったと考えられます。もちろん、この狂気の隔離は、いわばその「報い」として、「私」そのものを突き崩すような狂気の回帰を引き起こすことになります。第1章で紹介しておいたように、統合失調症という「私」の成立そのものを侵す病は近代になってはじめて登場したという説がありますが、より正確にいえば、統合失調症は近代的主体とともに登場した、と推測できるのです。

西洋思想史において、この間に起こったことを振り返っておきましょう。この一連の変化は、狂気の位置づけの変化として整理できます。プラトンの時代には、垂直的な高みに存在する神やダイモーンが人々（詩人）に言葉を吹き込んでいました。その際に詩人は、身の毛がよだつという身振りにおいて狂気を体験することになります。ついで、キリスト教の時代には、ダイモーンは悪魔とみなされるようになり、空中に存在して人々（修道士）をたぶらかすようになりました。その際に修道士は「怠惰」という道徳上の狂気に陥ります。最後に、デカルト――より正確にはカント――以降、狂気は近代的主体の外に隔離されますが、隔離された狂気は人間の内面に回帰し、内面を侵すようになります。極めて大雑把な見取り図ですが、このように狂気の空間的な定位の変化が、狂気のあり方をも決定づけていると考えることができるのです。

神から断絶した息子

さて、カントの哲学を扱う際には、前章でデカルトを扱ったのと同じように、やはり彼自身がどんな人だったのかを病跡学的な観点から考えておくことが役に立ちます。前章と同じく本章でも、内海健のカントについての論文を参考にしていきましょう（内海 二〇〇四、内海 二〇〇七）。

カントは、多少なりとも虚弱体質ではあったようですが、重大な精神障害の存在をうかがわせるような波乱はほとんどありません。例外は、彼がみずからを「ヒポコンデリー（心気症）」と評したことがあり、のちにとりあげる数年間にわたる気分低迷状態があることくらいです。

よく知られている話ですが、カントはその生涯のほぼすべてを東プロイセンの首都ケーニヒスベルクで過ごし、きわめて規則正しい生活を送っていたといわれています。彼が毎日同じ時間に同じ場所を散歩するので、町の人たちがカントを時計がわりにつかっていたという逸話が残っているほどです。そのような特徴をことさらに強調して、カントはアスペルガー症候群（自閉症スペクトラム）だったかもしれないという論者もいますが、それらの議論はまともに彼の文献を読んだ形跡すらないものですから、検討するに値しません。そもそも、カントは非常に社交的な人物であり、ケーニヒスベルクの主な家庭から何度も食事や社交の場に招待され、有力な商人や軍人たちとも交流をもっていました。のちにとりあげる『人間学』という著作がサロンでの交流のなかで論じてほしいと頼まれた問題を検討した本である、というエピソードもそのことを補強してくれるでしょう。

意外なことに、カントは最初から哲学を研究していたわけではなく、当初は現代でいうところの物理学を学んでいました。学生時代にはアイザック・ニュートン（一六四二―一七二七年）に大いに感化され、ニュートンとの出会いを「最大の感激、最大の収穫」と記しているほどです。一七四六年に論文「活力の真の測定についての考察」によってケーニヒスベルク大学を卒業し、自然哲学者としての仕事をするようになります。自然哲学者としてのカントの代表作は、一七五五年の「天界の一般自然史と理論」という論文で、これはのちにカント＝ラプラスの星雲説と呼ばれて評価されるようになる議論を含むものです。

自然哲学者としてのカントは、形而上学的世界観と機械論的自然論を調停することに興味をもっていたようです。近代以前には、世界は神によって創造され、世界に起こる事柄には神の意志が作用しているとする形而上学的な世界観が主流でした。そのような世界観は、世界に起こる事柄はそれ固有の法則をもつとするニュートンの物理学とは対立してしまいます。しかし、この二つを両立する方法があります。神が世界を創造したのであれば、神はそのとき世界に起こる事柄についての法則を書き込んでいるはずである、と考えるのです。すると、物理学（あるいは科学一般）は神が書き込んだ法則を研究することだと考えられるようになるわけです。そうすれば、形而上学的世界観と機械論的自然論のあいだの矛盾はなくなります。カントは、「神なき機械論」としての科学をライプニッツの目的論的な形而上学と繋げ、機械論を徹底することが宇宙の目的論的な秩序に通じると考えました。つまり、機械論は神が書き込んだ法則そのものなのだから、機械論を徹底することが、神の意志と宇宙の目的論的な秩序に通じるというのです。こうして、宗教的な信仰と科学の世界を両立させることを狙ったのがカントの初期の仕事でした。

　ところが、カントの意図とは別に、科学が宗教的な信仰にもとづいて法則を解明するやいなや、「その法則を書き込んだのは神である」という前提は必要なくなってしまいます。ハシゴを登るためには神という概念が必要だったけれども、登りきってしまえばそのハシゴはもうしまってもよいのです。実際、以後のカントの哲学のある側面は、神なしでの哲学の可能性を考えるもののように思えます。その実例は、カントが『純粋理性批判』（一七八一年）をはじめとして様々な箇所で論じている感性、悟性、理性という三つ組にも見出すことができます。ここでは坂部恵（一九三六―二〇〇九年）の議論を参照しておきましょう（坂部 二〇一二）。

　カント以前、たとえばトマス・アクィナスにおいては、認識能力は（低次のものから高次のものの順に並べると）感覚（sensus）－理性（ratio）－知性（intellectus）という序列を形成していました。ここでいう知性とは神の知性（intellectus）であり、宇宙の根源的真理を把握する直観です。それがもっとも高い位置に置かれ、人間の理性と感性がそれにつづくものとして位置づけられていたのです。このような考え方のもとでは、知性が人間にあらわれるとしても、それは神の力を借りて人間にあらわれるのだと考えられます。しかし、カントは知性（悟性）と理性の序列を逆転させ、感性（Sinnlichkeit）－悟性（Verstand）－理性（Vernunft）という順番に並べ替えました。その際、彼は悟性＝知性（Verstand）を人間のそれに切り詰めて、神の知性（intellectus）を度外視したわけです。

このような枠組みでは、とうぜん感性、悟性、理性のすべてが人間のそれであることになります。カントの『純粋理性批判』が検討する理性とは、このような人間観における人間の理性にほかなりません。神とは関係なしに人間がもつ認識能力、しかも最も序列が高く最も高い能力をもつ認識能力のことをカントは理性と呼びました。このような議論は、やはり神の知性において可能だった認識を不可能にしてしまうでしょう。彼は、人間にとっての父たる神の首を切ってしまったのです。それは、私たちの関心からいえば、神やダイモーンからの言葉の吹き込みが禁止されたということにほかなりません。『純粋理性批判』は、まさに人間の理性において何の認識が不可能になったのかを論じる著作です。だとすれば、「父の国」から断絶された息子」であるデカルトになぞらえて、カントは「父たる神」から断絶した子ども」と考えてもよいのかもしれません。

狂気との出会いと「理性の不安」

一七五七年ごろ、カントはデイヴィッド・ヒューム（一七一一—七六年）の『人間本性論』——一七三九年刊行の書物ですが、カントが読んだドイツ語訳は一七五五年刊です――を読んで大きな衝撃を受けました。いわゆる「ヒューム・ショック」と呼ばれる出来事です。なかでも、因果関係(causality)は必然的な関係ではなく、印象から生じた観念が主観的に連結されたものである、というヒュームの主張に衝撃を受けたようです。ふつう、「りんごの枝にハサミを入れると木から落ちる」ことには自明な因果関係があると思われていますね。「ハサミを入れる」という出来事Aを原因として、「りんごが木から落ちる」という出来事Bが結果として生じているわけです。この原因と結果のあいだの因果関係は必然的であり、自明であると思われています。ところがヒュームは、出来事Aと出来事Bのあいだには因果関係はなく、人間が同様の状況を繰り返し観察することによって自分の心のなかに勝手に作りあげた習慣が因果関係のようにみえているにすぎないと考えたのです。

カントは、『純粋理性批判』に関する自著解説である『プロレゴメナ』(一七八三年)のなかで次のように書いています。

> 私は率直に告白するが、デーヴィド・ヒュームの警告こそが、何年も前にはじめて私の独断的まどろみを破って、思弁的哲学の領野における私の諸研究に一つのまったく別の方向を与えた当のものであった。(カント 二〇〇六、一九四頁)

ヒュームに出会ったあとの一七五七年から六一年のあいだ、カントには数年間の執筆活動の停滞期がやってきます。坂部恵は、『理性の不安』のなかで、「カントの思考の根底には、むしろ、近世的「人間」主体と、また、近世的といわず西欧の伝統的「理性」一般との存立をおびやかし、その解体と根本的な編成変えとをうながす無定形な不安」があり、その「理性の不安」こそが彼の思考の原動力ともなっていたのではないかと指摘しています。そして、この執筆停滞期に前後する時期のヒュームとルソー——後者は、統合失調症説やパラノイア説がある、病的な人物です——との出会いがそのきっかけになったのではないかと推測しています（坂部 一九七六、ii頁）。言い換えれば、カントは、ヒュームとルソーを読むことによって、近代以前に前提とされていた西洋の伝統的な理性が崩れ去ってしまうかもしれない（狂気に陥ってしまうかもしれない）、という不安を抱えるようになったというのです。

実際、カントはこの頃から狂気に関心をもつようになり、生涯のうちに二つの狂気論を執筆しています。一つ目のものが、一七六四年に発表した『脳病試論』です。一九世紀に近代精神医学が誕生するのに先立って、カントはこの論文で現代的な視点からも実に興味深い狂気の分類を行っています。以下、カントによる狂気の分類を実際に確認していきましょう（カント 二〇〇〇、三九三—四〇一頁）。

カントは、精神疾患を「こころの病（Krankheit des Herzens）」と「あたまの病（Krankheit des Kopfes）」の二つに大別しています。彼の関心は、後者の「あたまの病」のほうにあるのですが、それは前者の「こころの病」が、「意志の破滅（das Verderben des Willens）」、すなわち人間の意志に何らかの問題がある病であるのに対して、「あたまの病」こそがカントの注目する感性－悟性－理性という認識能力が侵される病だからです。

では、「あたまの病」とはどんなものでしょうか。カントによれば、「あたまの病」は「精神薄弱（Blödsinnig）」と「精神障害（gestörtes Gemüth）」の二つに大別されます。前者の「精神薄弱」は、今日の知的障害（精神遅滞）とほぼ同じものであり、認識能力がうまく成立しなかったものを指しているようです。後者の「精神障害」に関して、カントは次の三つを列挙し、それぞれを前述した感性、悟性、理性の能力の障害とみなしています。

一つ目の精神障害が、「狂気（Verrückung）」です。これは、「経験概念〔＝感性〕が倒錯した」ものであるとされています。つまり、感覚がおかしくなっているのであり、たとえば目に見えるもの、耳から聞こえるものが異常になっているということであり、現代の言葉でいえば「幻覚」のことを指しています。「狂気」においては「現実に存在していないもののさまざまなイメージをせっせと描いたり、あるいは現実に存在しているものを表象する場合でも創造的な想像力をはたらかせて感覚の中へいろいろな幻想的特徴をいっしょに描き込む」とカントは説明しています。

また、カントはこの「狂気」が睡眠中の「幻想的イメージ」、すなわち夢に相当するものだと考え、「狂気」の人物は「覚醒しているときに夢を見ているひとである」とも述べています。さらに、この「狂気」の例としてまさにルソーに言及しており、「この〔夢想家の〕熱狂がなければこの世界においては偉大なことは何ひとつとして遂行されなかった」とまで言い切っています。言い換えれば、カントは狂気において得られる夢や幻覚を創造の源泉として考えていたのです。

二つ目の精神障害は、「狂疾（Wahnsinn）」です。これは、「錯乱した経験において判断力〔＝悟性〕が無秩序におちいった」もの、「正しい経験〔＝感覚〕からまったく倒錯した判断を下すこと」を指しています。言い換えるなら、感覚によって得られる視覚情報や聴覚情報は間違っていなくても、それに対して与えられている判断が間違っており、多くの場合あらゆる情報を「自己自身に引き付けて解釈する」ものが「狂疾」と呼ばれているのです。そのような「狂疾」の例としてカントは、「都市全体がそのひとにかかりきりになっている」という考えや、「あらゆるひとが共謀して自分を敵視している」という考えをとりあげています。これは、精神医学の言葉でいえば「関係妄想」にほかなりません。

三つ目の精神障害が「錯乱（Wahnwitz）」です。これは、「より一般的な判断に関して理性が倒錯した」ものであり、「無秩序におちいった理性」、「一般的概念に関して想像にもとづいてかなり繊細な判断を下すときに理性がばかげた仕方で誤謬におちいる場合」がそれにあたるとされています。言い換えれば、さきほどの「狂疾」が重症化した、理性の完全な無秩序化が「錯乱」だと考えてよいでしょう。

このような狂気の分類は、現代的な視点からみてもそれほど突飛なものではありません。より重要なのは、そのあとの記述です。カントは、これらの精神障害は感性、悟性、理性のそれぞれの能力の障害だと考えているのですが、その感性、悟性、理性が人間の能力であるがゆえに、狂気と人間のあいだには切っても切れない関係がある、と主張するに至るのです。たとえば、自然人（野生人）には「錯乱」になる余地がないとする次の一節をみておきましょう。

> 自然人の場合、その欲求はつねにこれまでの経験の範囲内でほぼみたされており、しかもたいへん楽々と常識をはたらかせることができるので、みずからの行為に悟性が必要であるということにほとんど気づかないのである。〔…〕いかなる狂気が野生人に起きるというのだろうか。したがって、野生人には精神錯乱になる素地がまったくないことは明らかである。野生人があたまの病気になるとすれば、精神薄弱〔＝知的障害ないし精神遅滞〕〔…〕のようになるであろう。（同書、四〇一―四〇二頁）

野生人には悟性がないので、何かを判断することがなく、したがって判断の狂いも生じようがないというのです。当たり前のことを言っているようにみえて、非常に重い言葉ではないでしょうか。わかりにくいようであれば、「自然人であれば狂気にはならない」というカントの主張の対偶を考えてみるとよいでしょう。それはもちろん、「狂気になる可能性をもつことが、人間の条件である」ということを意味しているのです。

だとすれば、「理性の不安」から狂気の分類へと足を進めたカントは、「狂気になりうるものとしての人間」を発見したことになります。狂気になりうることによってはじめて人間たりうるようなものとしての「人間」、すなわち、「狂気を内包しうる人間」の発見。このような存在としての「人間」に注目する思想を、加藤敏（一九四九年生）は「狂気内包性思想」と呼んでいますが、その歴史のなかにカントを位置づけてもよいように思えます（加藤 二〇〇二）。

『視霊者の夢』――狂気と（ふたたび）出会う哲学

カントにおける「狂気を内包しうる人間」というテーマについては、また別の角度からも光を当てることができます。カントは、一七六二年頃から、神秘思想家エマヌエル・スウェーデンボリ（一六八八―一七七二年）に大きな影響を受け、一七六六年に『形而上学の夢によって解釈された視霊者の夢』（以下『視霊者の夢』）という奇妙なテクストを刊行しています。

スウェーデンボリはストックホルムに生まれた人物ですが、幼い頃から神秘的傾向をもっていたようです。鉱山局の技師を長く務め、貴族院議員になりましたが、科学者や発明家としても名を知られています。ところが、彼は晩年に変調をきたし、霊界との交流の詳細な記録を公刊しはじめるようになります。彼の著作には宗教的な妄想があふれるようになり、のちにヤスパースによって統合失調症だと病跡学的に診断されました。

カントは、この狂気の人物スウェーデンボリに興味をもつようになります。カントは人間の理性に注目する哲学者ですから、もちろんスウェーデンボリの言っていることをそのまま真実として受け止めたわけではありません。カントはスウェーデンボリに関するシャルロッテ・フォン・クノープロッホ嬢宛の手紙のなかで次のように述べています。

> ただ確実なのは、多数あることが知られている幽霊物語や、霊界のもろもろの動きにもかかわらず、わたくしとしては、常に健全な理性の規則に対し、もっとも適切な態度をとることを心がけており、どちらかといえば、あのようなことを否定する側に立とうとしているということです。〔…〕これが、スヴェーデンボリ氏の情報となじみになるまで長いあいだ、わたくしの心情のなかに占めていた立場でした。（カント 二〇一三、一三五頁）

ところが、カントは、スウェーデンボリの「視霊」を単に不合理なものとして退けるのではなく、様々な経路を通じてスウェーデンボリのことを綿密に調査した上で、そこに十分な証明力をみてとってもいます。実際、坂部恵が要約しているように、『視霊者の夢』というテクストは、「形而上学的説明と生理学的説明という視霊者に対する肯定と否定という正反対の見方に帰着する二つの説明理論を、最終的にどちらに決定するということなく並列して提出」している、つまりはスウェーデンボリに対する態度を曖昧なままにとどめおいているのです（坂部 一九七六、一一八頁）。

想像するに、カントは、スウェーデンボリのなかに「狂気を内包しうる人間」を見て取ったのではないでしょうか。言い換えれば、狂気は単に排除されるべきものではなく、人間にとっての何らかの真理を表しているものではないか、と考えるに至ったのではないでしょうか。次の一節はそのように読むことができます。

> たしかにわたしはこれまで、これらの現象のなかに狂気がひそんでいることに、異論を唱えたことはない。〔…〕しかし、はかりしれないほど深い世界の叡智と一致しないような愚劣さがあろうか？　したがってわたしとしては、読者の皆さんが、視霊者をあの世に半分住んでいる市民とはみなさずに、一刀両断に、彼らを病院に送りこみ今後一切この種の探究をおやめになっても、けっして悪くとったりはしない。だがすべてこの調子で進むにしても、霊界に通じた達人を、上述の概念どおりのような人物とは、まったく異なった方式で扱わねばなるまい。（カント 二〇一三、七九頁。強調は引用者）

すでにカントのなかに「狂気を内包しうる人間」というテーマを読み取ってきた私たちにとって、スウェーデンボリの狂気のなかに「はかりしれないほど深い世界の叡智」があるかもしれないというカントの言葉は、非常に重要なものだと思えます。彼のこのような考えは、フーコーがドゥニ・ディドロ（一七一三―八四年）の『ラモーの甥』――これもまた、道化のような非理性の「彼」によって、理性を代表する「私」が不安定化される物語です――を評して述べた次の一節と非常によく似かよっています。

> 非理性（＝狂気）は理性のそとにではなく、まさしく理性のなかに存在する、理性によって包まれ所有され、しかも物象化させられて。しかもそれは理性にとって、もっとも内面的で、しかももっとも透明で、もっとも自己提示的である。（フーコー 一九七五b、三六九頁）

ここまでみてきたように、「理性の不安」の影響をダイレクトに受けたカントは、人間の理性について考える際に、その理性のなかにひっそりと狂気を内包させています。彼は、狂気を天上の神やダイモーンに由来するものとして位置づける考えや、狂気を空中の悪魔に由来するものとして位置づける考えをとるのではなく、理性の内部に狂気を位置づけようとしているのです。このような理性と狂気の関係は、のちにヘーゲルによって明確化されていくことになります。

ところがカントは、『純粋理性批判』の執筆によって、いわば狂気を理念的に「隔離」するようになるのです。次節では、そのことを『純粋理性批判』の検討を通じて確認していきましょう。

『純粋理性批判』――統覚と第三アンチノミーにおける狂気

前批判期――すなわち、『純粋理性批判』、『実践理性批判』、『判断力批判』という、いわゆる「三批判書」を執筆する以前の時期――のカントは、坂部恵が論じたように、ヒュームやルソー、あるいはスウェーデンボリによって衝撃的に与えられた「理性の不安」の圧倒的な影響下にあり、その不安を原動力にして思索をつむいでいました。

ところが、坂部によれば、カントは『純粋理性批判』を嚆矢とする三批判書を執筆するにあたって、大きな方向転換をしたのだといいます。坂部の議論をみておきましょう。

早くルソーの深い影響を受け、ルソーとはちょうど反対に、『視霊者の夢』での自己の表白と、自我の分裂と狂気からかろうじて身をまもる孤独な自己嘲笑から出発したカントは、批判哲学の体系の中に、みずからの思想を見事に定着し、社会化したが、反面、みずからの思考の最も深い部分をなにほどか圧殺し、石化し、おそらくは「超越論的主体」や自律的な実践の主体という一つの仮構をそれに置きかえ、統一的主体と多元的分散の思考を両極に分解してしまうという代償を支払った上でそのことに成功したのであった。（坂部 一九七六、一五四頁）

私たちの文脈で言い換えるなら、カントは三批判書において、自らの思考のルーツにある「狂気を内包しうる人間」というテーマを抑圧することで狂気を「隔離」し、その上で「狂気とは異なる人間の理性とはいかなるものか」を問おうとした、と整理できるでしょう。実際、坂部は別の箇所で、「三批判書の体系は、精神分析の言葉で言えばスキゾ（＝狂気）に対する防衛機制以外の何ものでもない」と発言しています（黒崎・坂部・浅田・柄谷 一九九八、八頁）。

このような狂気に対する防衛、ないし狂気の隔離の実例は、『純粋理性批判』のなかにすぐにみつけることができます。

カントは、人間の（感性によって得られる）経験はバラバラでまとまりがないものであり、それらの経験は「我思う（Ich denke）」、つまり「私が自分で考えている」という「自己意識（Selbstbewußtsein）」

――デカルトのコギトを引き継ぐ概念、いわば「カント版コギト」です――によって統一されなければならないと述べています。私たちの経験や思考の一貫性を支えるこの機能を、彼は「超越論的統覚」と名付けました。彼の説明を聞いてみましょう。

「私は考える〔Ich denke〕」が、私の表象のすべてにともなうことが可能でなければならない。そうでなければ、まったく思考されることのできないものが私に表象されることになるからである。〔…〕ある直観において与えられている多様な表象は、それが総じてひとつの自己意識にぞくするのでなければ、総体として私の表象であることにはならないだろうからである。〔…〕そうでなければ、じぶんに意識されている表象を有するのと、おなじだけさまざまに色づけられて、あいことなった自己を私はもつことになるだろう〔…〕。（カント 二〇一二、一四四―一四八頁）

パラフレーズしておきましょう。この推論は、次のような手順でなされています。カントは、人間の「正常」な認識は、頭のなかに湧き上がるあらゆる表象（言葉やイメージ）に「私のもの」というラベルが貼られることによって成立しているといっています。たとえば、〈私〉が頭のなかで考えた言葉や、〈私〉に生じた感情や空想は、すべて〈私〉が考えたもの（＝私のもの）です。では、もし、「私のもの」というラベルが貼られていない表象があったとすれば、どうなるでしょう。そのとき、私の頭のなかで、誰か別の人が考え、話す――つまりは、幻聴や考想吹入のような自我障害が生じる――ことになり、さらには〈私〉そのものの精神が分裂することになってしまうにちがいありません。そして、ここからが重要なのですが、カントは、だとすれば狂気ではない私たち人間の「正常」な認識には、狂気を抑え込む「統覚」というメカニズムがアプリオリに備わっているはずである、と論を進めています。言い換えれば、カントは事実としてひとまず私たちが「正常」である、というまったくの偶然の事柄を、「統覚」というきわめて重要な概念の確固たる根拠にすりかえているのです。これは、まさにカントにおける狂気に対する防衛、狂気の隔離を示す記述にほかなりません。

　このような推論は、狂気を排除しているだけでなく、子どもをも排除しています。実際、ある時期までの子どもは、自分が頭のなかで考えていることはすべて親に知られていると思っていることが知られています（タウスク 一九九二）。つまり、子どもは自分の頭のなかにある表象が「私（だけ）のもの」とは思っておらず、「親のもの」でもあると思っています。自己と他者のあいだのバリアである自我境界（Ichgrenze）が出来上がるのはもう少しあとの話なのです。

　狂気――特に統合失調症――においては、自分の頭のなかで生まれた表象が本来もつはずの「自分が考えている」という自己意識がうしなわれ、自分の思考が他者の思考だと認識されるようになります。そのような体験は「他者の思考が自分に押し込まれた」という体験つまり考想吹入や、「自分の思考が盗まれた」という体験つまり考想奪取（いわゆる「サトラレ」）となるでしょう。このように、カント的な近代的主体は、自己と他者のあいだの明確な境界（自我境界）としての自己意識をアプリオリなものとして前提しているのですが、実際にはそれは崩れることがありうるし、そもそもみな子どものときにはそんなものは存在しなかったのです。カントの体系は、そのことを無視した上ではじめて成立することが可能なのです。

　しかし、見方を変えるなら、これは『純粋理性批判』における狂気の隔離がのこした、狂気の痕跡だといえるかもしれません。実際、先述の箇所はのちに数多くの精神病理学者によって統合失調症の症状との親近性が指摘されてきました。

また、『純粋理性批判』には、狂気の痕跡と思われる箇所がもうひとつ存在します。それはいわゆる「第三アンチノミー」をめぐる箇所です。『純粋理性批判』では、人間の理性がどのようなものなのかを吟味することを通じて、その理性によっては解くことができない問題があることが示されます。人間の理性がその解けない問題をむりやり解こうとすると、二つのお互いに矛盾する命題が導かれてしまうのです。一つの理性が二つの矛盾する結論を導くということは、その問題は理性によっては解くことができないということです。このような特殊な問題をカントはアンチノミー（二律背反）と呼び、その例を四つあげていますが、ここで注目したいのはその三つ目のものです。

第三アンチノミーで導かれる命題は二つあり、それぞれを正命題（テーゼ）と反対命題（アンチテーゼ）といいます。そして、この二つの命題はお互いに矛盾しあう関係にあります。まず、反対命題からみておきましょう。

アンチテーゼ

自由は存在せず、世界におけるいっさいはひたすら自然の法則にしたがって生起する。（カント 二〇一二、四八三頁）

これは、機械論的自然論における世界観、あるいは科学的な世界観にも通じる考え方です。人間の行動は、物理的な自然法則によって決定されているので、そこには自然法則以外のものが影響をおよぼす余地はありません。人間は脳で物事を考えていますが、脳それ自体が物理的な存在であり、特定の自然法則に従うものだとすれば、人間には自由意志などあるはずがない、ということになります。

次に、正命題をみてみましょう。

　テーゼ

　自然の法則にしたがう原因性は、世界の現象がそこからことごとく導出されうる唯一の原因性ではない。世界の現象を説明するためには、なお自由にもとづく原因性を想定することが必要である。（同頁）

このように、（それぞれの命題の証明は省きましたが）自由意志は存在せず、すべては自然法則にしたがって決まると主張する反対命題と、自由意志が存在することを主張する正命題が、一つの同じ理性から導き出され、かつ二つの命題が両立してしまうのが第三アンチノミーです。[1]

精神医学の目からみると、この第三アンチノミーは、統合失調症における緊張病性昏迷で起こっていることを描写したもののように思えます。昏迷というのは、無言でじっと動かない状態のことですが、とりわけ統合失調症における緊張病性昏迷は、単に動かずにじっとしているのではなく、むしろ動こうとする意志とそれを無効化しようとする意志がとてつもない強さでお互いを打ち消し合っているために表面上は動いていないようにみえるものであることがしばしばです。実際、高名な精神科医エミール・クレペリン（一八五六―一九二六年）は、緊張病性昏迷では「あらゆる衝動が、少なくとも〔その衝動と〕同じくらい強い、しばしばそれどころかずっと強力な反対衝動をただちに解発する

〔…〕。こうしてあらゆる運動は〔…〕発生時に抑圧されてしまう」（クレペリン 一九九四、一六四頁）と述べています。これは、自由意志によって何かの動作が可能になる瞬間に、自由意志が存在しないがゆえにその動作が不可能になる、という第三アンチノミーの臨床的表現にほかなりません。

あるいは、精神病理学者の中井久夫による「成熟」についての次のような記述を、第三アンチノミーと比べてみるのも面白いかもしれません。

> 成熟とは、「自分がおおぜいのなかの一人（ワン・オヴ・ゼム）であり、同時にかけがえのない唯一の自己（ユニーク・アイ）である」という矛盾の上に、それ以上詮索せずに乗っかっておれることである。（中井・山口 二〇〇四、一八八―一八九頁）

人間は、およそ思春期の頃から、このような二律背反に引き裂かれ、危機の手前まで進むのですが、「成熟」していくなかで――すなわち、大人になる過程で――その危機を乗り越えるのではなく、「それ以上詮索」しなくなることで危機を回避するのです。この二律背反はカントの第三アンチノミーの主題を因果性からアイデンティティに置き換えたものにほかなりませんが、カントもまた「狂気を内包しうる人間」という危機的なテーマを「それ以上詮索」しなくなることによって自らの危機を回避することができたのかもしれません。坂部恵のいうカントの「スキゾ〔＝狂気〕に対する防衛機制」とは、そのことにほかなりません。

『実用的見地における人間学』――ふたたび狂気を分類する

三批判書を上梓したあと、晩年に至ったカントは一七九八年に『実用的見地における人間学』（以下『人間学』）を刊行し、そのなかでふたたび狂気の分類を行っています。『脳病試論』で感性、悟性、理性のそれぞれの異常として分類されていた狂気は、『人間学』では「構想力（Einbildungskraft）」にもとづいて分類されることになります。構想力は、もともとは『純粋理性批判』の第一版にすでに登場していた概念ですが、第二版で「統覚」にとってかわられ、『人間学』において狂気と関連するものとして再登場する概念です。

『人間学』において、カントはまず感染症のような「熱性の病気」から生じたものではない狂気だけを扱うことを宣言した上で、四つの狂気を分類しています。

一つ目の狂気は、「アメンチア（amentia / Unsinnigkeit）」です。これは、構想力が非常にたくさんの観念を作り出す、つまりいろいろな雑多な事柄が頭のなかに浮かぶために、考えが脈絡を失ってしまうような狂気である、と説明されています。カントは女性のおしゃべりがこれに相当すると述べており、彼が――この時代の他の人々と同様に――非常に女性蔑視的な考えをもっていたことがわかります。

二つ目の狂気は、「狂疾（dementia / Wahnsinn）」です。これは、話している事柄の形式は正しい、つまり論理だった推論はいちおうできているにもかかわらず、構想力がつくりあげたでたらめな表象を事実の知覚と勘違いするために、奇妙な推論を行う狂気だとされています。たとえば、他人の何かしらの仕草をみて、自分へのあてこすりだと解釈する解釈妄想（interprétation délirante）がこれにあたります。カントがこれらの妄想患者がきちんと推論ができることに気づいているのは慧眼といわざるをえません。というのも、のちにフランスで「理性的な狂気（la folie raisonnante）」、つまり「理屈っぽい狂気」と呼ばれるようになるのは、まさにここでカントが記述しているようなパラノイア性の狂気だからです（Sérieux et Capgras 1909）。

三つ目の狂気は「錯乱（insania / Wahnwitz）」です。これは、類似しているものを構想力が即座に結びつけて考えてしまう狂気であるとされており、臨床的には躁病性興奮における観念奔逸などを指していると思われます。

最後の第四の狂気は「ヴェザニア（vesania / Aberwitz）」です。これは、『脳病試論』における「錯乱（Wahnwitz）」におおよそ対応する狂気であり、「円と等しい面積の正方形を作図する方法や永久機関を案出する」といった発明妄想をつくりあげるまでに至った理性の解体状態を指しているようです。

このように、『人間学』における狂気の分類では、おおむね構想力の異常が各種の狂気を生み出すと考えられています。しかし、人間に備わった能力である構想力は、カントによれば「対象が現存していなくても〔ある対象を〕直観する能力」であり、「生産的」ではあるが「逆に構想力が勝手に想像を生み出す」こともしばしばあるとされています。つまり、構想力をもつ人間は、つねに構想力によって欺かれる危険性があり、その危険性は構想力によって生じる前述の狂気の可能性と地続きなのです。

だとすれば、カントの『人間学』は、三批判書以後のカントにおいても「狂気を内包しうる人間」のモチーフが生き延びていること、さらにいえば、『純粋理性批判』で彼が行った狂気に対する防衛、狂気の隔離が完全には成功していなかったことを示しているのではないでしょうか？　そのような観点からカントを批判したのが、フーコーとドゥルーズの初期の仕事です。

カントの哲学は狂気を隔離できない

フーコーは、学位論文である『狂気の歴史』の副論文として『カントの人間学』を提出しています（フランスには、学位論文は自分の仕事の独創性を、副論文は哲学の古典の読解能力を示すものとして書かれる伝統があるのです）。

フーコーはこの副論文のなかで、カントが『人間学』で論述の中心を統覚から構想力に移行させたため、錯乱（感覚のバラバラさ）を秩序付ける審級がなくなり、錯乱が本源的なものになってしまった、と指摘しています。言い換えるなら、『純粋理性批判』では統覚によって可能になっていた狂気の隔離が、『人間学』では統覚のかわりに構想力が導入されることによって不可能になってしまった、とフーコーは指摘しているのです。彼の言い分を聞いてみましょう。

『人間学』では〔…〕感覚に与えられる多様は秩序づけられたものではまだない。悟性がやって来て、多様のなかに秩序を持ち込まなければならない。秩序をもたらすのは悟性なのだ。秩序が与えられる前に判断するのは誤謬のもとである。〔…〕要するに、所与（＝感性にあたえられたもの）が欺くことはない。しかしそれは、所与がよく判断するからではなく、判断などまったくしないからだ。〔…〕

『〔純粋理性〕批判』において〔…〕所与にそなわった多様性はすでに作動している〔主観の〕構成的な能動性を通じて示されるだけだった。時間は多様を、あらかじめ「我惟う」（＝統覚）の統一によって支配されたものとして示していた。反対に人間学における時間は、のりこえることのできない散逸につきまとわれている。（フーコー 二〇一〇、一一二―一一三頁）

『純粋理性批判』では、感性によって与えられる様々な表象は、統覚によって選別されていました。つまり、統覚のうちにあるものは悟性や理性による判断の対象となりますが、その外部にあるものはまったく判断の対象になりえなかったのです。これは、統覚を中心とするシステムが、理性と非理性（狂気）のあいだのバリアとなり、後者の非理性（狂気）を隔離していたということにほかなりません。デカルトのコギトが狂気に「御札」を貼る哲学だったとすれば、カントの統覚は狂気に対して「結界」をつくり、狂気を隔離する哲学だといってもよいでしょう。ところが、『人間学』では統覚は見捨てられ、その代わりに様々な狂気に通じる構想力が働くのです。これでは、カントがせっかく作った「結界」は、様々なところで水漏れを起こすことになってしまいます。

カントの哲学におけるほぼ同様の難点をついたのが、ドゥルーズがそのキャリアの初期に執筆した『カントの批判哲学』という著作です。彼の批判を少しだけみておきましょう。

受動的な感性がどうやって能動的な悟性と一致するのかを説明するために、カントは、諸概念に一致しつつ感性の諸形式にア・プリオリに適用される構想力の総合および図式機能を引き合いに出すのである。しかし、それでは〔主観と客観の差異という〕問題の位置がずらされただけである。というのも、構想力と悟性も本性上異なっているのであって、これら二つの能動的能力の間の一致もまた、先に劣らず「神秘的」だからだ〔…〕。（ドゥルーズ 二〇〇八、五〇―五一頁）

カントの哲学、特にその認識論は、人間の主観と客観がいかにして一致するのかという哲学上の難問にひとつの回答を与えるものでした。人間は（狂気や悪霊によって、あるいは他の理由によって）思い違いをし、外界の事物を、実際の事物のあり方とは異なるものとして認識してしまうかもしれません。すると、人間の主観は客観と一致しないことになり、つまり人間は幻覚や妄想をもつことになります。そこでカントは、人間の認識においては、主観と客観は両者が一致しているかどうかを問うことができるような形で別々に存在しているのではなく、客観なるものは主観に従って構成されるのだ、とする発想の転換を行いました。カントのいわゆる「カテゴリー」がそれにあたりますが、統覚の議論もその流れに加えてよいでしょう。

しかし、ドゥルーズはそのような考えは不十分だと言っています。というのも、カントは感性が受動的に受け取ったものを悟性が能動的にまとめあげ、その結果得られたものに関して理性が推論すると考えているのですが、そもそもなぜ感性と悟性と理性がそのようにスムースに連携（一致）できるのかをまったく説明できていないからです。感性と悟性の一致というカントの前提は、主観と客観の不一致（幻覚や妄想）という問題を解決するどころか、同じ問題を隠蔽された形で反復しているにすぎない、とドゥルーズは指摘しているのです。

さらにドゥルーズは、のちの主著である『差異と反復』や『意味の論理学』において、カント版のコギトである „Ich denke“ が個体や人称（「私」）の根拠たりえないことを指摘し、むしろ個体以前、人称以前の状態においてうごめく「特異性」ないし「出来事」を重視するようになっていきます。カントは狂気に対して「結界」をつくり、狂気を隔離しようとしたが、その「結界」からは様々なものが漏れ出てきたり、外から侵入してきたりしているのではないか？　そして、その漏出物ないし侵入物はカント自身が「理性の不安」のなかで恐れおののいていた当のものだったのではないか？　だとすれば、それらはかつてのダイモーンのように、人間に狂気と表裏一体の創造性を可能にするのではないか？　このような狂気の瞬間をカントのなかに見出し、復元しようとする試みこそ、フーコーやドゥルーズの初期の仕事が行おうとしていたものなのです。

第7章

ヘーゲル
狂気を乗り越える哲学

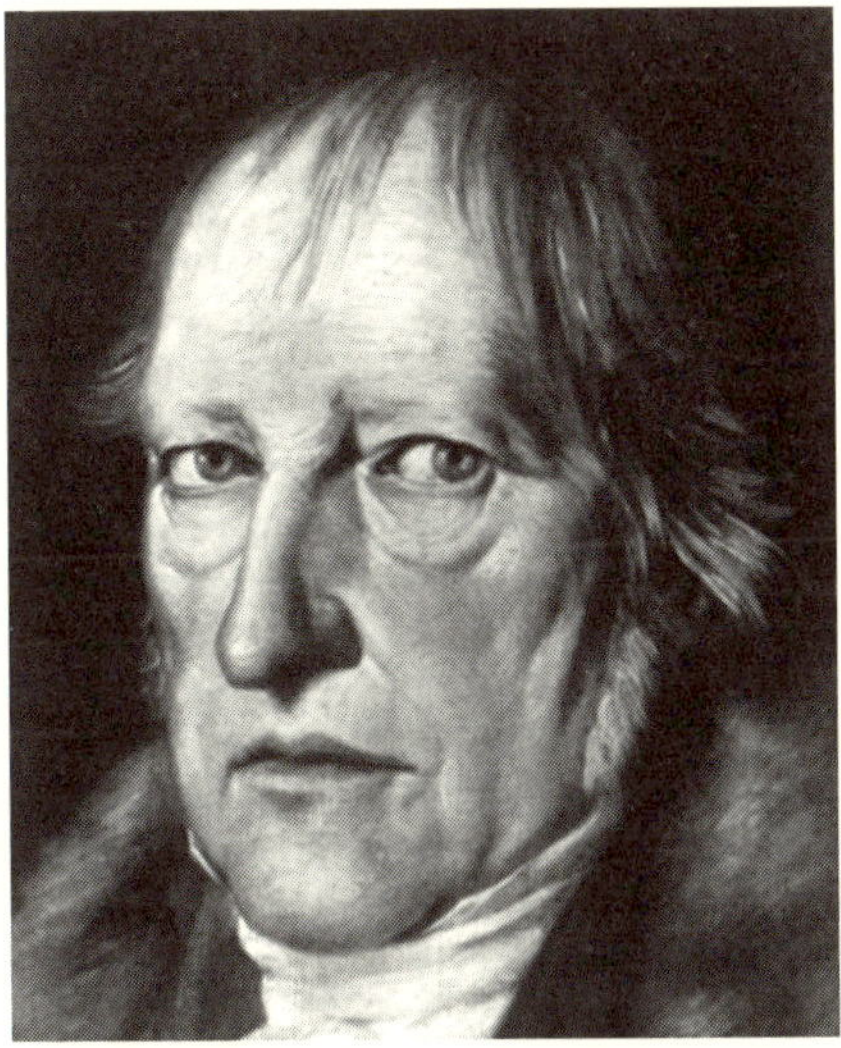

ヘーゲル

デカルト、カント、ヘーゲル

第5章と第6章では、デカルトとカントにおける哲学と狂気の関係をみてきました。簡潔にまとめておくなら、一方のデカルトの哲学は狂気（悪霊）に取り憑かれている可能性があるがゆえに主体（コギト）を打ち立てるものであり、それは別の言い方をすれば「狂気に御札を貼る哲学」だったと要約できるでしょう。他方のカントの哲学は、ヒュームの衝撃とルソーやスウェーデンボリといった狂気の人物に出会い、「理性の不安」を抱えるようになったカントが狂気に対する一種の「防衛」として体系化したものであり、それは統覚をもちいて狂気を隔離することによって近代的主体を立ち上げようとするものでした。それは、いわば「狂気を結界によって閉じ込める哲学」です。

すでにみてきたように、フーコー、ラカン、デリダ、ドゥルーズといった二〇世紀のフランス現代思想の思想家たちは、いずれもデカルトとカントにおけるこのような理性と狂気の関係に注目していました。デカルトに理性と非理性（狂気）の分割を見出したフーコーに対して、そのような分割が不可能であることを脱構築的読解によって示すデリダ。カントの『人間学』の記述が狂気を克服できていないことを暴き立てるフーコーと、カントの三批判書の体系全体が、主客の不一致（幻覚や妄想）を克服できていないことを証し、統覚の成立に論理的に先立つ非人称的な蠢《うごめ》きを捉えようとしたドゥルーズ。そして、そこにフロイトの無意識の真の姿を見出すラカン。このように、ある時期のフランス現代思想は、デカルトとカントのあいだにようやく形をとってきた近代的主体なるものが、実際には確固たるものであるにはほど遠いこと、そして「結界」には穴があいており、いろいろな他なるものが漏れ出ては侵入していることを示そうとしてきたのだと整理することができます。すなわち、それらは啓蒙的な理性の光のうちに巣食う闇としての狂気に注目する思想だったのです。

本章では、デカルトとカントによって成立させられた近代的主体の完成者として、ゲオルク・ヴィルヘルム・フリードリヒ・ヘーゲル（一七七〇―一八三一年）をとりあげます。私たちの関心にとってヘーゲルが興味深いのは、彼が近代精神医学の誕生と歩みをともにした人物だからです。また、彼は理性と狂気の関係について、デカルトやカントに匹敵するモデルを打ち立てた人物でもあります。結論を先取りしておけば、「狂気に御札を貼る哲学」としてのデカルト、「狂気を結界によって閉じ込める哲学」としてのカントにつづいて、ヘーゲルは「狂気を乗り越える哲学」を作り上げた人物です。

狂気を乗り越える哲学

ヘーゲルが理性と狂気の関係をどのように考えていたのかを示すひとつのエピソードから始めましょう。彼は、イエナで教鞭をとっていた一八〇五年ごろ、弟子に対して「誰でもみなヒポコンデリーを一生に一度は経験し、その過程を卒業しなければならない」と発言した、という記録が残っています。ヒポコンデリーとは要するにうつ状態のことであり、特に、身体の重圧とともに無力感におそわれる状態を指します。ヘーゲルは、人はそのような辛い状態を乗り越えることで一人前になると言っているのです。よりわかりやすく説明するなら、人は「昔は辛いこともあったけど、それを乗り越えて今の自分がある」と言えるようにならなければならない、ということです。実際、このようなヒポコンデリーの乗り越えは、ヘーゲル自身が体験したことでもあったようです。彼は二〇代後半から三〇代の頃にヒポコンデリーを患ったことがあるらしいのですが、それを自分で乗り越えることで、大哲学者として多数の仕事を成し遂げたようなのです。

さて、このようなヘーゲルの考えは、彼の有名な「弁証法（Dialektik）」という考え方とも関係していると考えられます。ヘーゲルの弁証法とは、蕾と花と実の関係のように、あるもの（A）が別のもの（A'）によって否定された際に、より高次のもの（B）に止揚（Aufheben）される、というものです。よく使われる——ただしヘーゲル自身は使っていない——用語で言えば、あるテーゼ（定立）があるとき、それに対立するアンチテーゼ（反定立）が現れ、その二つが矛盾した対立状況に陥ると、やがてその矛盾を克服したジンテーゼ（総合）が現れる、ということになります。ヘーゲルは、このような弁証法が繰り返されることで、はじめは単に目の前にある対象を感じとるだけだった意識が、自分自身を意識することのできる自己意識となり、さらには理性、精神、宗教となって、最終的にすべての存在が概念と一致する絶対知（absolute Wissen）にまで到達することを理想としました。

そのような「弁証法」を提示した『精神現象学』（一八〇七年）がしばしば教養小説（Bildungsroman）、すなわち主人公が数多《あまた》の苦難を乗り越えつつ人格を陶冶していく物語になぞらえられてきたことからもわかるように、このようなプロセスには、人がある健康な状態（A）から、それに対する否定性（Negativität）として現れる不健康なうつ状態（A'）を乗り越えて、立派な人物（B）になっていくという過程をみることができます。実際、ヘーゲルの『精神現象学』には、狂気をそのような乗り越え可能なものとみなしていたと思われる決定的な一節があります。次のものです。

〔…〕精神の傷というものは、傷痕をとどめることなしに癒えるものである。（ヘーゲル 一九七一—七九、(下)九九四頁）

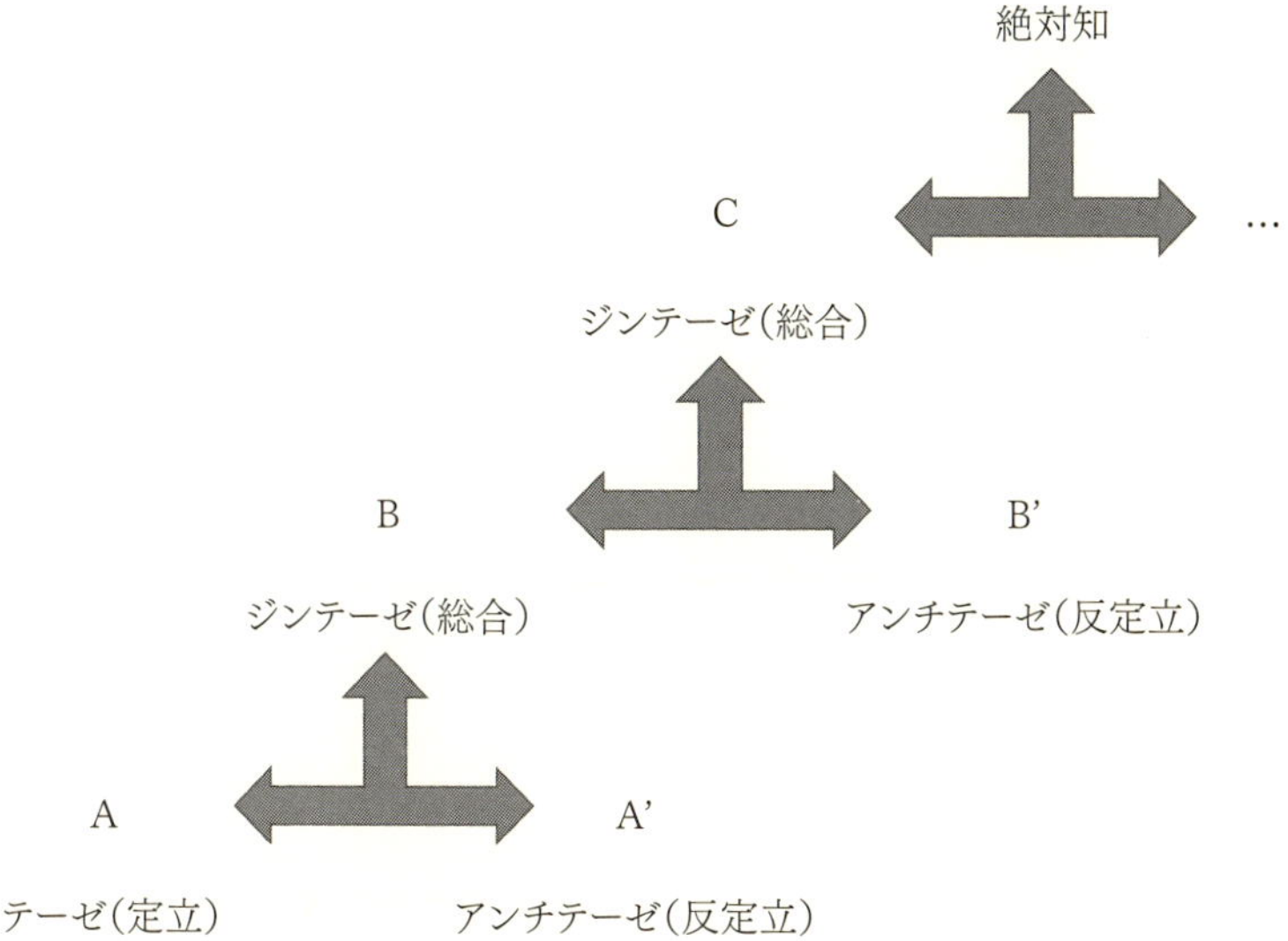

ヘーゲルの弁証法

「精神の傷」とは、精神が傷つくということですから、精神に対する否定性として「傷」が現れるということです。これは、青年期のヒポコンデリー（うつ状態）のことだと考えてもよいでしょう。しかし、ヘーゲルによれば、この精神の傷は、弁証法的に止揚されることによって克服され、さらにはその傷の痕跡も一切なくなってしまうというのです。このように、狂気という否定性は、少なくとも権利上はかならず克服されうる、というのがヘーゲルの基本的な考えです。

もちろん、狂気は、それが克服される以前の段階では大いに活動していると考えられます。実際、ヘーゲルが『精神現象学』以前に執筆した「精神哲学草稿II」では、いまだ目覚めざる精神にみられる「世界の闇夜」と呼ばれる幻覚的な世界が次のように描写されています。

人間はこの夜であり、すべてをこの夜の単純態のなかに包み込んでいる空虚な無であり、無限に多くの表象と心像とに満ちた豊かさなのである。とはいえ、これら表象や心像のいかなるものも、人間［の心］にただちに浮かんでくることもなければ、あるいは、生々しいものとして存在することもない。ここに実在するものは夜であり、自然の内奥、純粋な〈自己〉である。幻影に充ちた表象のうちには、あたり一面の夜が存在しており、こなたに血まみれの頭が疾駆するかと思えば、かしこには別の白い姿が不意に現われてはまた消える。闇に浮かぶ人の姿に眼を凝らしても、見えるは闇ばかり。人の姿は深く闇にまぎれて、闇そのものが恐るべきものとなる。げに［＝まことに］、世の闇は深く垂れこめるものなれば。（ヘーゲル 一九九九、一一八—一一九頁）

亡霊が現れ、人間の身体はバラバラになっています。ヒエロニムス・ボッシュ（一四五〇頃—一五一六年）の絵画《快楽の園》（一四九〇—一五〇〇年）に描かれているような幻覚的な狂気の世界です。このように、人間には狂気めいた表象が山のように押し寄せています。

カントの統覚という概念は、このような狂気の世界を隔離しようとするものでしたが、ヘーゲルの場合はむしろそれを乗り越えようとしています。言い換えれば、彼の考える弁証法的な過程のなかでは、狂気は自己意識が絶対知に至るまでに必要な項だとされるのです。そのような考えは、まさに彼が「狂気」について語る次の一節によく表れています。

こうして自己意識は自分の没落を自覚し、没落という契機を告白するが、そうすることにおいて自分の経験の総勘定を言いあらわしている。これによって自己意識は自分がかく内面的に自分自身の転倒であることを、即ち自分の本質をもって直ちに非本質と考え、自分の現実をもって直ちに非現実と考える意識の狂気（Verrücktheit des Bewußtseins）であることを自分で示している。――ただし「狂気」ということをもって普通の場合のような意味に解することはできない。〔…〕かかる普通の錯乱（Wahnsinn）においては、狂っているのはただ意識に対する対象だけであって、意識そのもの、即ち自分自身のうちにおける、また自分自身に対する意識自身が狂っているわけではない。（ヘーゲル 一九七一―七九、㊤三七七―三七八頁）

ヒエロニムス・ボッシュ《快楽の園》

弁証法の考え方によれば、自己意識に対して現れる否定性は、一方では自己意識にとって相容れないものであり、その意味では「狂気」と呼べるものですが、他方ではその否定性のなかにこそ自己の本質が示されており、それゆえにより高次の自己意識への止揚が可能になるとされます。たとえば、「同族嫌悪」と呼ばれる事例、すなわち自分がとても嫌いだと思っている人物が実は自分と同じ特徴をもっている、という人間の心理によくある事例は、否定性のなかに自己の本質を見出すという点でまさに弁証法的なものです。引用のなかで「狂気」と訳されている „Verrücktheit" という言葉は、もともとは「場所をずらす」という意味ですが、自分にとっての本質は自分という場所にあるのではなく、自分を否定する他者という場所にある、とヘーゲルはいっているのです。

さらにヘーゲルは、臨床的な狂気においては、たしかに意識（認識）の対象は狂っており、それゆえ意識は様々な幻覚や妄想をもつことになるけれども、自己意識それ自体は狂いえないと述べています。現代の精神医学でも、狂気（特に統合失調症）の人物は人格のすべてが狂っているのではなく、どれほど深い狂気に陥っていたとしてもどこか正常な部分が保たれているとしばしば主張されます。そして、治療では、その人物においていまだに保たれている健康な部分に働きかけることが是とされます。このような発想は、実はヘーゲル、そして彼の同時代人であるフィリップ・ピネル（一七四五―一八二六年）に由来しているのです。ヘーゲルの考えを確認しておきましょう。

> 愚者および狂気におちいっている人々のなかに現存している理性のこの残滓を治療の基礎として把握し、且つこの把握にしたがってあの精神病者たちを取り扱ったということは、とくにピネルの功績である。（ヘーゲル 二〇〇二、二三七頁）

ヘーゲルとほぼ同時代の医師であり「近代精神医学の父」とも呼ばれるピネルは、「部分狂気(monomanie)」という概念をつくりました。これは、こころの機能のすべてが狂っているのではなく、一部分だけが狂っている、という意味で用いられる概念です。ピネルは、それまで鎖に繋がれて隔離されていた精神障害者たちを鎖から解放し、彼らに「道徳療法(traitement moral)」を施しました。これは現代でいう「精神療法(心理療法)」の原型であり、まさに狂気の人物に残存する理性に働きかけることによって治療することを目指す治療法です。彼らの時代から二〇〇年以上経っても、精神療法の原理の本質はここからそれほど進展していません。

フーコーは『狂気の歴史』において、ヘーゲルとピネルにおける狂気の位置づけが、真理をめぐるきわめて興味深い体制をつくりあげたと指摘しています。曰く、ヘーゲルとピネルの弁証法的な狂気観では、狂気は人間にとっての「真理」をあらわすものとして位置づけられている、というのです。人間は、狂気があるからこそ、その狂気のなかに示された「真理」を知ることができ、その「真理」を自己のうちに取り込んだより高次の存在になりうる、ということです。

> 狂気において人間は自分の真理を発見するのであるから、この真理を、彼の狂気の内容そのものを出発点としてこそ、治療が可能である。狂気の非理性《ノン・レゾン》のなかには再帰する理性が存在する。〔…〕狂気は「理性の抽象的な喪失」ではない。それは「依然として現存する理性のなかでの矛盾」であり、したがって、〔ヘーゲル『エンチクロペディー』第四〇八節の注で言われているように〕「狂気にたいする人間的な治療、つまり慈愛にとむと同じく理性的な治療は、患者を理性的なも

のとして想定するのであり、その点にこそ、患者をこの理性の面からとらえるための強固な支点を見出すのである」。（フーコー 一九七五b、五四二頁）

> 今では、狂気をとおしてこそ、人間は、よしんばその理性の領域においても、彼自身にとって客観的で具体的な真理となることができるようになる。人間から真の人間への道程は、狂気の人間を媒介とするのである。〔…〕人間の真理は、それが消滅するときにのみはじめて口をきき、また自分自身とは別のものにすでになった場合にのみはじめて姿を明らかにするのである。（同書、五四七頁）

フーコーはここで、現代までつづく精神医学のパラダイムを鋭くえぐりだしています。精神医学は、残存する理性に働きかけて狂気を克服するだけでなく、狂気を媒介として人間の真理を獲得する、すなわち「人間とは何か」を明らかにしようとするのです。実際、精神病理学では非常に有名なヴォルフガング・ブランケンブルク（一九二八―二〇〇二年）は、アンネ・ラウというひとりの統合失調症者の体験を研究することによって、健常者である私たちが世界のなかにいかにして存在しているのかが分かると述べています。また、統合失調症の生物学的な研究をすることが、人間の脳の正常な機能を明らかにしてくれることはいうまでもありません。精神医学は、狂気を狂気として名づけ、自分たち健常者とは関係のないものとして疎外します。そして、その疎外された狂気のなかに人間の真理を見出し、その真理を再我有化する、すなわち再び自分のものにするという弁証法的運動を行っているのです。

「絶対知」への疑念

さて、ヘーゲルの弁証法の運動、特にその運動の最終地点で到達されるという絶対知の考えは、様々に論じられてきました。人間のこころが、さらには歴史がどこかで最終地点としての目的＝終わり（fin）に到達するというヘーゲルに端を発する考えが、フランスの哲学者アレクサンドル・コジェーヴ（一九〇二―六八年）を経由して、アメリカの政治学者フランシス・フクヤマ（一九五二年生）に『歴史の終わり』（一九九二年）というベストセラーを書かせたことは周知のとおりです。

しかし、人間のこころや歴史にあらかじめ最終地点を設定するこのような考えには、どこか納得できないところがあります。実際、テロリズムがいたるところに溢れ、リベラル・デモクラシーへの問い直しがなされている今日の世界のどこに「歴史の終わり」が見出されるというのでしょうか？

また、ヘーゲルの狂気観は、最終的に一切の狂気の可能性を克服したこころが到来することをあらかじめ想定していると考えられますが、彼の時代から二〇〇年が経った現代でも、私たちはいまだに狂気を克服できていません。むしろ反対に、二〇世紀の後半から二一世紀は、「狂気を乗り越える」という思考そのものに対する異議申し立てが盛んになった時代です。たとえば、ナチス・ドイツにおける優生思想にもとづく悲惨な政策（民族を遺伝的に「改良」するために、障害をもつ人物を安楽死させる「T4作戦」）への反省。ある人物に「狂気」というレッテルを貼る精神医学の権力に対する異議申し立てとしての反精神医学。「庇護」される存在としかみなされていなかった障害者があえて危険を冒して自立生活を送ろうとする自立生活運動。最近では当事者研究と名指される、医療モデルに対するオルタナティヴも登場してきています。これらはいずれも、ヘーゲル的な「狂気を乗り越える」というヴィジョンとは正反対のものです。

だとすれば、ヘーゲルの絶対知という考え方は、根本的な再考を迫られることになるでしょう。実際、ラカンは『エクリ』のなかで、絶対知へとたえず進んでいくヘーゲルの考えでは「苦行」――すなわち、自己意識が出会う否定性――に一切の重要性が与えられていないこと、つまり否定性が未来の肯定性を担保する通過地点としてしか扱われていないことを批判しています（Lacan 1966, p. 795）。だとすれば、ヘーゲルが「傷痕をとどめることなしに癒える」とみなした狂気は、ヘーゲルの考えとは裏腹に、決して克服できない「傷跡」＝「痕跡」を残しているのではないか、と考えることもできるのではないでしょうか。

ラカン派マルクス主義者のスラヴォイ・ジジェク（一九四九年生）は、先に私たちが確認した「精神哲学草稿II」の一節を念頭におきつつ、次のように述べています。

> ヘーゲルのあの端的な言葉――「血まみれの頸が勢いよく飛び出し、別の青白い亡霊のような幻影が突然現れる」――は、ラカンの「解体された身体」の概念と完全に一致してはいないだろうか。ヘーゲルのいう「世界の闇夜」〔…〕とは、主体がもっとも本質的なかたちで自己体験するうえで避けることのできない要素であり、なかでも、ヒエロニムス・ボスの有名な絵画がそのことを示している。ある意味、精神分析の経験とは、「世界の闇夜」からロゴスという「日常」世界へ移行するさい、トラウマとなって残る痕跡に焦点をあてることである。（ジジェク 二〇〇五―〇七、⑴六二頁）

ジジェクは、ヘーゲルが「傷痕をとどめることなしに癒える」とみなした狂気は、トラウマとなって残るのであり、それを丁寧に取り扱っていくのが精神分析だと主張しています。

ちなみに、ジジェクのこのような考えは、単なるヘーゲル批判ではありません。というのも、ジジェクは「ラカンでヘーゲルを読む」ことから出発した哲学者であり、彼のヘーゲル読解は批判というよりも、むしろ精神分析的な観点からヘーゲルを現代によみがえらせようとするものだからです。

その際にジジェクがヘーゲルの体系に加えたわずかな修正が、ヘーゲルを「中心にある空の反復的な〔＝終わりなき〕実定化」のプロセスの哲学者として読む、というものでした（ジジェク 二〇一六、一四頁）。つまり、弁証法的な否定性の克服は、どこかで最終地点に到達するわけではない終わりなき運動であり、その都度あらわれてくる否定性のなかに狂気の痕跡を見出すこと、そして、その狂気の痕跡を精神分析的な主体として扱うことが重要となる。[1] このような仕方で再解釈されるなら、ヘーゲルの考えを現代思想に転用できる、とジジェクは考えたわけです。

芸術終焉論

ヘーゲルに対する同様の批判ないし修正は、彼の芸術論に対しても行うことができます。

ヘーゲルは、『精神現象学』において弁証法の運動の最終地点における完成を議論したのと同様に、一八二〇—二一年の『美学講義』において芸術を完成（＝終焉）させたことが知られています。彼は、人間のこころと同じように、芸術もどこかの段階で完成し、もはやそれ以上の有意義な展開が望めない状態にいたると考えたわけです。

『美学講義』では、芸術はそれが感覚に与える影響よりも、それがいかにうまく理念をあらわしているかが重要視され、さらには芸術がとる形式よりも内容が重要視されます。そのような判断基準のもとで、ヘーゲルは人類史における芸術を、⑴象徴的芸術形式、⑵古典的芸術形式、⑶ロマン的芸術形式の三段階に整理します。すなわち芸術は、まず、⑴「ライオン」が「力強さ」をあらわすように、理念的内容がそれに対応する外的形式を見いだせずに抽象的な形で象徴されたものとしてあらわれ、次に、⑵精神的な理念が人間の姿をとってあらわされるように、理念的内容が十分な感覚的な表現として提示されるものとなります。しかし、この段階では、芸術は人間の精神しかあらわすことができず、絶対永遠の精神をあらわすことができないという限界をもちます。そこで、⑶その欠陥を克服するために、内容と形式の完全な一致を度外視し、精神性（内面性）を追求する芸術が生まれる、と考えられたのです。

そしてヘーゲルは、このような展開のあいだに、芸術はもはや「絶対者の表現」としての価値を失ってしまっており、芸術の最盛期はすでに過ぎてしまったと結論づけます。

真理が芸術にふさわしい内容となるためには、たとえばギリシャの神々の場合のように、感覚の世界に乗りだし、そこできちんとした形をとることができなければなりません。

〔…〕今日の世界精神、くわしくいえば、現代の宗教と理性のうちにある精神は、芸術が絶対的なるものの最高の意識形態であるという段階を超えています。〔…〕

〔…〕あらためていえば、芸術はもはや精神の欲求を満たすものではなくなっています。以前の時代と民族が、芸術のうちに求め、見いだしていた満足、――少なくとも宗教の側がこの上なく頼りにしていた芸術上の満足が、いまやもの足りなく思われる。ギリシャ芸術の美しい日々や、中世後期の黄金時代はすぎさったのです。〔…〕

以上のことからして、芸術の最盛期はわたしたちにとって過去のものとなったといわねばならない。（ヘーゲル 一九九五―九六、㊤一三―一四頁）

これが、ヘーゲルの「芸術終焉論」と呼ばれる議論です。しかし、このような議論は、にわかには受け入れにくいものではないでしょうか。というのも、ヘーゲルのいうような芸術はたしかに終焉したかもしれませんが、ヘーゲルの時代から二〇〇年経った現代でも優れた芸術はたしかに生み出されているからです。ヘーゲルの芸術論は、芸術を論じているというより、こころや歴史に関する彼自身の見方を芸術の領域に引き写しているのではないでしょうか。たとえば四日谷《しかや》敬子（一九四四年生）は、ヘーゲルの芸術論と哲学体系の関係を次のように論評しています。

現代において芸術への絶対的要求が失われると看做される真の根拠は、実はヘーゲル自身が精神の本質を反省的思惟に見、これを歴史の目的とし、そのような精神の目的論的歴史観の体系コンテキストに基づいて芸術の課題を規定していることにあるのである。（四日谷 一九八九、一〇頁。傍点は省略）

ヘーゲルは、『精神現象学』において自己意識は弁証法的に発展していくとしました。そして彼はその発展の図式を、芸術の発展の理解にもそのまま転用しているのです。それゆえ、自己意識による反省――すなわち自らに対する否定性に対峙し、そこからあらためて自らを省みる思考――の発展は、どこかの時点で芸術によって感覚的に表現されうるものを越えてしまうことになり、芸術はその時点で終焉する、と考えられているのです。

このようなヘーゲルの考え方は、芸術をなんらかの理念を感覚的に表現したものに限定している、すなわち芸術を表象可能なものの内側でしか捉えることができていません。これまで私たちがみてきたように、芸術は——特に、狂気との関係のなかで語られてきた芸術は——表象可能なものではなく、むしろダイモーンやメランコリーや悪霊といった、表象可能なものの外部との関係のなかで語られてきましたが、そのような観点はヘーゲルの美学からはあらかじめ排除されてしまっています。それは、カントが行った狂気の隔離の結果だということもできるでしょうし、ヘーゲル自身が行った狂気という否定性の乗り越えの結果だということもできるでしょう。端的に言って、狂気の痕跡としての「世界の闇夜」のようなもの、すなわち表象不可能なものが、ヘーゲルの美学からは抜け落ちてしまっているのです。

反対に、ヘーゲルが無視した表象不可能なものの存在を触知可能なものとし、表象不可能なものとの関係のなかで詩作を行ったのが、ヘーゲルの同級生であり親友でもあった——そして、人類史上最初期の統合失調症者でもあった——ドイツの詩人フリードリヒ・ヘルダーリン（一七七〇—一八四三年）であったというのは、なんという思想史のドラマでしょうか。

表象不可能性による芸術

ヘルダーリンについては次章で詳しく論じることにして、ここではヘーゲルの芸術論に対する批判をいくつか紹介しておきましょう。

さきほど、ラカンのヘーゲル批判を少し紹介しました。彼は、ヘーゲルの体系では、自己意識が出会う否定性が未来の肯定性を担保する通過地点としてしか扱われていないことを批判したのでした。たとえば、流行歌の歌詞には、「会えない時間が愛を育てる」、「孤独は愛を強くする」といったフレーズが頻出します。これらの歌詞は、「愛」に対する否定性としての「会えない時間」や「孤独」を経由することによって「より深い愛」が獲得されることを主張している点で非常に弁証法的なものですが、ここでもやはり「会えない時間」や「孤独」は単にダシにされただけでしかなく、その内実が真剣に検討されているとはいえません。

同様に、ジョルジュ・バタイユ（一八九七―一九六二年）は、コジェーヴへの手紙のなかで、否定性を弁証法の運動によって乗り越えられるものとするヘーゲルの考え、つまり否定性を「使いみちのあるもの」、「有用なもの」としか考えない思考を次のように痛烈に批判しました。

> もし行為が（「すること」が）――ヘーゲルの言うように――否定性であるのならば、「もう何もすることのない」否定性は消滅してしまうのか、あるいは、「使いみちのない否定性」という形で存続するのか、という質問があらためて発せられるはずです。個人的には、このあとの方だと断定するほかはありません。私自身がまさにこの「使いみちのない否定性」なのですから（私にはこれ以上に明確な自己規定は考えられません）。私としてはヘーゲルはこの可能性を予見していたと考えたいところです。だが少なくともヘーゲルは、この可能性を、自分の記述した諸現象の進行過程の**終了した位点に**設定しはしませんでした。私の生は――あるいは私の生の流産は、もっとはっきり言えば、私の生というこの開いた傷口は――それだけで、ヘーゲルの閉鎖的体系への反証となるものです。（バタイユ　一九六七、二五〇頁）

「私自身が使いみちのない否定性である」（！）。このようなバタイユの考えには、彼の父との関係（バタイユの父は、梅毒の影響下で盲目になり、糞尿を垂れ流さざるをえない状態にありました。バタイユはそのような「否定性」としての父を献身的に介護しながら子ども時代を過ごしたのです）のエコーを聞き取ることもできるでしょう。しかし私たちの興味からは、彼が芸術作品における否定性そのもの、言い換えれば表象不可能なものに注目していることが決定的に重要です。

バタイユは、「ゴヤ論」（一九四九年）のなかで、フランシスコ・デ・ゴヤ（一七四六―一八二八年）こそが近代絵画の始祖であり、世界の分裂を予告し、「不可能なもの（l'impossible）」を提示した画家だったと述べています。「不可能なもの」とは、表象不可能なもののことです。芸術を表象可能性との関係からしか評価せず、否定性を「使いみちのある」ものとしか考えないヘーゲルに対して、いかなる表象可能性にも、いかなる有用性への取り込みにも抵抗するような外部としての不可能なもの、それを初めて提示しえたのがゴヤなのだ、とバタイユは主張するのです。

ゴヤは単にかつて生きたもっとも偉大な画家のひとりであるだけではない。また単にわれわれが近代絵画と呼ぶものをはじめて予告するだけでもない、彼は現代世界の分裂全体を予告するのである。〔…〕

プラド美術館に保存されている一九五点の素描〔…〕は描き方の類例のない激しさによって、絵画とは、そしてまた版画とも区別される。この激しさはおそらくこの素描集にある種の単調な貧しさを与えるという欠点をもつが、本質的なものに目ざめさせるという利点ももっている。主題の選択は意味深い。〔…〕これらの素描があらわそうと試みているのはかなり正確に不可能なものである。（バタイユ 一九七二、二三四―二三五頁）

私たちがこれまで使ってきた言葉でいえば、ゴヤは自分の絵画のなかに狂気の痕跡を提示してみせたのです。もちろん、それは提示可能なもの、表象可能なものではありません。しかし、世界に提示不可能なものがあること、表象不可能なものがあることを描くことはできる。そのようにして、不可能なものの提示を試みたのがゴヤの決定的な新しさだとバタイユは主張しているわけです。

芸術を表象可能なものではなく、表象不可能なものとの関係からみること。このような新しい――とはいっても、現代から振り返ればきわめて二〇世紀的な――芸術観について、ジャン＝フランソワ・リオタール（一九二四―九八年）は次のように要約しています。

ぼくがモダンの芸術と呼ぶものは、ディドロが言っていたその〈ちょっとした技巧〉（petit technique）というやつを、「提示しえないものが存在するのだ」ということを提示するために使う芸術のことだ。（リオタール 一九八六、二六頁）

「表象不可能なものが存在する」ことを示す芸術の最良の例は、ラカンが言及したことで知られるハンス・ホルバイン（一四九七―一五四三年）の《大使たち》（一五三三年）ではないでしょうか。この絵画では、恰幅のいい男性二人が立っている様が描かれています。二人は、さまざまな豪華な装飾品に囲まれており、それらの装飾品は、彼らが物に溢れた裕福な生活を送っているであろうことを伝え

ハンス・ホルバイン《大使たち》

ています。しかし、この絵画は、うまく言い表すことができないような、少しばかりの奇妙な感じを鑑賞者に残します。鑑賞者は、この絵画の前から立ち去ろうとするとき、奇妙な感じがどうしても気になってしまい、少し離れたところから絵画を振り返ります。すると、後ろから振り返って見られることによって、この絵画が発生させていた奇妙な感じの正体があらわになります。この絵画の中心には、後ろから振り返って見られることによってはじめてあらわになるような歪曲された仕方で、髑髏が描かれていたのです。死のイメージである髑髏は、正面から見ているかぎり目に入らないような仕方で描かれており、その絵画から立ち去る際に一瞬だけ目に入るような仕方で、死や狂気――ヘーゲルのいう「世界の闇夜」に匹敵するもの――のイメージとして描かれています。これはまさに、「〔近代的〕主体というものが輪郭を取りはじめ」た時代に表象不可能なものを提示しえた絵画だったのです（ラカン 二〇〇〇、一一七頁）。

否定性を有用性に奉仕するものとしか捉えないことによって狂気そのものの乗り越えを望み、表象可能なものにしか芸術としての価値を見出さなかったヘーゲルが、私たちの近代的主体のモデルになるものだったとすれば、その近代的主体なるものは、その裏面に――あたかも、排除されたものが回帰するように――狂気と表象不可能なものとの不可避的な関係を含むことになるでしょう。さきほど予告したように、ヘーゲルの同級生であるヘルダーリンが提示したのは狂気と表象不可能なもののあいだの関係にほかなりません。その意味において、ヘーゲルとヘルダーリンはまさに表と裏の関係にあるのですが、そのことは次章でヘルダーリンの生涯をたどりながら詳しくみていくことにしましょう。

第8章

ヘルダーリン

ついに統合失調症が現れる

ヘルダーリン

ヘーゲルとヘルダーリン

ここまで、デカルトとカントとヘーゲルによる狂気の取り扱いを検討し、デカルトを狂気に「御札」を貼る哲学として、カントを狂気を「結界」で隔離する哲学として、ヘーゲルを狂気を乗り越える哲学として整理してきました。ヘーゲルにとって、狂気はいまだ目覚めざる人間の意識に対する「否定性」として現れるものでしたが、その狂気は弁証法の運動によって止揚されていました。このような運動を繰り返すことによって、最終的には理性が非理性（狂気）を克服することができると考えたのがヘーゲルの哲学です。しかし、前章において私たちは、そのような狂気の克服が本当にありうるのかという点について、「（表象）不可能性」をキーワードにして検討したのでした。

本章では、ドイツの詩人フリードリヒ・ヘルダーリン（一七七〇―一八四三年）をとりあげます。ヘルダーリンはヘーゲルの同級生であり、親友でもあった人物です。彼は、人間の理性を信頼し、理性による非理性（狂気）の克服を説いたヘーゲルのまさに傍《かたわ》らにおいて、克服できない狂気が存在することを自分の身をもって示したといえるでしょう。彼の頂点と評されることもある詩作品は、まさに彼の狂気（統合失調症）の発病前後からその極期にかけて作られたものです。このような事情から、ヘルダーリンは、西洋思想史における「創造と狂気」の関係を考えるにあたって避けては通れない人物になっています。

ヘルダーリンの病跡

まず、既存の評伝に依拠しつつ、ヘルダーリンの人生を簡潔に辿っておきましょう（手塚 一九八〇―八一）。

フリードリヒ・ヘルダーリンは、一七七〇年三月二〇日、ネッカール湖畔の小さな町ラウフェンで出生しています。父は修道院と教会の管理人でしたが、ヘルダーリンが二歳のときに三六歳で亡くなっています。一七七四年には、母がゴック（ニュルティンゲン市の官吏で、一七七六年より市長）と再婚し、子どもたちを連れてニュルティンゲンに移住します。一七七六年、六歳下の異父弟カール・ゴックが誕生しますが、一七七九年には継父ゴックも死去し、同年からヘルダーリンは母、祖母、叔母と女手だけで育てられることになりました。

ヘルダーリンの性格は、元来傷つきやすく、孤独を好み、どこか人生によそよそしさを感じているようだったと描写されています。そして、人ではなく自然に対してよく馴染み、他者に対してはしばしば猜疑心をもっていたようです。総じて、デカルトと同じ「スキゾイド」と呼んでもよい病前性格だったといえるでしょう。のちにもみるように、ヘルダーリンの人生には、いわゆる水平方向に広がる「世間」にはうまく馴染めず、それとは対照的に自らが目標とする垂直方向の高い「理想」に向かって「先取り」的に跳躍しようとする傾向がみてとれますが、その実際はこれから記述する彼の生涯のなかで明らかになるはずです。

一七八四年秋、ヘルダーリンはデンケンドルフの初等修道院付属学校に入学し、父と同じ神学の道に進みます。一七八六年には、マウルブロンの高等修道院付属学校に入学。一七八八年、テュービンゲン大学の神学寮（シュティフト）に進み、学生時代はシェリングやヘーゲルらと交友を結んで、哲学の勉強をしながら詩作を行っていました。一七八九年のフランス革命には大いに感銘を受けたようです。詩作については、早くからシラーの影響を受けており、一七九一年九月に「調和の女神への讃歌」で詩人としてデビューします。一七九三年には神学寮を卒業し、同年一二月六日、シュトゥットガルトの宗教局による牧師になるための試験に合格しています。

ヘルダーリンにとって特別な人物となる年長の大詩人フリードリヒ・フォン・シラー（一七五九―一八〇五年）、およびヨハン・ヴォルフガング・フォン・ゲーテ（一七四九―一八三二年）との出会いは一七九三年ごろだったとされますが、シラーと出会ってすぐの同年九月前半には、現実（世間）からの離反と理想の「先取り」が強く意識されるようになっています。弟宛の書簡には次のように書かれています。

これが、ぼくの願望とぼくの活動の神聖な目標なのだ――未来の時代に熟すべき芽を、われわれの時代に目ざめさせるということが。思うに、個々の人間と交わるのに、暖かみが少し減って来ているのは、そのせいなのだ。（一七九三年九月前半、弟宛書簡。ヘルダーリン 一九六九、一四九頁）

この年の秋、ヘルダーリンはシラーの紹介でシャルロッテ・フォン・カルプ夫人宅での少年の家庭教師の職を得ました。翌一七九四年からは少年を連れてイエナで過ごし、フィヒテの講義に出席するなどして勉強を続けています。

しかしヘルダーリンは、シラーのような偉大な人物と比べて自分はいかにもつまらない者だと感じるようになり、屈辱感を覚えるようになります。創作の面では、『ヒューペリオン』を何度書きなおしても満足がいかない状態が続き、仕事の面でも一七九五年一月一六日には家庭教師の仕事を辞しています。

この間、一七九四年一一月には「断片ヒューペリオン」をシラーが編集する雑誌『新ターリア』に発表しており、翌一七九五年二月の母宛の書簡では、シラーが「まるで父親のように私の面倒を見てくれますので、先日も、この大きな人物に、私のどこにこれほど気にかけていただくだけの値打ちがあるのかと、思い切って尋ねてみないではいられないほどでした」と記しています（同書、二〇二頁）。このように、ヘルダーリンはシラーを自分にとって非常に重要な尊敬すべき人物として位置づけていましたが、他方では同年五月末には、シラーにも伝えずにイエナでのあらゆる関係を突然絶ち、「生きる屍」と評される状態でニュルティンゲンの自宅に戻っています。これが、第11章でとりあげる精神分析家ジャン・ラプランシュ（一九二四—二〇一二年）によって「イエナの抑うつ（depression d'Iena）」と呼ばれることになる時期のあらましです。

一七九六年には、フランクフルトのゴンタルト家で再び家庭教師をはじめ、その家のズゼッテ・ゴンタルト夫人（『ヒューペリオン』における運命の女性ディオティマのモデルとなった女性）とプラトニックな恋愛関係になります。一七九七年には、『ヒューペリオン』第一巻を刊行。しかし、翌一七九八年秋には夫人との恋愛関係が問題になって、ゴンタルト家を出て行かざるをえなくなります。その結果、ヘルダーリンは大学時代の友人であるホンブルクの参事官ジンクレアの世話を受けることになりますが、次第に貯金が底をついていきます。このころの手紙には、現実からの離反、それに加えて、自らの理想（詩人）を「先取り」的に手にしようとする意志が次のようにはっきり述べられるようになっています。

ぼくは明らかにあまりに早くから張りきりすぎ、あまりに早くから偉大なものをめざしすぎたのだ。ぼくが生きているかぎり、必ずやそのことを贖《あがな》わねばならないだろう。〔…〕

ぼくは、ぼくが心から愛着している芸術に生きたいのだ。しかるにぼくは人々と立ちまじってあくせく働かねばならず、そのために、しばしば心底から人生に倦《う》み疲れるのだ。〔…〕ぼくは微力な英雄なのだ。〔…〕詩人につくられていた者のなかですでに没落して行った者は多いのだ。われわれは詩人の風土に生きてはいないのだ。それゆえ、このような十株の草木のうち、ほとんどただの一株も繁茂しないのだ。（一七九八年二月一二日、弟宛書簡。同書、二九九―三〇〇頁）

このような生活上の危機（生活費の問題）と、現実と理想の深刻な乖離という精神の危機状況のなかで、ヘルダーリンを守ってくれていたのは、理性的なヘーゲルだったようです。

ヘーゲルとの交際は私には甚だ楽しい。私は静かな理性的な人を愛する。自分がどうしてよいか分らない時にも、彼らと一緒にいるとまごつかないですむから。（一七九七年二月一六日、ノイファー宛書簡。同書、二七〇頁）

冷静な理性は世間的な争いにおいて心臓を毒矢から守ってくれる神聖な盾だ。（一七九八年一二月三一日、弟宛書簡。同書、三四〇頁）

ヘルダーリンは一人だけでは精神の深刻な危機に落ち込んでしまうのですが、理性的なヘーゲルを「盾」とすることによって、その危機から守られること（発病を回避すること）が可能になっていたようなのです。のちにラカンは、精神病の発病を回避させる想像的パートナーを「想像的杖（béquille

す（ラカン　一九八七b、(下)八一頁）。

imaginaire)」と呼びましたが、まさにヘルダーリンにとってのヘーゲルはそのような存在だったので

発病の論理

　ところが、ヘルダーリンの「先取り」的な理想への跳躍は、彼をそのような準－安定状態にとどまらせておくことができず、彼をついに決定的な行為に移行させます。一七九九年、『ヒューペリオン』第二巻を刊行したヘルダーリンの頭に、新たな文学的・美学的・哲学的雑誌を創刊するという考えが芽生えるのです。彼はこの考えを思いつくやいなや、その理想の実現に向かって早足で進んでいきます。同年七月五日には、シラーに宛てて書簡を送り、新雑誌創刊への協力を依頼しました。次に引用する手紙に感じ取れる異様な緊張感は、このときのヘルダーリンのありようを雄弁に物語っています。

　このような厚かましさは、尊敬する方〔＝シラー〕よ！　あなたをこのうえなく誠実に敬っております私として、どんなに心苦しいことであるかを、どうか信じてください。この厚かましさは、いまこうして容易ならぬお願いを大胆に申しあげ、数年前はじめてお目にかかったとき、心のなかでは捧げながら、口にはだすことのできなかった感謝の思い、そして、あなたから賜りました忘れがたいご好誼と、その間にあって、この世におけるあなたの存在の数々のあかしによって、ますます揺るがぬものとなった感謝の思いを、いまあらためてふたたびいっそう率直にいっそう腹蔵なく表明するだけでは、どんなにそうしたくても、私は償《つぐな》うことはできません。

いつの日にか達成すべき名誉ある目標が私にとって将来実現されるとき、そのときにはじめて私はあなたに正しく感謝することができるのです。なぜなら、もっとすぐれてあなたにふさわしくなった者の感謝だけがあなたに喜んでいただくことができるのですし、そのときには私の厚かましいお願いをも私は弁解することができるでしょうから。(一七九九年七月五日、シラー宛書簡。ヘルダーリン 一九六九、三八〇頁)

この手紙のなかで、ヘルダーリンはシラーを神のごとくに表現しています。ゲーテへの未発送の協力依頼の手紙と比べると、その差は歴然としています。つまり、ヘルダーリンにとってのシラーは、自らの理想への跳躍の決定的な鍵を握っていると想定された特権的な人物だったわけです。また、理想の位置を「先取り」しようとする傾向はここにもみてとれます。ヘルダーリンが詩の世界で多少なりとも名前を知られた存在になれたのは、シラーという〈父〉が雑誌に作品を掲載してくれたおかげです。ところがヘルダーリンは、その掲載のわずか数年後に、詩を載せる雑誌を自分の力で創刊したいと言い出しているのです。仮にシラーが〈父〉だったとすれば、ヘルダーリンはまだその〈父〉に認められたばかりの息子でしかないにもかかわらず、彼ははやくも自分を〈父〉の位置に就かせようとしている。新雑誌創刊は、彼を経済的に安定させるとともに、彼が理想の位置におかれていたシラー——すなわち「断片ヒューペリオン」を自らの雑誌に掲載し、ヘルダーリンが世に知られるきっかけをつくってくれた、ヘルダーリンにとっての〈父〉たるシラー——に匹敵する理想の位置にまで彼を高める行為だったのです。彼は、このような無謀な、あまりにも早すぎる行為に猛然と突き進んでいったのです。

ヘルダーリンは、この手紙のなかでシラーのことを「存在のあかし」だと述べています。これは、シラーの存在が世界における理想への道しるべになっていたということです。ふつう、そのような尊敬の表明のあとにつづく言葉は、「その理想のもとに服従します」か、あるいは「私のライバルはあなたである」のどちらかではないでしょうか。精神分析の考えでは、ひとは父性的な人物に出会ったとき、その人物に対して受動的服従か敵対的競争のどちらかの態度をとることが多いのですが、ヘルダーリンはそのような――〈父〉的人物への「転移（Übertragung）」において問題になるような――問題を飛ばして、本来ならその問題を越えた先にあるはずの事柄を、すなわち自らをその理想の位置に高めることを「先取り」的に行おうとするのです。もっとも痛々しく感じられるのは、理想の実現という「名誉ある目標」が実現されるのは「将来」においてであり、現在の彼にはその理想の実現は不可能であることを彼自身が十分に理解している点です。彼は、現実と理想のあいだにあいた亀裂に、まさに落ちようとしているのです。

シラーは、一七九九年八月二四日付けの返信で、当然のようにこの思い上がった申し出を拒絶します。くわえて、それ以降はヘルダーリンのことをあまり気にかけず、手紙が送られてきても無視するようになったようです。そして一八〇〇年六月、三〇歳になったヘルダーリンはニュルティンゲンの家族のもとに戻りますが、その頃には体は痩せこけ、精神的にもイライラしていたといいます。さらに、注意力と集中力の低下や刺激過敏性がみられ、自分には関係のない言葉をきいてしばしばカッとなったり、逆にぼんやりしていたりすることもあったようです。統合失調症にしばしばみられる関係妄想が生じていたものと考えてよいでしょう。一〇日間ほど実家に滞在したあと、ヘルダーリンはシュトゥットガルトのランダウエルのもとに滞在し、講演を行うなどして生計を立てました。そうして狂気の渦中にありながら「パンと葡萄酒」などの名作を詩作しています。

ヘルダーリンは、一八〇一年一月にはスイスのハウプトウィルのゴンツェンバッハ家に家庭教師として赴任しますが、四月には解雇されています。この頃には「この数週間ぼくの頭のなかは多少混乱（bunt）している」（同書、四五五頁）とも述べられており、おそらくは頭のなかでさまざまな観念が沸き起こる状態――これがまさにカントが統覚によって隔離しようとした狂気そのものであることを思い出しておきましょう――にあったものと思われます。病跡学の見地からヘルダーリンを論じたランゲ＝アイヒバウムが指摘する詩の言語の崩れ（奇をてらったようなぎこちない言い回し）がみられはじめるのもこの頃からです（ランゲ＝アイヒバウム 一九八九）。

当時のヘルダーリンの心的状況を示す手紙の一節を二つ紹介しておきましょう。


かつてぼくは、新しい真理に、ぼくたちの上や周りにあるものに関するすぐれた見解に、歓呼することができた。いまぼくは、自分が最後には、神々から消化しきれないほど多くのものを与えられたタンタロスのようになるのではないかと、心配だ。（一八〇一年一二月四日、ベーレンドルフ宛書簡。ヘルダーリン 一九六九、四六五頁）

強力な元素、天空の火、人間たちの静けさ、自然のなかにおける彼らの生活、そして、彼らの限られたありかたと満足、それらがぼくの心を休みなく強く摑んだ。そして人が英雄たちについて言う表現に従えば、ぼくはこう言うことができるだろう、アポロがぼくを撃ったのだ、と。（一八〇二年一二月二日、ベーレンドルフ宛書簡。同書、四七一頁）

ヘルダーリンは、まさに狂気に撃たれたようです。一八〇二年一月末には、ボルドーのマイヤー家でまた家庭教師の職に就きますが、やはり三ヵ月しか続けることができませんでした。友人のフリードリヒ・シェリング（一七七五―一八五四年）は、ヘーゲルへの手紙のなかで、当時のヘルダーリンを次のように描写しています。

当地滞在中にぼくが見たもっともみじめな姿はヘルダーリンの姿だった。彼が〔…〕自分の地位の義務について全く考えちがいをしてフランスへ出かけ、彼が満たすこともできないし自分の感じ易い心情に調和させることもできなかった要求をされたらしいので直ちに引き返してきた旅行――この不運な旅行以来、彼の精神はすっかりそこなわれてしまって、いまでもギリシア語の翻訳などの多少の仕事をある程度まではできるとはいえ、全般的には全く茫然自失の状態におちいっている。彼の姿はぼくにとっては怖るべきものだった。彼は身じまいを無気味なほどまでおろそかにしていて、話はあまり狂気（Verrückung）の様子を示さないが、狂気の状態にある人々の外面的な態度をすっかり身につけてしまっていた。（一八〇三年七月一一日、シェリングよりヘーゲル宛の書簡。同書、六二二頁）

一八〇二年のヘルダーリンが、すでに完全な統合失調症、それも「痴呆」化が徐々に潜行しつつある状態にあったことが分かります。そして、同年七月初旬には、「ヘルダーリンが突然母の家に現われ、狂乱状態で家中の人々を戸外へ追い出した〔…〕。彼は錯乱したような顔つき、狂い立つ身ぶりを見せながら、狂気のどん底にあるような有様で、途中で強盗に会ったという言葉が信じられるようなひどい服装をしていた」（同書、六一一頁）といわれています。このようにして、ヘルダーリンの狂気は家族や知人にも知られるところとなったのです。

ただし、このような狂気の状態にあっても、ヘルダーリンはソポクレスの悲劇の翻訳に取り組んだり、詩作を行ったりしています。一八〇四年六月にはフリードリヒ・ルートヴィヒ五世の宮廷図書館司書となり、「パトモス」を献じてもいます。

しかし、ヘルダーリンの狂気のプロセスは進行し、一八〇六年初頭には理由もなく叫びつづける激しい興奮状態（緊張病状態）になりました。友人のジンクレアは、ヘルダーリンの母親に宛てて、次のように書き送っています。

ご子息の狂気（Wahnsinn）は当地の愚民どものひどい反感を呼びますので、私の不在中にご子息のお身に残酷な暴力の加えられる恐れもございますし、ご子息になお自由をお許ししておきましては公衆の危険をも招きかねません〔…〕。（一八〇六年八月三日、ジンクレアよりヘルダーリンの母宛の書簡。同書、六三六頁）

現代の言葉でいえば、ヘルダーリンは「自傷他害のおそれ」があると考えられる状態だったのです。ジンクレアは、一八〇六年九月に彼を病院に連れて行くため、書籍購入のためと騙して、彼をテュービンゲン大学付属病院に受診させました。こうして同院に入院することになったヘルダーリンは、食事の際にもナイフとフォークをあたえられず、スプーンのみだったということですから、やはり自傷や自殺の可能性がある危険な状態にあったようです。この時期のヘルダーリンに関するカルテは残っていませんが、処方箋からは緊張病性興奮と昏迷を繰り返したことがうかがえます。ヘルダーリンは、もしカルテが残っていたら、名実ともに人類史上最初期の統合失調症者とみなされたかもしれない存在なのです。

一八〇七年、ヘルダーリンは『ヒューペリオン』の熱心な読者だったツィンマー家に引き取られ、以後の生涯をそこで過ごすことになります。ツィンマー家の塔のなかでの生活では、狂暴発作は次第に少なくなったようです。一八二二年七月にヘルダーリンを訪ね、のちに伝記『フリードリヒ・ヘルダーリンの生涯――詩作と狂気』を書いたヴィルヘルム・ヴァイプリンガー（一八〇四―三〇年）は、「近頃は叫んだり暴れたりすることはなくなったが、正常なところはない。すでに六年間というもの、彼は一日中なにもせずに部屋のなかを行ったり来たりしながら、ひとりごとをつぶやいている」と記しています（同書、六四九頁）。しかし、次第に詩のなかにも常同言語が目立つようになり、無意味にみえる文字が洪水のように書かれます。詩が読めずに「私にはわからない、これはカマラッタ語だ」と述べたという記録もあります。外出したくないために「暇がありません、法王さま」、「ここにいることを命ぜられています」などと言い訳をし、なんでもすぐに否定する、「拒絶症」と呼ばれる状態にもあったようです。さらには、署名に「ブオナロッティ」、「スカルダネリ」と記し、日付も実際とは違うものを書くようになりました。そしてヘルダーリンは一八四二年冬から体調を崩し、翌四三年六月七日に七三歳でその生涯を終えたのです。

近代的理性の裂け目

では、ヘルダーリンがどのようにして発病に至ったのかを検討していきましょう。前節では、ヘルダーリンの人生には、水平方向に広がる「世間」にうまく馴染むことができず、反対に、自らが目標とする垂直方向の高い「理想」に向かって「先取り」的に跳躍しようとする傾向があることをすでに確認しました。彼の理想への跳躍は、一七九五年に現実と理想のあいだの不釣り合いによって抑うつ状態を導き、最終的には一七九九年の新雑誌創刊という「思い上がった」試みを帰結します。これがヘルダーリンにおける統合失調症の発病だったと考えられます。

このようなヘルダーリンの病の経過は、精神病理学者ルートウィヒ・ビンスワンガーの人間学的な立場からの統合失調症論によってもっともよく説明できます。ビンスワンガーによれば、統合失調症者の現存在（Dasein）――さしあたり、「自分の存在とは何なのか」を自分で問題にしうるものとしての人間のことだと理解しておきましょう――には、病前から「自然な経験の非一貫性」がみられるといいます。それは、世界のなかの事物のもとに安心して逗留することができないということです。言い換えれば、彼は世界に「自然」に棲まうことができないのです（ビンスワンガー 一九五九―六一、(1)七頁）。

このような状況に対して、統合失調症者はそれを自分で克服するか、あるいは圧倒されるかの二者択一、勝利か敗北かの二者択一に陥り、現存在の営みが危機にさらされることになります。そこで統合失調症者は発病に至り、勝利のための逃げ道として、「思い上がった（verstiegen）」理想形成を行うのだとビンスワンガーは指摘しています。ヘルダーリンのことを念頭におきつつパラフレーズするなら、次のように言い換えられるでしょう。統合失調症者は、自分が生きる世界の経験がやせ細り、水平方向の他者たち（隣人）との交わりや繋がりが不十分になっているにもかかわらず（そして、不十分であるがゆえに）、「神の似姿である人間の理想とは何か？」「父であるとはどのようなことか？」「主体とは何か？」といった、水平方向との釣り合いを欠いた――がゆえに墜落を運命づけられている――「思い上がった」垂直方向の問いを主体的な決断によって解決しようとするのです。もちろん、この「思い上がった」理想の追求は状況の解決にはまったくならず、むしろ越えることも破ることもできない「壁」をつくりだしてしまい、患者はもはや理想追求以前の状態に戻ることすらできなくなってしまいます。その結果、統合失調症者は二者択一のうちの受け入れがたい方をどうにかして隠蔽しようとしますが、自らが追い求める理想が思い上がったものになればなるほど、この二者択一のうちの他の側面、すなわち理想と矛盾し、理想を拒否し抑圧する側面が猛威をふるうようになります。最終的に、現存在は降伏し、他の側面に自己を委譲することになりますが、ここにおいて一方的な他者性が優位になり、患者がかつて理想としていた審級は彼を迫害するものに変貌して、彼の主体性は他者に簒奪されてしまいます。これが統合失調症の諸症状をおりなす人間学的な基礎である、とビンスワンガーは考えたのです。

この議論は、驚くほどヘルダーリンの人生と一致しています。幼少期からみられたヘルダーリンの現実への馴染めなさは、まさに「自然な経験の非一貫性」と呼びうるものであり、彼はそこから現実と理想のあいだのひどく乖離した二者択一状態に至ったと考えられます。そして、父性的な人物（シラー）との出会いを契機として、新雑誌創刊という「思い上がり（Verstiegenheit）」がなされ、その必然的な挫折が種々の精神病症状を導いたと考えられるのです。

さて、ビンスワンガーの議論は基本的に空間論的なものであり、水平方向と垂直方向という空間軸のあいだの均衡――彼はこれを「人間学的均衡」と呼んでいます――の崩れを統合失調症者にみるものでしたが、同じことを時間論的な視座から論じたのが、木村敏です（木村 一九八二）。木村によれば、統合失調症者は「いつも未来を先取りしながら、現在よりも一歩先を生きようとしている」と表現できるような時間を生きています。すなわち、彼らは現在の境遇についてはほとんど関心をもたず、新しい未来に自己を投機する傾向があるのです。このような考えに従えば、統合失調症者にしばしばみられる被害妄想が患者に恐怖を感じさせるのは、他者が自分に危害を加えてくることが確定しているからではなく、むしろ何をするか分からない（未知である）からだということを理解できるようになります。統合失調症者にみられるこのような未来先取的な時間意識を、木村は「アンテ・フェストゥム」（祭りの前）と呼びました。すでに指摘してきたヘルダーリンの「先取り」性は、まさに木村のいうアンテ・フェストゥムという時間意識のありようそのものだといえるでしょう。ビンスワンガーは、空間（垂直方向）における「上昇」を表す諸表現にはその背後に時間性が同時に意味されていることをすでに指摘していましたが、ヘルダーリンの病においてもまた、水平方向のやせ細り（「個々の人間と交わるのに、暖かみが少し減って来ている」）と垂直方向の偏重（「未来の時代に熟すべき芽を、われわれの時代に目ざめさせる」）という空間的な人間学的均衡の崩れが、同時に時間性のなかでも「先取り」的な構えとして表現されていることが特徴的です（ビンスワンガー 一九九五、一一一―一一二頁）。

このように考えた場合、一七九五年の「イエナの抑うつ」と一七九九年の新雑誌創刊に端を発する発病が、ともに「理想」との関係から生じていることが理解できます。一七九五年のヘルダーリン、つまり詩人としてデビューしてまだ数年のヘルダーリンが、大詩人シラーという「理想」に追いつきたいと思うのは奇矯な考えですが、彼は他方でその「理想」が手の届かないところにあることもよく理解していました。ここにみられる「理想」への到達不可能性、すなわち「先取り」の不可能性こそが、一七九五年の彼をうつ状態に追い込んだのです。そして、一七九九年の新雑誌創刊という行為は、彼を実現不可能な「理想」に――もはや後戻りできないような仕方で――跳躍させるに等しい行為であり、この行為こそが、彼を統合失調症の発病に導いたのです。すなわち、一七九五年のうつ状態は「現実」と「理想」の二者択一のあいだで「現実」を選びとることによって、そして一七九九年の統合失調症の発病は「理想」の側を選びとることによって決定づけられたと考えられるのです。

興味深いことに、ヘルダーリンにおける二者択一の論理は、彼の哲学的断片にも観察されます。彼が遺した、「ヘーゲルとの共同作業」とも評される一七九五年の哲学的断片「存在、判断……」にはそれがはっきり示されています。ここでヘルダーリンは、やや年長の哲学者ヨハン・ゴットリープ・フィヒテ（一七六二―一八一四年）が『全知識学の基礎』（一七九四年）のなかで、同一性をもつ自我（＝〈私〉）を絶対的自我とみなし、この絶対的自我から出発してすべての知を一元的に体系化しようと目論んでいることを次のように批判しています。

〔…〕かかる存在〔＝存在そのもの（Seyn schlechthin）〕は同一性と取り違えられてはならない。私が「私は私である（Ich bin Ich）」と言うとき、主観（自我 Ich）と客観（自我）は、分離されなくてはならないものの本質を傷つけることなくしてはいかなる分割も不可能であるほど、合一されてはいないのである。反対に自我は、このように自我が自我から分離されることによってのみ可能となる。自己意識なくして、私はどのように「私」と言うことができるだろうか。だが自己意識は、いかにして可能となるのだろうか。私が自己を自己自身に対立させ、自己を自己自身から分離し、しかしその分離にもかかわらず、対立させられた自己において自己を同一のものとして認識することによってである。だが、どの程度まで同一のものとして認識するのだろうか。私はこのように問うことができるし、また問わねばならない。なぜなら、別の観点からみれば、自我は自己と対立させられているからである。それゆえ、同一性は決して完全な形で生じる客観と主観の合一ではないし、それゆえ、同一性=絶対的存在（absoluten Seyn）ではないのである。（ヘルダーリン 二〇〇三、一五—一六頁）

フィヒテのいう「自我（Ich）」とは、カントの統覚のようなものだと考えてください。カントは、統覚というものを想定することによってあらゆる表象を統一し、狂った表象を隔離しようとしましたが、フィヒテはその構想をもう一歩進めて、あらゆる知の根源にこの「自我」を置こうと考えたのです。

ところが、ヘルダーリンは、そのような自我をいったいどのようにして定立できるのか分からない、と疑問を呈しています。フィヒテは「私は私である（Ich bin Ich）」という命題によってその自我を絶対的なものとして位置づけようとしているのですが、ヘルダーリンはそのような命題によって自我を定立することはできない、というのです。どういうことでしょうか。

「私は私である」という命題は、「〇〇は××である」という命題の一種です。たとえば、「私は大学生である」という命題は、主語である「私」が「大学生」という属性をもっていることを意味しています。ゆえに、誰かが「私は大学生である」という命題を主張したとき、私たちはその命題を発話している人が「大学生」であることを理解するでしょう。では、ある人が「私は明るくてユーモアがあるいい人です」という命題を主張したとすればどうでしょうか。私たちは、その人のことを「いい人」だと思うでしょうか？　むしろ、自分のことを「いい人」だと本気で言う人は、ちょっと変わった人物なのではないか、と思うのではないでしょうか。このように、「○○は××である（〝主語〟は〝述語〟である）」という命題は、単に主語の性質を述語によって説明するだけのものではなく、その命題が主張されるやいなや、述語の働きによって主語そのものが変容してしまうことがあるのです。だとすれば、原理的に、確固たる「私（Ich）」を置くことなどできないはずです。

ヘルダーリンがフィヒテを批判するのは、フィヒテがこのようなパラドックスを無視した上で、自我を絶対的なものとみなしているからです。フィヒテ流の自我の同一性は、「自我が自我から分離」されること、すなわち主観としての自我（「私」をながめる「私」）と客観としての自我（「私」によってながめられる「私」）が分離することを前提としているにもかかわらず、主客の分離という決定的な出来事が生じたあとでも、客観としての自我と主観としての自我が等しいものであること――精神分析でいう「主体の分裂」の否認――を要求しているのです。

四日谷敬子は、結局のところヘルダーリンはここで哲学の原理を同一性（自我）ではなく、それを凌駕する「絶対的存在」におこうとしているのだと指摘しています（四日谷 一九八九）。しかし、そのようなヘルダーリンの戦略は、袋小路に陥ることを運命づけられているでしょう。フィヒテのように自我から思考を開始することができないとすれば、絶対的存在から〈私〉を分離することによって自我を生み出さなければならなくなります。しかし、その分離は大きな変容を伴うため、〈私〉を分離することはできません。すると、絶対的存在を原理としているかぎり、〈私〉すなわち自我（自我意識〉の発生そのものが大きな謎、すなわち裂け目になってしまうのです。

ヘルダーリン的ではない、もっと穏便な解決方法は、もちろんヘーゲルのやり方です。ヘーゲルは、フィヒテのように「自我は自我である」とすぐに前提してしまうのではなく、「もっと自然的な感覚―知覚―悟性という対象意識に出立し、悟性の終りにおいて到達せられた無限性によってフィヒテの右の命題〔＝自我は自我である〕を基礎づけ」ました（金子 一九七一、六三四頁）。すなわち、〈私〉（自己意識）は、弁証法のプロセスのなかで段階的に獲得されると考えたのです。しかし、ヘルダーリンにはどうしてもそのように考えることができず、自我を前提とするのか、自我の発生しえない状態にとどまるのか、という二者択一に陥ってしまいます。そして、この二者択一から、彼にとっての存在そのものの危機が到来することになるのです。[1] ヘルダーリンは、そのことを書簡に次のように記しています。

彼〔＝フィヒテ〕の絶対的自我（スピノザの本体に等しい）は、あらゆる現実性を包含している。絶対的自我は全であり、それ以外は無である。従って、この絶対的自我にとって対象は存在しない。なぜなら、そうでなければ、あらゆる現実性が絶対的自我の中にあるというわけにはいかなくなるからだ。しかし、対象なしの意識は考えられない。そして、ぼく自身がこの対象であるとすれば、ぼくはこうした対象として必然的に有限であり、時間内にだけ存在しなければならず、従って、絶対的ではない。従って、絶対的自我においては意識は考えられえず、絶対的自我としてぼくは意識をもっていない。ぼくが意識をもたないかぎり、ぼくは（ぼくにとって）無だし、従って、絶対的自我は（ぼくにとって）無である。（一七九五年一月二六日、ヘーゲル宛書簡。ヘル

ダーリン　一九六九、二〇一頁）

ヘルダーリンの「先取り」的態度、つまり「未来において実現されるであろうことを今すぐ実現することを熱望する」という態度はここでも一貫しています。そして、その性急さこそが、ヘルダーリンを「何でもない」絶対的自我へ、すなわち「無」へと転落させたのです。

詩作と狂気

二者択一によって生じた、「無」への転落。この特徴は、ヘルダーリンの狂気と関係するだけでなく、彼の詩作にも大いに関係しています。たとえば、彼が一八〇〇年の終わり頃に詩作した「あたかも祝いの日の明けゆくとき……」には、「しかし詩人らよ、わたしたちにふさわしいのは、神の荒天〔＝雷雨〕のもとに／頭《こうべ》をさらして立ち、／父の雷火そのものをおのが手に／つかみ、その天上の賜物を　歌に／つつんで世の人々に頒つことだ」という一節があります（ヘルダーリン　一九六七、一四七頁）。次章でとりあげるハイデガーは、この一節を次のように解釈しています。

詩人は彼の心理体験を素材にするのではなく、「神の雷雨が下」に――「頭をさらして」、無防備に己れを委ね引き渡して――立つのである。現存在とは〈存在〉[2]の圧倒的な力の中に晒し出されていること（Ausgesetztheit in die Übermacht des Seyns）として存在することに他ならないのである。（ハイデガー　一九八六、三八頁）

つまり、ヘルダーリンは「無」に転落することによって、「〈存在〉の圧倒的な力（Übermacht des Seyns）」にさらされ、そのことを詩に表現したと考えられるのです。

このことは、ビンスワンガーによる統合失調症の発病論とも無関係ではありません。実際、ビンスワンガーは、統合失調症者は、圧倒的な力にみずからを引き渡し、降伏すると述べているのです（ビンスワンガー 一九五九―六一、(1)一八頁）。このように、ヘルダーリンの「先取り」的な構えは統合失調症の発病をもたらし、彼を〈存在〉という圧倒的な〈無〉に晒しだしたのです。

ここには、まさに近代的な主体そのものの裂け目があらわれているように思えます。その裂け目は、カントによって隔離され、ヘーゲルによって乗り越えられ、閉じられたものです。ところが、皮肉なことに、ヘーゲルの傍らにいたヘルダーリンによってその裂け目はふたたび開かれ、そこに人類史上最初期の統合失調症が到来したのです。ドゥルーズは、おそらくそのことを念頭におきつつ、『差異と反復』（一九六八年）のなかで次のように述べています。

> カント哲学には、或る明確な契機、人知れず閃光を放った契機があり、それはカントにおいてすら継続せず、カント以後の哲学にはなおのこと引き継がれていない――ヘルダーリンにおける「定言的転回〔逸脱〕（détournement catégorique）」という経験と理念にはおそらく引き継がれている――のだが、わたしたちは、カント以前とカント以後の出来事（結局は同じ事態に帰着する出来事）にというよりも、むしろ、そうしたカント哲学そのものの契機にこそ関心を寄せなければならないのである。というのも、カントが理性的神学を批判するとき、同時に彼は、一種のアンバランス、裂け目、あるいは亀裂を、つまり権利上克服できない正当な疎外《アリエナシオン》（aliénation）〔精神

異常〕を、〈私は考える《イッヒ・デンケ》〉の純粋な《自我》のなかに導き入れるからである。（ドゥルーズ 二〇〇七b、(上)一六八頁）

第6章でみたように、カントの哲学には裂け目がいくつも顔を出しています。彼の哲学には「これ以上追究したら狂気に落ち込む」というポイントがあり、カントはそのような裂け目に対する防衛を行ったのです。フィヒテやヘーゲルにおいて、そのような危機的な裂け目はすでに解消されていましたが、その裂け目――すなわち、表象不可能なもの――をふたたび可視化させたのが、ヘルダーリンだったのです。

ヤスパースのヘルダーリン論

前節では、すこし先取り的にハイデガーやドゥルーズの議論を紹介しましたが、それ以前にヘルダーリンの狂気について論じたヤスパースの議論をみておきましょう。

ヤスパースは、一九二二年の『ストリンドベリとファン・ゴッホ』において、統合失調症者においては、一時的に「形而上学的な深淵が啓示される」ことがあり、それが病者の作品を特異なものにすると考えました。そして、一八〇一年から一八〇五年にかけてのヘルダーリンが、まさにそのような状態にあり、それゆえ優れた詩作を行うことができたのだと主張するのです。ヤスパースの主張を読んでみましょう。

一八〇一―一八〇五年のヘルダーリンの作品は明らかに彼が精神分裂病〔＝統合失調症〕に罹患

していた時期のものである。これらの作品は甚だしく様々に評価されて来た。〔…〕ランゲ〔＝アイヒバウム〕はそれが精神病の症状を示すの故を以て前期の作品よりも明らかに価値少ないものと考えたが、フォン・ヘリングラートはこれをヘルダーリンの著書の核心、頂点であり、彼の後世への遺言なりとした。〔…〕
〔しかし〕彼の詩作の特質こそ却って分裂病的なるものの本質に光を投げ、精神分裂病なる概念をより具体的ならしめることができるであろう。（ヤスパース 一九五九、一五〇―一五四頁）

ランゲ＝アイヒバウムは、この時期のヘルダーリンの作品は、狂気の影響が甚大であるため価値が低いと断じています。しかし、二〇世紀初頭にヘルダーリンを再発見し、一種の「ヘルダーリン・ルネッサンス」を引き起こしたノルベルト・フォン・ヘリングラート（一八八八―一九一六年）は、この時期の作品を高く評価しています（のちにハイデガーも、おそらくは彼の影響のもとでこれらの作品に極めて高い評価を与えることになります）。ヤスパースは、ヘルダーリンの詩作を十分に評価した上で、彼は統合失調症の範例的なケースだと述べています。言い換えれば、彼の病と詩作の経過を追うことで、「統合失調症とは何か」を理解できるような特権的な症例がヘルダーリンである、というのです。

さらにヤスパースは、ヘルダーリンの発病の論理がいかにして詩作と関係しているのかを次のように論じています。

彼〔＝ヘルダーリン〕はかくの如くして詩人の天職を自覚していたが、同時に自分が現実と調和的に生活する能力のないことを感じ、当時の社会に対して不満の意を洩している〔…〕。

発病と共にヘルダーリンの動揺し苦悩する自我意識は次第に堅固に独裁的になり、同時に彼の作品も実際には現実の世界に背を向けるようになる。この孤独をもはや感じなくなった孤独者はその作品の舞台を感動的な魂と秩序的な力との間の極度の緊張の結果として生れた、無時間的な世界に移す。（同書、一五六―一五七頁）

前節でみたように、ヘルダーリンは隣人たちが住まう「現実」とうまく調和できておらず、「先取り」的に「理想」に到達することを強く求めていました。そのような「思い上がり」が取り返しのつかない地点まで至ったとき、彼の狂気は発病し、詩作にも根本的な変化が生じたのです。その変化は、ヤスパースによれば次のようなものでした。

これは直接の体験の具象化である。霊感を受けた詩人の体験もこれに似ているし、多くの芸術家はこの詩を自分の体験がヘルダーリンによって代弁されていると感ずるかも知れない。しかしこれは健常なる人々にも見られるような人間の自然な苦悩、その運命、予言的昂揚、詩的告白による救い、神秘的な神への接近などではない。彼の表現様式は自然的な体験を詩的に誇張したものではなく文字通りに受けとるべきものである。このことは彼の書簡及び彼の生涯の実際に関する資料によって証明されている。この種の体験、真の意味での純粋且つ危険な体験は精神分裂病〔＝統合失調症〕においてのみ見られる。（同書、一六五―一六六頁）

ここでヤスパースは、ヘルダーリンに生じた狂気が、あの「霊感」、すなわちプラトン的なインスピレーションとよく似ていることを指摘しています。第2章と第3章で確認したように、かつては人間の上空の高いところに神やダイモーンが存在し、それらの存在が詩人にインスピレーションを与えると考えられていました。このようなインスピレーションは、アリストテレス以降、ほとんど忘れ去られていたものですが、ヘルダーリンはふたたびそのインスピレーションを、狂気とひきかえに手に入れることができたのです。

注目しておきたいのは、ヤスパースがインスピレーションにも似たこのような体験を、「解体的な深淵」と表現していることです（同書、二二四頁）。彼が明確に述べたわけではありませんが、かつて上空に位置づけられ、高さと関連づけられていたインスピレーションは、統合失調症という狂気の到来によって、「深淵」すなわち地下に潜る深さと関連づけられるようになったといってよいでしょう。そのことは、プラトン的なインスピレーションが詩人をなんら解体的な結末に向かわせないのに対して、ヘルダーリンにおけるインスピレーション（深淵の開示）が、彼の創造の源泉になるばかりか、彼を理性の死（荒廃状態）に向かわせてしまったこととも関係しています。また、次章で詳しくとりあげるように、プラトン的なインスピレーションでは神が問題になるのに対して、ヘルダーリンの詩では神の不在が問題になっていることも、これと関係づけることができるでしょう。

要するに、ヘルダーリンは、人々がヘーゲル的な狂気の乗り越えによって忘却していたものを、天上の存在からの声としてではなく、自分の足元にあいた大きなブラックホールとして再発見したのです。

ニーチェの病跡

ヘルダーリンとよく似た特徴は、フリードリヒ・ニーチェ（一八四四―一九〇〇年）にもみられます。ニーチェは、一七歳のときにヘルダーリンを読んでおり、かなり影響を受けたようですが、彼の著作や論文にはヘルダーリンの名前はあまり登場しません。しかしそれでも、ニーチェの書くスタイルそのものがヘルダーリンに似ていると指摘する論者もいます。ひょっとするとニーチェは、ヘルダーリンを敬愛するがゆえに、あえてその名前を出さないようにしていたのかもしれません。

ニーチェは梅毒感染による進行麻痺――梅毒によって脳実質が侵されて生じる精神病であり、当時の統合失調症と同じく、理性の解体に至る病です――を患っていました。彼が一九〇〇年に亡くなると、パウル・ユリウス・メービウスという病跡学者が『ニーチェの病理について』（一九〇二年）という本を出版します。当時、ニーチェの作品は非常に人気があったようですが、メービウスはニーチェのような狂気の人物の思想が大衆に影響を与えていることをよく思っていなかったようです。メービウスは、ニーチェの進行麻痺は一八六五年（二一歳時）に感染した梅毒によるものであり、一八八〇年から八三年にかけて進行麻痺のシュープ〔病勢増悪〕があって、ニーチェがその時期に『ツァラトゥストラはかく語りき』を執筆したことをつきとめるとともに、それ以後の彼の全作品を病的なものとみなしました。そして彼は、「一部に真珠の存在を見出すも、決して全体を以て真珠の連続であると誤信する勿れ。寧ろ懐疑的なれ彼〔＝ニーチェ〕は一個の精神病者であると」という警告で本を終えています（メエビウス　一九一三）。「狂気の人物の言うことをまともに受け取ってはいけない」というメッセージです。

さて、ニーチェもまた「霊感（Inspiration）」という言葉を使っていますが、それは創造的な高揚状態を指すと考えられます。そのような霊感がニーチェに到来するのは、様々な資料をみる限り、一八八一年から八四年のあいだに限られており、つまりは進行麻痺のシュープとほぼ同時期であることがわかります。その間の霊感について、ニーチェ自身は次のように説明しています。

〔…〕そのとき、実際に自分が圧倒的な力の単なる化身、単なる口、単なる媒体にすぎないとの想念を退けることはほとんど出来ないであろう。口に言えないほどの確実さと精妙さをもって、人の心を奥底から揺さぶり覆《くつが》えすような何ものかが突然眼に見えるようになり、耳に聞こえるようになるという意味での啓示（Offenbarung）という概念は、単に事実をありのままに叙《の》べているにすぎない。人は聞くのであって、探し求めるのではない。受け取るのであって、誰が与えるのかを問いはしない。稲妻のように一つの思想が、必然の力を以て、躊躇《ためら》いを知らぬ形でひらめく。――私はついに一度も選択をしたことがなかった。これはある恍惚《こうこつ》の境地であって、すさまじいその緊張はときおり涙の激流となって解《と》け落ち、足の運びはわれ知らず疾駆となったり、漫歩になったりする。完全な忘我の状態でありながらも、爪先《つまさき》にまで伝わる無数の微妙な戦《おのの》きと悪《お》寒《かん》とを、このうえなく明確に意識してもいる。（ニーチェ 二〇一五、一五四―一五五頁）

ここにもやはり、プラトン的な詩的霊感とよく似た体験がみてとれます。霊感が到来すると、自分はその力の仲介者にすぎなくなる。それは絶対的に確実で疑いえないことであり、真理が「顕現した」としか表現しようのないものだというのです。

このようなニーチェの創造性は、もちろん狂気との関係から検討されてきました。ヤスパースは、ニーチェに到来した霊感は、プラトンの時代からいわれていた詩的霊感――詩人にインスピレーションを与え、神の言葉が直接的に提示されるもの——とは多少異なり、発作的、間歇的で、ずっと複雑であること、さらにはニーチェが中年になって初めて霊感を感じたことなどから、脳の機能の障害のような生物学的因子を考えなければならないだろうと主張していますが、それでも彼の狂気が創造性に大きな影響を与えたことは認めています。

しかし、ニーチェにおける創造と狂気の関係をもっとも肯定的に評価したのは、ランゲ゠アイヒバウムです。彼は、ヘルダーリンの統合失調症発病後の詩には否定的な評価を下しましたが、ニーチェに関しては狂気との肯定的な関係をみているのです。しかも彼は、ニーチェを単に進行麻痺という器質性の精神障害とみるのではなく、むしろ統合失調症に引き寄せて、わざわざ「統合失調症様進行麻痺（schizophrenieartige Paralyse）」という診断を与えてもいます。

実際、ランゲ゠アイヒバウムは、一八八一年夏の霊感的な神秘的体験におけるニーチェの陶酔様状態は、ふつう進行麻痺による興奮状態として解釈されているけれども、古典的な詩的霊感とも区別される統合失調症様体験なのだと主張しています。というのも、古典的な詩的霊感では、詩の言葉そのものが与えられるのですが、ニーチェに到来した霊感はそれとは違う特徴をもつというのです。彼の議論をみておきましょう。

> ニイチェの新しい心理的経験を熟考すればする程、分裂病〔＝統合失調症〕の体験の特徴に思い当るようになる。ニイチェのいわゆる霊感の多くは分裂病様の恍惚であったらしく、それに関しては疑念の余地がない。分裂病の恍惚の特徴というのは、異常な幸福、狂喜、有頂天、高慢なる昂揚、厳粛、悟り、〔…〕救済、恩寵などの感情〔…〕であり、多くは対象となる内容を持たな

い〔…〕。しかし、かかる恍惚にあっては対象的内容として自分自身の感情が確実に現われる。霊感においては事物的なもの、自己の創作或いはそれに類似したものが主役であるが、これに反し恍惚においては自己自身が主役である。（ランゲ＝アイヒバウム 一九五九、六一頁）

これは決定的な一節です。かつての詩的狂気の時代には、神が詩人に対して直接的に言葉を与えていました。詩人はその言葉を受け取り、それを詩に書いていました。しかし、ニーチェにおいては――というよりも、ヘルダーリン以降の狂気の人物においては――霊感は人間に言葉を直接的に与えるのではなく、人間に恍惚のなかで「自分」の主体的なありようを問題にさせるのです。ヘルダーリンやニーチェのような統合失調症圏の作家・思想家においては、神から直接的に言葉が与えられるのではなく、自分自身の存在が問われることによって、それまで覆われていた裂け目が、ブラックホールとして露出させられます。そして、そのことが彼らにそれまで一度も体験したことがない恍惚を感じさせるのです。これは、神なしで作動する――少なくとも、神がはっきり現れるわけではないような仕方で作動する――インスピレーションだといってよいでしょう。

ヘルダーリン以降、近代における統合失調症者に到来したインスピレーションは、このような「神の不在」の時代のそれにほかなりません。このようなインスピレーションは、それを受け取った自分自身の存在、すなわち「私」を問題とするものです。そして、まさにヘルダーリンが哲学的断片で暴いたように、その「私」なるものは無根拠であり、ゆえにこのインスピレーションは近代的主体にとっての「私」の無根拠さをブラックホールとして露呈させることになるのです。

次章では、ハイデガーの哲学を参照しながら、ヘルダーリンの病跡について考えていきましょう。

第**9**章

ハイデガー

詩の否定神学

ハイデガー

ヤスパースからハイデガーへ

前章では、ヘルダーリンの病跡を中心に論じてきました。ヘルダーリンは、「私」というものをいともたやすく定立するフィヒテに納得できず、「私」とは何かという哲学的問いにとらわれていました。ヘルダーリンの同級生であり、友人でもあったヘーゲルの理論に従うなら、「私」とは、意識が自己意識へと発展(発達)していくなかで徐々に獲得されるものということになりますが、ヘルダーリンはそのようなゆっくりした発展を待つことができず、「無」に飲み込まれてしまうか、あるいは理想的な「私」が存在するのか、という二者択一的な思考に陥ってしまったのでした。そして彼は、大詩人シラーとの出会いによって、シラーのような「理想」の位置を先取りしようとするようになります。そして彼は、新雑誌創刊という「思い上がった」行為によって、統合失調症の決定的な発病に至ったのでした。

ヤスパースは、一九二二年に『ストリンドベリとファン・ゴッホ』を刊行し、そのなかで、ヘルダーリンのような統合失調症者においては一時的に「形而上学的な深淵が啓示される」ことがあり、それが病者の作品を特異なものにしていると論じました。つまり、「理想」の先取りに失敗したヘルダーリンは、ブラックホールのような「無」という「形而上学的な深淵」に飲み込まれたのですが、彼はまさにそのような狂気のなかから詩作を行ったのです。

さて、当時ヤスパースは、マルティン・ハイデガー(一八八九―一九七六年)と頻繁に手紙のやりとりをしていました。ヤスパースは、刊行されたばかりの『ストリンドベリとファン・ゴッホ』をハイデガーに献本しています。この著作を受け取ったハイデガーがヤスパースに書き送った返事によれば、ハイデガーは、ヤスパースの議論が古い存在論にもとづいていること(したがってハイデガー自身が企てていた存在論のギリシア的回帰とは異なること）に注意を促しながらも、「生という対象の根源的な範疇構造を獲得するという課題と連関する点に、私は、あなたが統合失調症的なものといったものを生の存在意味のなかに組みこもうとしていらっしゃるそのあなたの諸研究の原理的意義を、見出したわけです」（ハイデガー＋ヤスパース 一九九四、二五頁）と評しています。つまりハイデガーは、ヤスパースが行ったような病跡学的な考察をある程度は評価していたのです。

実際、ハイデガーは若い頃からヘルダーリンやゲオルク・トラークル（一八八七―一九一四年）の詩作に大いに関心をもっていたようで、後年には、「私の思惟はヘルダーリンの詩作への或る不可避的牽引の内に立っています」とまで語っています（ハイデガー 一九九四、四〇〇頁）。つまり、ハイデガーの思索はこの狂気の詩人の詩作と何らかの関係をもっているのです。そこで本章では、ハイデガーが「創造と狂気」の関係をどのように思考したのかをみていきましょう。

「芸術作品の根源」――「移動＝逸脱」としての芸術作品

一九二七年に『存在と時間』を刊行して以来、ハイデガーは「存在の意味への問い」ではなく「存在の真理への問い」を問うようになっていきました。この変化はしばしば「転回（Kehre）」と呼ばれますが、まさにその「転回」期をむかえつつある頃に、「芸術作品の根源」という論文を執筆しています。これは、一九三五年から三六年にかけて行った講演をもとに執筆されたものですが、一九五〇年に刊行された論文集『杣径《そまみち》』の巻頭論文となり、この時期のハイデガーの理論にとって範例をなすものとしてひろく知られているものです。

では、ハイデガーが「芸術作品の根源」において論じたのは、どのような芸術作品だったのでしょうか。彼は、芸術作品を四つの時代に区分けしています。まず、プラトンが『国家』において論じたような、(1)芸術作品が模倣によって作られる時代がある。そのあと、(2)芸術作品の内に「存在」が据えられるようになる時代がくる。次に、(3)中世になると芸術作品は「神によって創作されたもの」としての存在者になる。そして、(4)近代に至ると、芸術という存在者は「計算」によって統御可能なものに変貌する。この時点で、「神によって創作された」と表現できるような形而上学的芸術は終焉を迎えることになります。ハイデガーがこの論文で扱うのは、この(4)の近代以降の芸術作品です。言い換えれば、ハイデガーは、プラトン的な神的狂気がありえた時代の芸術作品ではなく、いわば神が不在になった（神が隠れてしまった）時代の芸術作品を論じているのです。

ハイデガーが「芸術作品の根源」のなかで、ゴッホが描いた百姓靴の絵画《古靴》（一八八六年）を芸術作品の例としてとりあげています。この絵画の中心には、薄汚れた百姓靴が描かれています。靴の周囲の背景は漠然としたものにすぎず、その靴の意味を決定づけるような文脈を形作っているわけではありません。一見したところ、この絵画は、単に百姓靴を描いただけのもののようにみえます。

ところが、ハイデガーは、この靴は道具としての靴が属する農夫の「世界」と、道具としての靴を生み出す「大地」を力強く立ち現れさせている、と主張します。つまり、この靴は、「荒々しい風が吹き抜ける畑地のはるか遠くまで伸びるつねに真っ直ぐな畝々《うねうね》を横切って行く、ゆっくりとした歩みの粘り強さ」や「労働の歩みの辛苦」、あるいは「荒々しい風が吹き抜ける畑地」や「暮れ行く夕べを通り抜けていく野路の寂しさ」を現れさせている、というのです（ハイデガー 二〇〇八、四二頁）。いわれてみれば、たしかにそのような迫力でみなぎっているように思えてきます。私たちは、この靴の描き込みを通じて、ふだんは何気なく見ていて気づいていない世界と大地がお互いに抗争しながら出現する現場に立ち会わされているのです。

芸術作品がもつこのような特徴を、ハイデガーは次のように要約しています。

> ゴッホの絵画において真理が生起する。真理が生起しているということは、その絵画において目の前にある何かが正確に描写されているということを意味しているのではなく、靴の道具存在が明らかになることによって全体としての存在するもの、つまり抗争している世界と大地とが不伏蔵性〔＝隠されていない状態〕に到達するということを意味する。（同書、八七頁）

フィンセント・ファン・ゴッホ《古靴》

ハイデガーが述べているのは、おおよそ次のようなことです。芸術の歴史において、絵画の技法が高度化することによって、絵画は目の前にある事物を正確に写しとることができるようになった。しかし、描かれた絵画が事物と一致しているかどうか、つまり「本物そっくりに描けているかどうか」は、絵画において真理が生起しているかどうかとはまったく関係がない。むしろ、絵画は、これまで気づかれていなかった新たな角度から事物を描き、世界と大地の抗争を立ち現れさせることによって、その事物に対する私たちの見方を一変させる。そうすることによって、絵画は、「不気味で途方もないものを衝撃的に打ち開き、同時に安心できるものと、人々が安心できると見なすものとを、衝撃的に打ち倒す」(同書、一二四頁)のです。ハイデガーはこのことを、絵画という芸術作品は事物をみる私たちの視点を「移動=逸脱(Verrückung)」させ、日常的な物の見方をすっかり変容させてしまう働きをもっているのだ、と要約しています(同書、一〇八頁)。

「移動=逸脱」と狂気

ハイデガーは、次第にこの「移動=逸脱」という言葉についての考察を深めていきます。一九三七〜三八年の冬学期講義『哲学の根本的問い』の「第一草稿」のなかでは、ハイデガーはこの「逸脱=移動(Verrückung)」という言葉を、理性が正常から偏奇=逸脱(verrücken)した状態を指す「狂気(Verrücktheit)」と関連づけて論じています。

ハイデガーは、神の庇護を失った西洋の近代人には、人間の存在それ自体の変貌(Verwandlung)が生じており、かつてあったような自分の所在地を失ったという意味において、危機的な状況にあると論じます。そのような時代には、人間の本質の根拠へと移動=逸脱(Verrückung)することが必要になります。しかし、そのような移動=逸脱は誰にでも行えるようなものではありません。彼は、それは「少数の個別化され並外れた人々」によって行われるしかなく、シラーやヘルダーリン、キルケゴール、ファン・ゴッホ、ニーチェといった人物こそがそれを行ったのだと述べています。彼によれば、これらの人物はいずれも「〈存在〉(Seyn)の真理を根拠づけ、保蔵」した人たちです。こういった人たちは、しばしば「気が狂っている(verrückt)」と評されます——病跡学的にみても統合失調症圏の病理が疑われる人物が多いと思われます——が、実際には西洋の危機を直視し、「全く別のものを自らの知の中ですでに担っていた」人たちである、とハイデガーは主張します。つまり、彼らは西洋の危機を「移動＝逸脱（＝狂気）」によって乗り越えようとした人たちだというのです（ハイデガー一九九〇、二二一—二二四頁）。

こうしてハイデガーは、神の庇護が失われた時代、すなわち形而上学的芸術が終焉し、西洋の危機が気づかれるようになった時代における特権的な芸術家として、ヘルダーリンを何度も論じていくことになります。その理由は、ヘルダーリンとフィヒテの関係を考えると明瞭になります。前章でみたように、ハイデガーにとってのヘルダーリンは、フィヒテのような「私」を前提とする哲学に大いに違和感をもち、〈存在〉を問題にしようとした詩人でしたが、この〈存在〉はそれ以後忘却され、まったく問題にされなくなります。ハイデガーは、特にフィヒテに代表される哲学を〈存在〉を忘却した形而上学として批判し、〈存在〉を問う哲学を展開するために、ヘルダーリンを大いに参照するようになったのです。

なかでも、「移動＝逸脱」と「狂気」の関係に注目する私たちの議論にとって、一九四一〜四二年の冬学期講義『ヘルダーリンの讃歌「回想」』は特に重要なものです。

ハイデガーはこの講義において、ヘルダーリンに「狂疾（Wahnsinns）」が訪れつつある一八〇〇〜〇六年の最中の一八〇三年に書かれた讃歌「回想」に注目しています。彼は、この讃歌は、心理学的かつ伝記的な関心からは——つまり、通常の病跡学的関心からは——十分に理解することができないと主張します。なぜなら、ヘルダーリンの詩作の本質は「移-動＝逸-脱（Ver-rückung）」にあり、その移-動＝逸-脱は、「以前の本質場所を捨て去」り、「別なる本質場所への参入」をもたらすものであるために、既存の常識では理解しえないものだからです（ハイデガー 一九八九、六一―六四頁）。

「統合失調症」化する哲学

ここまでの議論から明らかなように、「転回」以後のハイデガーの芸術論は、事物をみる人々の視点を「移動＝逸脱（Verrückung）」させる、というモチーフから出発していました。のちに彼は、ヘルダーリンをはじめとする、神の庇護を失った時代の詩人や思想家を例にとりながら、彼らが成し遂げようとした「別なる本質場所への参入」を「狂気（Verrücktheit）」と結びつけていきます。つづいて第二次世界大戦中から戦後にかけては、これらの構想をさらに先鋭化させていきました。その際に彼は、ヘルダーリンに「詩人の詩人」としての特権的な地位を与え、この詩人の詩作の解明を行うことを通じて、「存在の真理への問い」の探求を精力的に行っていくことになります（ハイデガー 一九九七、四七頁）。

病跡学的な観点から注目しておくべきなのは、「転回」以後のハイデガーによるヘルダーリンの詩をめぐる議論が――ハイデガー自身は統合失調症にまったく言及していないにもかかわらず――統合失調症の精神病理学に肉薄しているという点です。そのことは、ハイデガーが注目するヘルダーリンの詩作品が、彼が狂気に陥ってすぐの時期（一八〇〇～〇三年ごろ）に集中していることとも無関係ではありません。ハイデガーは、狂気のなかで〈存在〉という深淵――ヤスパースのいう「形而上学的な深淵」――に不可避的に引き寄せられながら詩作を行ったこの詩人に強く惹きつけられつつ、自らの思索を深めていったのです。この運動、「ハイデガー哲学の統合失調症化」とでも呼べるような運動は、かつて加藤敏が「思想的系譜におけるエピ‐パトグラフィー」[1]という概念をもちいて述べたように、ハイデガーがヘルダーリンのような統合失調症圏の傑出人に大いに感化されつつ思索を行った結果として生じたものと考えられます（加藤 二〇〇二）。

たとえば、一九三六年の講演「ヘルダーリンと詩の本質」では、次のような議論がなされています──詩人が行う詩作は、神に名前を与えることであるが、詩人が神に名前を与えることができるのは、神の側が詩人に「合図（Wink）」を送り、その合図のなかで詩人たちのことを話題にするかぎりにおいてである（ハイデガー 一九九七、六一頁）。神のような超越的な他者から人間に向けて何らかの謎めいた「合図」が送られ、その「合図」が人間に対して「何か」をほのめかすという体験は、まさに統合失調症の初期から急性期にしばしば報告されるものであり、ハイデガーによる神の「合図」の記述はまさに統合失調症者の体験を描写しているかのように思われるのです。

神なき時代における「詩の否定神学」

このように「統合失調症化」したあとのハイデガーの哲学は、いわゆる「否定神学」的な構造をもつようになります。否定神学というのは、神は人間の通常の認識や言語では捉えられないものであるけれども、むしろその「捉えられなさ」という否定性それ自体を重要なものとみなす考え方です。否定神学では、「神は現れないが、「現れない」という仕方で現れる」という思考法がしばしば用いられます。実際、神が現在において現れていないということは、将来における神との出会い、来たるべき神の到来を保証しうる条件になりうると考えられるわけです。

ハイデガーのヘルダーリン論における否定神学的構造が最もよくあらわれているのが、「何のための詩人たちか」という一九四六年の論文です。この論文のなかでハイデガーは、ヘルダーリンの詩

「パンと葡萄酒」を参照しながら、ヘルダーリンを「乏しい時代（dürftiger Zeit）」の詩人であると規定します。「乏しい時代」とは、神が乏しい時代であり、神によって支えられていた時代が過ぎ去ったあとに到来する、神なき時代のことです。このような時代は、世界を基礎づけることができる「根底（Grund）」を欠いており、「底‐抜け＝奈落の‐底（Ab-grund）」とでも呼べるような、あらゆる物事が究極の根拠を失ってしまった時代だといえます。この「乏しい時代」は、「神の不在（Fehl Gottes）」によって特徴づけられますが、それは神が完全にいなくなってしまったということではありません。というのも、ヘルダーリンの詩に書かれているのは、神がいなくなってしまったあと、神が残した「痕跡」を通じて、将来において神が到来するのではないか、と考える思想にほかならないからです。

ハイデガーによれば、ヘルダーリンのような詩人は、逃げ去ってしまった神々の「痕跡」――これをハイデガーは「聖なるもの」と呼んでいます――を感知し、その痕跡に名を与えることで、再び人間が神々と出会うことのできる場を準備し、将来において神々が到来する可能性を確保する。これこそが、詩人が行う詩作なのだとハイデガーは主張します。つまり、神が人間の前に姿をあらわさなくなった時代にも、人々は痕跡という否定的な形で神と出会うことができるというのです。

一九四三年の「帰郷／近親者たちに向けて」でも、同じようなことが論じられています。「帰郷」はヘルダーリンの詩のタイトルでもあるので、それと同名の論文をハイデガーは書いたことになります。この論文では、ヘルダーリンが詩のなかに記した「……聖なる名前が欠けている（… es fehlen heilige Nahmen）」という一文が、神の不在（Fehl）と結びつけられます。しかし、不在の神は、単に不在であるというより、むしろ隠れているものであって、ときに人間に向けて「挨拶」をしてくることがありうる。これは、統合失調症的な「啓示」と非常に親和的なものですが、詩人はこのような

「挨拶」を聞き取り、神の不在の近くに赴かなければならないとハイデガーは主張します。すなわち、詩人には「神の喪失という仮象を恐れることなく、神の不在の近くに留まり、高いところにいる存在者を指摘する始原の言葉が不在の神に対して近くにいるなかから与えられるまで、不在に対して準備を整えながら近くにいるところで待ち続けること」が要請されるのです（ハイデガー　一九九七、四〇頁）。茂牧人《しげるまきと》（一九五八年生）は、ハイデガーのこのような論述の中に――ヘルダーリンの詩に登場する神はギリシアの神々ではありませんが[2]――キリスト教的な否定神学の伝統を読み取っています（茂二〇一一）。すなわち、ハイデガーが論じる神は、人間の通常の認識や言語では捉えられないものですが、前述したように、むしろその捉えられなさという否定性それ自体が、神との出会いや、将来における来るべき神の到来を保証しうる条件になっているのです。

ハイデガー哲学の否定神学的な傾向は、一九五〇年代以降の詩論においてより洗練された形態をとって反復されます。一九五二年一〇月四日の講演をもとにした「詩における言葉――ゲオルク・トラークルの詩の論究」では、トラークルの詩を題材にしながら、偉大な詩人がつくりあげる個々の詩は、そのすべてが唯一の「語られぬまま」の詩、すなわち不在の詩の場所から由来していると主張されています。ある偉大な詩人がつくりあげたすべての詩は、常にその不在の詩のことを歌っているというのです。さらに、詩人の偉大さは「詩人の心がこの唯一のものにどの程度まで吐露されており、それによって詩人がその詩の言葉をこの唯一のものの中でどれ程純粋に保ちうるに至っているかということから」測られると主張されます（ハイデガー　一九九六、三六頁）。たしかに、ある作家を読んでいくと、その作家が「何か」を集中的に書こうとしているけれども、その「何か」自体は、絶対に書かれていない、と感じることがあります。ハイデガーが論じているのは、そのような構造のことです。この考え方にも、(神の) 不在の近くに留まりながら、その不在に忠実であることから詩作が行われるという否定神学的な構造が維持されていることは明らかです。

さらに、一九五八年の講演「語《ことば》」では、ふたたびヘルダーリンの詩「パンと葡萄酒」が参照され、「かつて神々が立ち現れた場所は、かつてはそこに語があったのに、いまでは拒絶された語である」と述べられています。すなわち、近代以前（おそらくは古代ギリシア）の時代には、語を語ることそれ自体のうちに神が立ち現れていたけれども、近代以降には神と関係する語は直接的に現前することはなくなった、というのです。そのことを確認した上で、ハイデガーはシュテファン・ゲオルゲ（一八六八―一九三三年）の詩「語」を論じ、その詩にみられる「語の欠けるところ　ものあるべくもなし」という一節を解釈していきます。ハイデガーによれば、ゲオルゲはこの一節において、語が欠けてしまったことを単に嘆いているのではありません。そうではなく、語が欠けた場所において、「語るという行為（Sagen）が転換し、語りえない言い伝え（unsäglichen Sage）がほとんど隠されたままざわめく歌のように反響するようになる」と述べているのです（同書、二八四頁）。ここでもやはり、語の欠落という否定性は、詩人を語と無関係にするのではなく、むしろその欠落した語を暗示する言葉に向かわせると考えられており、否定神学的な構造をみてとれます。私たちは、このようなハイデガーの詩論を、「詩の否定神学」と呼びたいと思います。

さて、このような否定神学的な構造は、やはり統合失調症の発病時にみられる現象とよく似ています。統合失調症は、進学、結婚、出産、就職、昇進といったライフイベントの際にしばしば発病することが知られています。発病直後には、ほとんどのケースで幻聴が生じるのですが、単にでたらめな内容の声が聞こえてくるわけではありません。多くの幻聴は、「何か」を暗示するような言葉を伝えるようにして現れるのです。統合失調症者は、自分に聞こえてくるようになった声が、一定の輪郭におさまるような「何か」をほのめかしていることに気づきます。しかし、その「何か」が一体何であるのかは一向にわかりません。あくまでも、その「何か」の周囲にあるものしか伝えられてこないのです（もっとも、統合失調症者は、のちにその「何か」が何であるのかを自分で理解するようになりますが、その際にはしばしば「ＦＢＩに狙われている」などといった妄想の形をとることになります）。

このように、統合失調症の発病直後のヘルダーリンの詩作を参照しつつなされたハイデガーの思索は、やはり統合失調症的な特徴をもっていると考えることができるのです。

妄想するハイデガー、踏みとどまるヤスパース

前節でみたように、ヘルダーリンの詩作の影響を大いに受けたハイデガーの思索は、統合失調症にも通じる否定神学的な構造をもっています。否定神学的な構造とは、その中心に「不在（の神）」（あるいは「隠れたる神」）を置き、その「不在」のまわりにある痕跡を名づけながら、将来において「到来（する神）」を待ち望むものです。しかし、ハイデガーは実際には、このような「不在（の神）」に忠実な態度を貫徹することができず、むしろきわめて拙速な形で、かつて「現前（した神）」を実在化させようとしたとも考えられます。

ハイデガーは、一九三三年の学長就任演説「ドイツ的大学の自己主張」において、民族共同体に献身的に奉仕し、その国家を守るために奉仕して、ドイツ民族の精神に対する知的奉仕を行うことが全ドイツ学生の責務であると主張しています。つまり彼は、ドイツ民族が共同体的真理に目覚めることを重視し、大学を民族への奉仕のための場所として位置づけたのです。さらに彼は、「ハイル・ヒト

ラー！」で締めくくられる演説を行ったことさえあります。彼が最初にとりあげたヘルダーリンの詩は「ゲルマニーエン」、すなわち「ゲルマン人の国」を意味する詩でしたが、ハイデガーにとってその言葉は、「不在（の神）」を補うために回帰すべきイデオロギーとして用いられるようになったのです。つまり、我らがドイツ民族こそ、かつてあった優秀なアーリア人の血を純粋に引き継いでおり、また引き継ぐべきだと考えるようになったのです。ここから妄想的なゲルマン民族至上主義までは、あと一歩です。実際、ハイデガーは一時期ナチスに協力していたことがありますし、反ユダヤ主義的な言説をたくさん残しています（最近、そのような言説を含む断章集が『黒ノート（*Schwarze Hefte*）』として刊行されました）。

「不在（の神）」に対するハイデガーの態度は、ヤスパースのそれと比べてみると、より明瞭になります。ナチスに協力したハイデガーとは対照的に、ヤスパースは配偶者がユダヤ人だったことやナチスに抵抗したことなどから勤務する大学を追われた人物です。そのヤスパースは、主著『形而上学（哲学Ⅲ）』のなかで、やはり否定神学的な議論を行っています。彼によれば、神は本質的に隠れた存在であり、「暗号」を通して初めて示されます。これも、統合失調症的な含みを読み取ることができるメタファーです。ハイデガーの場合は、「合図」が神から送られてきましたが、ヤスパースの場合は、「暗号」すなわち意味のわからない言葉が神から送られてくるのです。

しかし、ヤスパースが強調するのは、隠れたる神に性急に近づいてはいけない、ということです。というのも、性急に近づこうとすれば、ハイデガーのように民族共同体を隠れたる神の代理物とみなしてしまうことになるからです。ヤスパースは、「哲学的実存は、隠れたる神に決して直接に近づかないことに耐える。ただ暗号文字だけが、私がそれに対して用意している時に語るのである」と述べています（ヤスパース 一九六九、一七二頁）。隠れたる神の回帰への熱狂を避け、神が隠れているという事態そのものに耐えることが必要だというのです。これこそが、真にヘルダーリン的な態度であると私は思います。反対に、加藤敏が指摘するように、ハイデガーは、ヘルダーリンが統合失調症のなかで開示した不在の神（隠れたる神）という事実に留まることができず、その不在を民族主義的・人種差別的な妄想によって塞いだのではないでしょうか（加藤 二〇一〇、八三頁）。ヤスパースの議論は、そのような妄想の手前に、すなわち確たるものの不在に踏みとどまるという倫理を私たちに教えています。

ハイデガーの「創造と狂気」論の特徴

最後に、ハイデガーの哲学における「創造と狂気」論の特徴を要約しておきましょう。

第一に、ハイデガーにとって、芸術（創造）の価値は「視点の移動」にあります。彼が用いた「移動＝逸脱（Verrückung）」という言葉は「狂気（Verrücktheit）」につながるものであり、特にヘルダーリンをはじめとする統合失調症圏の傑出人がこのような視点の移動を行うことができると考えられていました。

第二に、ハイデガーはこのような狂気の傑出人の芸術（創造）のなかに、つねに否定神学的な構造を見出しています。ある創造の中心には、言葉では言い表すことのできない「不在」があり、その周辺の「痕跡」を名づけることや、その「不在」に忠実でありつつ詩作を行うことが重要だとされます。

第三に、ハイデガーは、狂気の傑出人を現代において忘却されている〈存在〉を示すことができる稀有の人物として考えています。このような考えは、ヤスパースにも共有されていたものであり、彼は狂気（統合失調症）の人物によってはじめて、「形而上学的な深淵」が開示されると述べています。

このような一連の考えは、ハイデガーにおける独特の「真理」の概念とも無関係ではありません。よく知られているように、古典的な考えでは、真理とは「事物と知性の一致（adaequatio rei et intellectus）」だとみなされていました。絵画でたとえるなら、写真のように事物を真に（正確に）写し取っている絵画こそが、真理をあらわす絵画であると考えられていたのです。ところが、ハイデガーは、真理とは、「隠れなさ＝非覆蔵性（Unverborgenheit）」なのだと主張します。つまり、覆いを取られて〈存在〉があらわになることこそが真理なのだ、というのです（ゴッホの靴の絵画を思い出してください）。このような真理概念は、ヘルダーリンの統合失調症を範例とする「狂気（Verrücktheit）」が「移動＝逸脱（Verrückung）」を行うことによって、〈存在〉を露出させるというプロセスの特権性を裏打ちしています。

次章以降で詳しく述べるように、「創造と狂気」をめぐるハイデガーのこのような考え方は、二〇世紀の思考を決定的に規定することになりました。だとすれば、現代における「創造と狂気」を考えるためには、統合失調症的ではなく、否定神学的でもないような狂気、「形而上学的な深淵」に依拠せず、「隠れなさ」とも無関係の真理と関わるような狂気が存在するのかどうかを問わなければならないでしょう。その作業は、第1章で述べたように、統合失調症と創造の関係がほとんどみえなくなってしまったこの時代において、あらためて「創造と狂気」の関係を問うことを可能にするはずです。

第10章

ラカン

「詩の否定神学」の構造論化

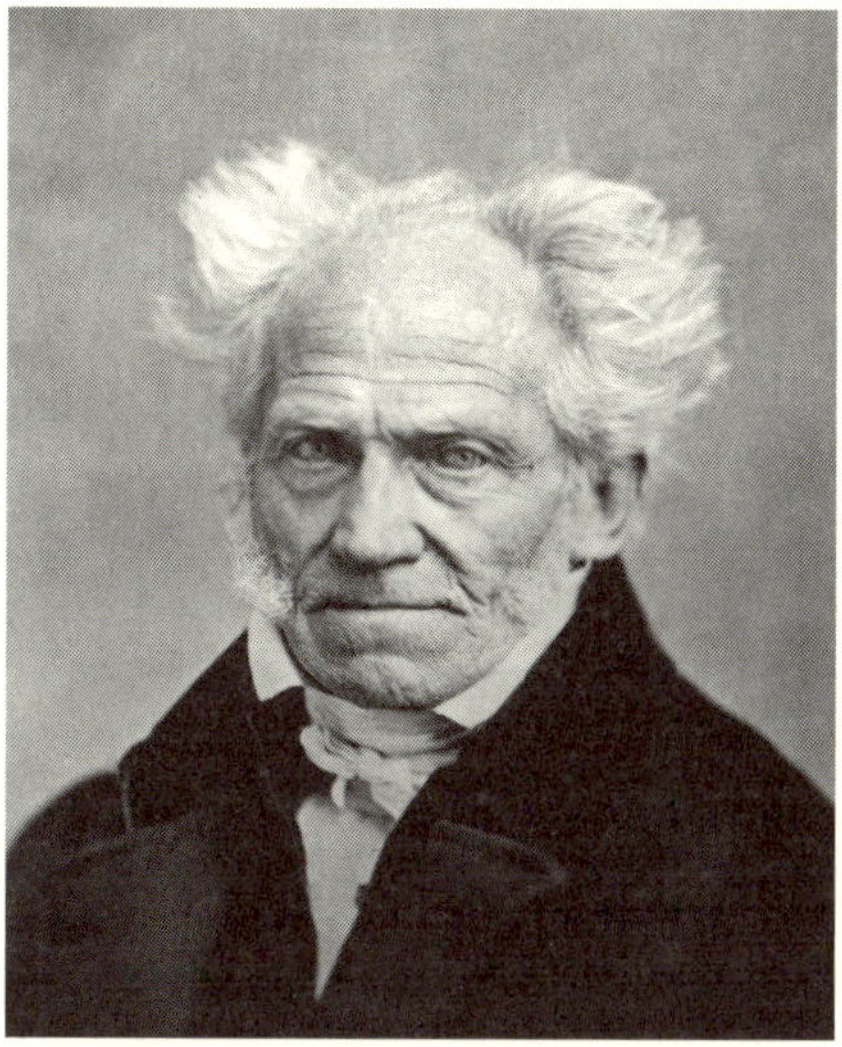

ショーペンハウアー

フランスに輸入されるハイデガー

前章ではハイデガーの議論を扱いました。ハイデガーは、狂気の詩人ヘルダーリンの詩作をもとに思索を行い、その結果、統合失調症の精神病理学に肉薄する哲学を作り上げた人物です。そのせいか、彼の哲学は、精神病理学の世界のなかできわめて重要な発想の源泉になっており、たとえば第8章でとりあげたビンスワンガーはハイデガーの哲学をもとにして現存在分析（Daseinanalyse）という理論を作りあげています。もっとも、ハイデガー自身が統合失調症だったわけではありません。実際には彼は躁うつ病を患っており、やはり精神病理学者であるヴィクトル・エーミール・フォン・ゲープザッテル（一八八三―一九七六年）の治療を受けていたことが知られています（迎 二〇一六）。

私たちは、「創造と狂気」をめぐるハイデガーの議論を「詩の否定神学」と要約しました。「否定神学」とはもともと神学における議論のひとつですが、より一般化すれば、「ある構造において、中心にあるべきものが欠如しているが、それが欠如しているがゆえにその構造はより強力に機能する」という考えとみなすことができます。たとえば、ヘルダーリンの詩においては「神の不在」が歌われますが、しかしその不在は、将来における神の到来を予告するとされています。あるいは、ある詩人（ないし芸術家）がつくる作品が、常にひとつの「何か」と関係をもっていることが明らかであるにもかかわらず、その「何か」それ自体は決して書かれない。むしろ、その書かれえない「何か」にいかに忠実であるかが、その詩人（ないし芸術家）が優れているかどうかを決定する、とハイデガーは考えました。これらの論理は、あきらかに否定神学的な構造をもっています。

さて、このようなハイデガーの議論は、第二次世界大戦後のいわゆる「フランス現代思想」に大いに輸入されました。たとえば、モーリス・ブランショ（一九〇七―二〇〇三年）の『文学空間』（一九五五年）は、「すべてが消えたとき、「すべてが消えた」が現れる」という否定神学的なロジックによって駆動された文学論であり、その背景にヘルダーリンとハイデガーの影響を感じ取らずにいることはできません。また、次章以降で扱うように、初期のフーコーの著作にもヘルダーリン、ハイデガー、ブランショからこの種の否定神学的な議論を輸入した形跡がみられます。[1]

本章では、それらの議論にわけいっていく前に、戦後のフランスにおいて否定神学的な議論を統合失調症（精神病）と関連づけ、現代思想のシーンを決定づけた人物であるジャック・ラカン（一九〇一―八一年）をとりあげます。彼の議論のなかから、特に「創造と狂気」にかかわるものを検討しつつ、そこにみられる否定神学的な構造を明らかにしていきましょう。

ラカンと病跡学

ジャック＝マリー＝エミール・ラカンは、一九〇一年にパリに生まれ、パリ大学医学部を卒業したあと、サンタンヌ病院のアンリ・クロードやパリ警視庁精神障害者特別医務院医長ガエタン・ガティアン・ドゥ・クレランボー（一八七二―一九三四年）に師事し、一九三二年に博士論文『人格との関係からみたパラノイア性精神病』を提出して医学博士になります。その後、同年六月からルドルフ・レーヴェンシュタイン（一八九八―一九七六年）による教育分析を開始し、一九三八年には精神分析家として個人開業しました。

ラカンは、一九五一年から「セミネール」の名で知られる毎週の講義を開始しています。セミネールでは、当初は主にフロイトのテクストの綿密な読解が行われていましたが、ラカンはそのなかで同時代の構造主義――特に、クロード・レヴィ＝ストロース（一九〇八―二〇〇九年）の議論――や、当時急ピッチでフランスに輸入されつつあったハイデガーの議論を参照しながら、構造主義的かつ存在論的な仕方でフロイトを再解釈していくようになります。彼の議論は、その多くが精神分析の臨床に関するものでしたが、ときには社会（政治）や芸術を論じるときもありました。フロイトもまた集団（社会）論や芸術論を数多く書いており、精神分析にとってそれらの領域は切っても切れない関係にあったと考えられます。

もちろん、ラカンも「創造と狂気」に関わる事柄を何度か論じたことがあります。ラカンは、特に精神病論のなかで創造の問題を論じました。代表的なものとしては、すでに第1章でとりあげた症例エメを扱う一九三〇年代の議論、症例シュレーバーを扱う一九五〇年代の議論、作家ジェイムズ・ジョイス（一八八二―一九四一年）をめぐる一九七〇年代の議論をあげられるでしょう。この三人はそれぞれ精神病圏の人物であり、いずれも文学的創造を行っていたことが知られています。

症例エメについては、第1章で紹介しましたので、説明を繰り返すのは控えておきます。そのかわり、当時のラカンが「創造と狂気」の関係をどのように考えていたのかをみることから始めてみましょう。

精神分析に奉仕するシュルレアリスム

ラカンが「創造と狂気」の関係に興味をもったのは、スペイン出身の画家であり、シュルレアリスムを代表する人物であるサルバドール・ダリ（一九〇四―八九年）からの影響が大きかったと考えられます。というのも、ラカンがはじめて「創造と狂気」の関係を論じた学位論文には、ダリからの重大な影響がみてとれるからです。

ダリは、一九三〇年ごろから、精神病の一種である「パラノイア」をシュルレアリスム的絵画の賭金とし、「シュルレアリスム的な新しいイメージの誕生を風紀紊乱のイメージの誕生とみなすべきである」と主張していました（ダリ 二〇一一、一七二頁）。どういうことでしょうか。パラノイア患者は、たとえばある新聞広告をみて、そこに自分に対する「あてこすり」を見出してしまうことがあります。その広告に書かれている現実の内容が理解できないからではありません。パラノイア患者は、広告に書かれてある内容を正確に読み取っているのですが、そこに同時に妄想的な意味も読み取ってしまうのです。

現実を妄想的な解釈によって二重化し、既存の秩序をひっくり返してしまうこのようなパラノイア患者のあり方を、ダリはシュルレアリスムの野心と重ねあわせました。一九三一年にダリが制作した《記憶の固執》という絵画について考えてみましょう。この絵画では、時計が木の枝や崖の端にぐにゃりと曲がった状態で配置されています。木の枝のところに配置されている時計は、時計でありながら、まるで風に吹かれて飛んできたタオルかTシャツのように木の枝にひっかかっているように見えます。つまり、この時計は、時計でありながら別のオブジェでもある、ということです。このような表現を、ダリはパラノイア患者の妄想と同じものとみなしました。ダリは、一九三〇年七月の論文「腐ったロバ」のなかで、自身の技法である「パラノイア・クリティック」を定式化し、パラノイア的技法によって描かれた絵画においては、「あるオブジェの表現＝表象は、どんな図像的あるいは解剖学的修正もないままに、同時にまったく異なる別なオブジェの表現＝表象でもあり、この再現もまた、何かしらの調整を秘めていそうないかなるタイプの変形も異常さもないのだ」と論じています（同書、一七六頁）。少々難しい文章ですが、《記憶の固執》の時計のことを考えればその意味するところはさほど難しくないはずです。

注意してもらいたいのは、ダリのパラノイア・クリティックは、「時計」をタオルやTシャツの代理物ないし象徴とみなす考え方とは異なる、という点です。ダリの技法においては、新聞広告をみたパラノイア患者が広告の内容を読み取ると同時にそこに妄想的な意味を読み取るのと同じように、あるAというオブジェが同時に別のBというオブジェでもある、という点が重要です。それは、たとえば「仮面」を描くことによって「欺瞞」を代理的に表現するような象徴的な表現手法とは異なっているのです。

ところで、「仮面」によって「欺瞞」を代理的に表現するような技法は、精神分析を発明したフロイトが注目していたものでした。彼は、夢や症状には、たとえば「靴」が象徴的な関係を媒介として「女性器」を代理的に表現するように、象徴的な表現がもちいられている場合があることを発見しました。たとえば、性交渉に関する葛藤をもっている男性が「靴を履けない」という症状を呈する場合などが考えられます。このような象徴的な表現の場合、その「靴」は「靴」でありながらすでに「靴」ではなく、「女性器」になってしまっています。フロイトは、神経症では何かで何かを代理する象徴的な表現がみられると考え、反対に、パラノイアなどの精神病ではそのような象徴的な表現がみられないことに注目していました。ダリは、アンドレ・ブルトン（一八九六―一九六六年）らのシュルレアリスト・グループからの影響もあり、一九二〇年代にはスペイン語やフランス語に翻訳されはじめていたフロイトの著作に親しんでいたようです。フロイトの（神経症論ではなく）精神病論を絵画に応用することで、パラノイア・クリティックを発想したと考えてもよいでしょう。[2]

さて、当時、学位論文の構想を練っていた若きラカンは、前述のダリの論文「腐ったロバ」を読むと、すぐさま彼に電話で面会を申し込んでいます。ラカンは、友人であったブルトンの仲介でダリを訪ねました。彼は、わざとらしく鼻に大きな絆創膏を貼って現れたダリとの話に耳を傾け、意見を交換しあったそうです。そして、一九三一年七月、ラカンは学位論文のプロトタイプとなる小論文「パラノイア精神病の構造」に次のように書きつけます。

〔パラノイア患者にみられる妄想的〕解釈は、準‐直観的・準‐強迫的な一次的な所与の連続からなるものであり、それらの所与は元来いかなる理性的組織化や、選別や寄せ集めによっても秩序づけられていない。それはまさに、よくいわれるように、「脊椎動物ではなく、環形動物」なのだ。(Lacan 1931, p. 440)

この論文には、ダリの名前は一切出てきません。しかし、「直観的」でかつ「強迫的」な様々なオブジェの連続的な配置、そしてそれらが一本の「脊椎」によって秩序づけられたような意味の総体としてではなく、むしろミミズやヒルなどの「環形動物」のようにぐにゃりとした柔らかさをもつオブジェの連続として現れるというヴィジョンは、まるでダリの《記憶の固執》のような作品を論評しているかのようです。[3]

ラカンがダリから受けた影響をよりはっきりみてとれるのが、翌一九三二年に提出された学位論文『人格との関係からみたパラノイア性精神病』です。ここでラカンは、先行する世代の精神科医であるポール・セリュー（一八六四―一九四七年）とジョセフ・カプグラ（一八七三―一九五〇年）を批判しています。この二人は、一九〇九年の著書『理性的狂気（*Les folies raisonnantes*）』において、パラノイア患者のもちいる解釈は、何らかの体質を基盤として、正常な知覚に対して二次的に下されたものだと考えていました。つまり、パラノイア患者が新聞広告のなかに妄想的意味を見出すのは、まず新聞広告の内容が正常に知覚され、そのあとで偏った病的体質によって知覚が歪められた形で解釈されるためだと考えたのです。それに対してラカンは、パラノイアにおける解釈は一次的なものであり、知覚が知覚として成立するまさにその瞬間に異常な解釈が立ち現れていると考えました。つまり、パラノイアにおける解釈は、何かしらの知覚のあとで下されるのではなく、知覚と同時的に生じるのであり、その意味で解釈は幻覚にも似た「知覚の一次障害」である、と主張したのです（ラカン一九八七a、二一三頁）。

ダリの絵画は、しばしば「これは何を意味しているのか？」という問いや、その答えが見当たらないことからくる困惑を引き起こします。しかし、そのような問いや困惑は、彼の絵画が何かを代理的に表現したものだという暗黙の前提を私たちがもってしまっているからこそ生じるのです。絵画のなかに描かれたオブジェについて「これは何を意味しているのか？」と問うことは、そのオブジェに別の意味を付け加えようとすることであり、その意味で二次的なものにほかなりません。他方、ダリとラカンが芸術的／臨床的パラノイアにおいて重視したのは、何かが何かとして立ち現れる瞬間に出遅れることなくあらわれる世界の上書きであり、それは「知覚の一次障害」ないし「一次的な解釈」としか呼べないようなパラノイア的現象でした。ダリの絵画に描かれたオブジェがいっけん解釈不可能なのは、逆説的にも、それらのオブジェが解釈そのものだからなのです。

ダリがジャン゠フランソワ・ミレー（一八一四―七五年）の絵画《晩鐘》（一八五七―五九年）を解釈した一九三八年の『ミレー《晩鐘》の悲劇的神話』は、まさにこの意味でのパラノイア的解釈を基盤とするものでした。彼は、「一九三二年六月、近い過去のいかなる記憶とも無関係に、また直接に説明を与えうるいかなる意識的な連想も伴わずに、ミレーの《晩鐘》のイメージが突然私の精神のなかに立ち現れた」と述べています（ダリ 二〇〇三、二五頁）。通常、《晩鐘》は一日の終わりに感謝を捧げる農民夫婦を描いたものと考えられていますが、ダリの精神には、パラノイア患者に妄想的な解釈が啓示のように出現するのと同じように、《晩鐘》それ自体に重ね書きされたパラノイア的イメージが立ち現れたのです。そのイメージは、息子の死を中心とする膨大なイメージでした。ダリは、この啓示をもとに、さらに二次的な解釈を加えていきます。曰く、左側の男性は女性の夫ではなく息子であり、二人は近親相姦によって誕生した子どもを埋葬したところである。女性（母）のポーズはセックスのあとに雄を貪《むさぼ》り食らう雌カマキリを暗喩しており、男性（息子）は残酷な母にエロティックに惹きつけられながらも、自らの死を予感しているのだ……。ほとんど「妄想」といってよいこのような解釈を確証するために、ダリは《晩鐘》のX線検査までおこなって、実際に女性の足元のジャガイモ袋の下に棺桶らしき平行六面体をみつけています。ダリのミレー論は、形式的にはフロイトのダ・ヴィンチ論に触発されたところが大きかった

ジャン＝フランソワ・ミレー《晩鐘》

と思われますが、パラノイア・クリティックという武器を手にし、ラカンという随伴者を得たダリが神経症的なフロイトの解釈を超えた精神病的な解釈を手にできたことを示すひとつのモニュメンタルな作品なのです。

こうして、ラカンとダリの出会いは、ラカンが「創造と狂気」の関係に注目することを可能にし、ダリに臨床的な力強い後ろ盾を与えました。ダリは、一九三三年の論文で、ラカンの学位論文を自らのパラノイア・クリティックを臨床的に裏づけてくれるものとして賞賛していますし、批評家にけなされたときもラカンを援用して反論を行っています（ダリ 二〇一一、二四五―二四六頁）。

思考の空白に吹き込みが起こる

ラカンにおける他の「創造と狂気」論をより詳しく検討するために、少し寄り道をしておきましょう。

ドイツの哲学者アルトゥール・ショーペンハウアー（一七八八―一八六〇年）は、『意志と表象としての世界』（一八一九年）の第三巻「表象としての世界の第二考察」において、芸術について検討しています。彼にとって、芸術は天才によって行われるイデア認識の方法のひとつでしたが、彼はそれを狂気とも関連づけています。実際にショーペンハウアーの一節をみてみましょう。

〔…〕狂人の病気はとくに記憶に関わっているようにわたしには思える。〔…〕彼らに記憶が欠けているのではなく、むしろ記憶の糸がちりぢりに切れて、その継続的なつながりがなくなってしまい、過去に向かって均等につながっていく回想が不可能になっているのである。過去の個々の場面は、個々の現在と同じように、正しく現に存在している。しかし狂人の回想にはすきまがある。このすきまを彼らはフィクションをもって満たすのである。〔…〕

上述のとおり狂人は個々の現在のことや、また過去のことでも個々には、いくらかは正しく認識するのだが、ただその連関、相互関係を誤認するので、判断を誤ったり、支離滅裂なしゃべり方をしたりするのである。ほかでもない、この点こそ、狂人と天才人とが触れ合う一点なのである。なぜなら天才人もまた、根拠の原理に従った相互関係の認識を見捨てて、事物のなかにひたすらイデアだけを見、イデアだけを求め、直観的に表現されている事物の本来の本質をとらえようとするあまり〔…〕事物の連関の認識をないがしろにしてしまうからである。（ショーペンハウアー 二〇〇四、(2)五五―六〇頁）

世間ではしばしば「天才と狂気は紙一重」といわれますが、ショーペンハウアーは、記憶を弛緩させてバラバラにするという特徴が天才と狂気の両方に関係していると言っています。そして、狂気の人物がバラバラになった記憶のあいだの繋がりをフィクション（妄想）で埋めてしまうのとよく似たメカニズムが、天才のイデア認識にもみられると述べられています。

このショーペンハウアーの議論については、やはりシュルレアリスムの画家であるジョルジョ・デ・キリコ（一八八八―一九七八年）が注目していた形跡があります。キリコは、天才的な作品は驚きの感覚によって生み出されるのであり、それは驚きが人間の論理の糸を失わせること、すなわち論理的につながっている記憶がバラバラになることによる、と主張しています。

驚き、そして、天才的な作品を着想させるあの不安な驚愕の感覚は、人生の、いやむしろ普遍的な生の論理的な律動が、われわれにとっては一瞬停止することに因るのではないかとわたしには思われる。〔…〕われわれの感覚とあらゆる脳の機能が、驚きのショックで、人間の論理、子どもの時から慣れ親しんできたあの論理の糸を失い、あるいは別の言葉を使えば、「忘れてしまう」、つまり、記憶を失い、それらを取り巻く生がストップし、そして、宇宙の生命の律動が停止した中、われわれが目にする絵は、やはり物質的には形を変えることなく、幽霊のような見え方でわれわれの目に映るのである。（市川 二〇〇四、七二頁）

前述のようにシュルレアリストたちのグループとも交流をもっていたラカンは、このような議論に通じていたのかもしれません。実際、一九三一年の共著論文「〈吹き込まれた〉手記（Écrits « inspirés »）」では、これとよく似た議論がなされています。この論文では、三四歳の小学校の女性教師マルセル・Cという精神病（パラノイア）の症例が検討されており、ラカンらは次のように述べています。

要するに、吹き込まれたと感じられるこの手記は、スピリチュアルな意味で、まったく吹き込まれてはいない。思考が不十分で貧困である場合に、自動現象がそれを補うのである。それが外的なものと感じられるのは、思考の欠損を補うからである。（ラカン 二〇一一、九〇―九一頁）

この患者は、プラトンの詩人狂人説のように、自分に「吹き込まれた（inspiré）」言葉が高い水準の真理をあらわすものだと確信しています。ところが、ラカンらはそのようには考えません。むしろ、患者の思考に何らかの欠陥があり、思考が不十分であるために、その欠陥を補うかのように言葉が到来するのだ、と彼らは述べています。さきほどのショーペンハウアーやキリコの考えと同じように、記憶の糸がバラバラになっているときにこそ、そのバラバラさを補うように作動する自動現象によって頭のなかに異様な観念がわき、それらの観念が「神から到来した」ものだと感じられる、というのです。

では、その自動現象は、いったいどんな観念をもたらすのでしょうか。ラカンは学位論文で、次のように、妄想のなかには、社会や家族関係と関連する事柄が直接的に現れると述べています。

> 妄想は、とりわけ社会的性質をもつ諸関係に関連して現れることがわかる。たとえば、家族や同僚や隣人との関連である。新聞を読むことは似たような意味合いをもつ〔…〕。〔…〕解釈妄想は踊り場や往来や広場の妄想である。（ラカン 一九八七a、二二六頁）

この考えは、次節以下で扱う〈父の名〉という考え方とも関連しており、きわめて重要なものです。

「詩の否定神学」の構造論化

ここまでみてきたように、一九三〇年代のラカンは、精神病では、代理的な表現（象徴的表現）ではない無媒介的（直接的）な呈示があらわれ、それは特に思考が不十分である（思考がバラバラになっている）場合にあたかも「神から到来した」かのようにあらわれる、と考えていました。

一九五〇年代になると、ラカンは、構造主義的な観点から、神経症（ヒステリーや強迫神経症）と精神病（パラノイアや統合失調症）は、異なる構造をもっていると考えるようになります。

ラカンは、人間には「象徴界（le symbolique）」と呼ばれる言葉の秩序があり、その秩序においては様々な言葉（これを「シニフィアン」と呼びます）が相互にネットワークをつくっていると考えます。あるシニフィアンの意味は——辞書を引いてその言葉の意味が分かるのと同じように——他のシニフィアンとの関係のなかで決定されますが、そのような関係の総体がひとつのネットワークを形成していると考えるのです。しかし、シニフィアンが単に相互に繋がっているだけでは、そのネットワークそれ自体はどこにも繋ぎ止められていないことになり、シニフィアンの意味は全体としてきわめて不安定なものになってしまいます。そこでラカンは、このシニフィアンのネットワークにはひとつの中心となるシニフィアンがあり、それが他のすべてのシニフィアンのネットワークの総体を固定していると考えました。この中心的なシニフィアンのことを、ラカンは「〈父の名〉（le Nom-du-Père）」と呼びました（Lacan 1966, p. 578）。

神経症の人々——一般に「正常」と呼ばれている人々もそこに含まれます——のこころの構造においては、シニフィアンはお互いに結びついており、さらに〈父の名〉のシニフィアンがそれらを繋ぎ止めて固定しています。この〈父の名〉のシニフィアンは、いつも参照されるわけではありません。しかし、人生の重大な局面では、しばしばこのシニフィアンを参照しなければならなくなります。たとえば、男性が結婚して夫になるときや、子どもをもつようになるときなどは、「父である」ことを引き受けなければなりません（というのも、母親にとって、自分がある子どもの母であることは絶対に確実であるのに対して、父親にとっては、自分がある子どもの父であることは、「引き受け」の水準にあるからです）。そして、この引き受けを行う前と後では、ほとんど何も変化していないにもかかわらず、まさに「人生のステージを一段のぼる」とでも表現できるような変化が生じるのです。同じことは、進学や就職や昇進にもあてはまるでしょう。高校三年生の三月三一日と大学一年生の四月一日を比べた場合、身体能力や知的能力にはほとんど変化はないはずですが、それでも進学すること、「大学生」という象徴的な位置につくことには格別の重みをもつ「引き受け」が要求されるのです。

統合失調症の発病は、結婚、出産、進学、就職、昇進といったライフイベントの際によく観察されることが知られています。ラカンによれば、それは精神病の人々のこころの構造では、中心にあるはずの〈父の名〉のシニフィアンが欠如しており、象徴界の真ん中にひとつの穴があいている――このことを、ラカンは〈父の名〉の「排除（forclusion）」と呼んでいます（ラカン 一九八七b、㊦二八五頁）――にもかかわらず、こういったライフイベントの際には〈父の名〉を参照することが要求されるからだと考えられます。

これは何重かの含意のある理論です。私たちはすでにヘルダーリンの精神病をみてきましたが、ヘルダーリンは、その生活史においては父が不在でしたし、彼が生きた時代はまさに隣国のフランスで王の首が切られんとする時代でした。そのような状況のなかで、ヘルダーリンは自分自身が父（たるシラー）のようになろうとする「思い上がり」のなかで統合失調症を発病しています。さらに、彼は発病前後の詩作のなかで、何度も「神の不在」を歌うことになりました。だとすれば、父＝王＝神という三位一体――いうまでもなく、これら三つはいずれも他のメンバーである家族＝臣民＝人間に対して外在的な第三項である、という共通の特徴をもっています――が総じて不在になっていることが、ヘルダーリンの発病の論理と創造の論理をともに支配する構造なのではないかと考えられるのです。

さて、精神病の発病がいかにして生じるのかを、ラカンに従って説明していきましょう。前述したとおり、精神病の構造をもつ人々は、象徴界の中心に穴があいています。しかし、それだけでは発病は生じません。というのも、幼少期や思春期の前半には、その穴、すなわち〈父の名〉の排除は、まだ気づかれていないからです。もっとも、発病前の時期にも、世界に対する関係や感情面における微細な異常はみられますが、精神病の構造をもつ人々は、多くの場合、「想像的杖」となる他者（多くの場合、同性の友人や兄弟姉妹）の行動や発言を模倣することによって、みかけ上は良好な適応を成し遂げることに成功しています。このようなあり方は、精神分析では「かのようなパーソナリティ（as if personality）」と呼ばれます（同書、㊦六〇頁）。

ところが、さきほど述べた結婚、出産、進学、就職、昇進のように、「人生のステージを一段のぼる」際には、どうしても〈父の名〉を参照することが必要になります。すると、それまでは漠然と「あそこにあるのだろう」と思っていた〈父の名〉が、いざそれを参照する段になって、実は最初から存在していなかったことが明らかになります。すると、これまで仮固定のような形でネットワークを形成していた諸々のシニフィアンがバラバラになってしまいます。これが精神病の発病である、とラカンはいいます（同書、㊦一六〇頁）。

シニフィアンのざわめき

そのとき、何が起こるのでしょうか。まず、象徴界の中心に穴があることが、はっきり意識されるようになります。その穴の周囲にあるシニフィアンは、どこにも繋ぎ止められず、バラバラになっています。多くの場合、それらのバラバラになったシニフィアンは、幻聴となって現れます。実際、統合失調症の発病時には、婚姻関係や男女関係を暗示するような幻聴、あるいは世界の秩序や支配をほのめかすような幻聴がしばしば生じるのですが、このような体験は、本来なら〈父の名〉があるべきだった場所の周囲にあるシニフィアンたちが、存在しない〈父の名〉のありかを示すようにざわめくために生じるのだといってよいでしょう（ラカン 一九八七b、㊦二一八頁）。

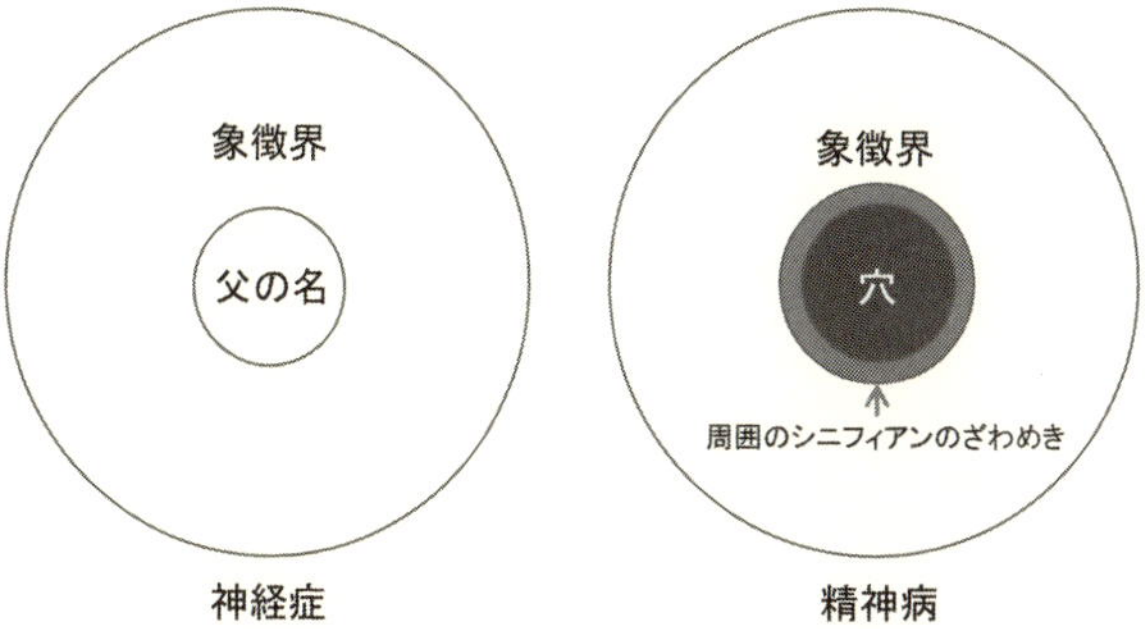

精神病における穴の周囲のシニフィアンのざわめき

このような一連の発病の経過は、まさにヘルダーリンが辿ったものにほかなりません。まず、ヘルダーリンは幼少期から父が不在でした。そして、彼は青年期にしばしば世界への違和感をもっていましたが、そのような彼を支える想像的杖となったのは同級生のヘーゲルでした。正常な理性の機能を自分の代わりに担保してくれるようなヘーゲルが横にいることによって、ヘルダーリンはしばらくのあいだ狂気に陥らずにすんでいたのです。ところがヘルダーリンは、シラーという父のイメージをまとう人物と出会うことによって、新雑誌創刊という、まさに自分が〈父〉になろうとする決定的な行為に踏み出し、その必然的な挫折から統合失調症を発病したのです。また、彼の詩作のなかで繰り返されたのが、不在の神の痕跡に名前を与えることであったことも、存在しない〈父の名〉の周囲にあるシニフィアンのざわめき、という観点から理解できます。
このように、ラカンの精神病論、特に〈父の名〉の排除という概念には、ハイデガーの詩の否定神学との類似点が数多くみられます。それは、ラカンがハイデガーから影響を受けていたからかもしれませんし、ハイデガーとラカンがともに統合失調症の人物に触発されつつ自分の理論をつくりあげたからかもしれません（おそらくは、両方でしょう）。いずれにせよ、ラカンの精神病論は詩の否定神学を構造論化したものに相当する、と考えることができるのです。実際、ラカンは一九五九年に次のように述べています。

語のシステムを相対的距離や次元という形で支えているひとつの項が拒絶される〔＝父の名が排除される〕場合にのみ、精神病者の心理の発展が観察されます。つまり、その場合には何かが欠けており、補塡やシニフィアン化〔＝言葉を紡ぐこと〕という精神病者の真の努力はその欠けたものへと絶望的なまでに向けられます。おそらく我々はこの話題に戻らざるをえなくなりますから、期待していてください。その時に、ラプランシュがある詩人の体験について行った注目すべき指摘に触れましょう。その詩人とは、欠けたものを提示し、暴露し、とりわけ明快に感知できるようにした人物、ヘルダーリンです。（ラカン 二〇〇二、(上)九七―九八頁）

ヘルダーリンは、排除された〈父の名〉――それは、彼にとっては、不在だった父であり、不在になった神に相当します――に対して、まさに絶望的な努力を行い、その穴の近くに踏みとどまろうとしました。そして、穴の周囲の縁にあるシニフィアン、すなわち過ぎ去ってしまった神の痕跡に名前を与えて言葉にすることを自分の詩人としての使命とみなしました。そのようにして、語りえないものをどうにかして語ろうとする試みこそ、ヘルダーリンの詩作だった、とラカンは言っているのです。

右の引用にも示唆されているように、ヘルダーリンにおける「創造と狂気」の問題とラカンの精神病論の親和性に最初に気づいたのは、ラカンの弟子の精神分析家ジャン・ラプランシュ（一九二四―二〇一二年）でした。彼は、ラカンが先の発言を行った当時、まさに精神分析的な観点からヘルダーリンを分析した学位論文『ヘルダーリンと父の問題』を執筆しており、ラカンはそのことを念頭においていたのです。

このラプランシュの学位論文は、一九六一年に公刊されるや否や、フランスで「創造と狂気」をめぐる活発な議論を引き起こすことになります。次章では、このラプランシュの議論とそれに対するフーコーの応答を読み解いていきましょう。

第11章

ラプランシュとフーコー

ヘルダーリンと父の問題

シラー

思考の空白からラカンにおける〈父の名〉の排除へ

前章では、ラカンにおける「創造と狂気」の扱いについて考えました。彼は、一九三二年の学位論文で、症例エメを題材に、狂気が芸術創造のようなプラスの恩恵を生じさせることがあることを記述しました。また彼は、一九三一年の「〈吹き込まれた〉手記」という共著論文において、神のような超越者からのインスピレーションを受けて手記を書く患者について論じています。ラカンは、その患者は神からインスピレーションを受けて書いていると主張しているけれども実際にはそうではなく、自分の思考に空白が生まれたとき、それを埋めるようにしてあらわれる自動現象が神からのインスピレーションとして認識されているのだ、と解釈しています。

一九五〇年代になるとラカンは、精神病では〈父の名〉のシニフィアンが排除されている、と考えるようになりました。精神病者には、象徴界を統御する〈父の名〉(le Nom-du-Père) のシニフィアンが欠けています。そのため、発病前には「想像的杖」となる人物(多くは同性の友人や兄弟姉妹)を模倣して生活しています。しかし、進学や就職、あるいは結婚や子どもが出来るといった人生の節目において、この〈父の名〉のシニフィアンを参照するように要請されるとき、〈父の名〉のシニフィアンの欠損が明らかになり、精神病が発病します。そのとき、〈父の名〉のシニフィアンに相当する場所(穴)の周囲のシニフィアンが、穴の存在を暗示するように活発に歌い始め、それが精神病者の幻聴となる、とラカンは考えたのです。

さて、前章の最後で示唆しておいたように、ヘルダーリンの人生と詩作は、このようなラカンの精神病論と非常に親和的なものでした。ヘルダーリンは、自分自身が〈父〉たる立場に就こうとする際の挫折から統合失調症を発症しています。さらに、彼は詩作のなかで、神の不在を、そして神が残した痕跡に名前を与えることを歌っています。彼はまさに、〈父〉＝神の欠損を問題にし、その穴の周囲の痕跡＝シニフィアンを言語化しようとしていたのです。すでに明らかなように、ヘルダーリンの人生と詩作、そしてラカンの精神病論は、私たちがハイデガーにおける「詩の否定神学」と名指した統合失調症的なロジックと同じ構造をもっています。それゆえ私たちは、前章でラカンの精神病論を「詩の否定神学」の構造論化」と表現したのでした。

本章では、そのラカンの議論を援用しつつ書かれたヘルダーリン論、すなわち、ジャン・ラプランシュの『ヘルダーリンと父の問題』をとりあげ、ヘルダーリンの人生と詩作を、ラカン派の立場から検討していくことにしましょう。

『ヘルダーリンと父の問題』

ラプランシュの学位論文『ヘルダーリンと父の問題』は、明らかにラカンの影響下で書かれたものですが、制度上の提出先の指導教官はジャン・ドレー（一九〇七―八七年）でした。ドレーといえば、今日でも使われている向精神病薬クロルプロマジンを統合失調症にはじめて臨床応用した人物として知られていますが、実は病跡学――フランスでは「心理学的伝記（psychobiographie）」と呼ばれます――の仕事もしています。代表的なのは、作家アンドレ・ジッド（一八六九―一九五一年）の研究です。ラカンも、ドレーが書いたジッドの病跡に対する批評論文「ジッドの青春」を書いています。

ラプランシュの『ヘルダーリンと父の問題』は、一九五九年から六〇年にかけて執筆され、六一年にフランス大学出版局から出版されました。前章で紹介したラカンの精神病論は、フロイトの症例シュレーバーの分析から導き出されたものですが、ラプランシュは『ヘルダーリンと父の問題』において、その議論をヘルダーリンにも応用していきます。最も特徴的なのは、ヤスパースらの病跡学では、もっぱらヘルダーリンの発病以後の状態が問題とされるのに対して、ラプランシュが一七九四年から一八〇〇年にかけてのヘルダーリンが発病に至る時期の論理を問題にしているところです。ラプランシュは、明確な統合失調症の症状が出てくる一八〇〇年よりもっと前に、発病に向かうプロセスがすでに動き始めているのではないかと考え、それをラカンの理論をもちいて緻密に検討していったのです。

すでに紹介したように、ヘルダーリンは二歳のときに実の父親を亡くしており、そのあとで母親と再婚した継父も彼が九歳のときに亡くなっています。もちろん、このような事実が即、ラカンのいう〈父の名〉の排除の証拠になるわけではありません。ラカンは、症例シュレーバーを論じる際、あらゆることが語られているシュレーバーの著作（『ある神経病者の回想録』）のなかに父のことがほとんど語られず、父について語られる唯一の箇所もきわめて独特な仕方で書かれていることに注目していました。このような特徴が、シュレーバーにとって父が一般的な父のポジションに位置づけられていなかったこと、言い換えれば〈父の名〉の排除の間接的な証拠となるのです（ラカン 一九八七b、㊦二一九―二二〇頁）。

ラプランシュは、それと同じように、ヘルダーリンの亡き父との独特の関わり方に注目しました。青年時代のヘルダーリンは神学寮に入りましたが、神父になる勉強を嫌がり、唐突に法学の勉強を始めています。ラプランシュは、ヘルダーリンの実父が大学時代に法学の勉強をしていたことに注目し、ほとんど記憶にない自分の父親の足跡をたどるように法学を学ぼうとしたのではないかと推測しています。すなわち、ヘルダーリンにとっての法学は、「〈法〉の探求という特権的な相のもとでの父の探求、いわば、法と結びついた父の像のある種の探求」だったのではないか、というのです（Laplanche 1961, p. 36）。

そのような〈法〉＝〈父〉の探求は、ヘルダーリンにとっては自分の行動や思考を基礎づける原理はいったい何なのか、という重大な問題を探求することにほかなりませんでした。そして彼は、カントの『実践理性批判』を経由して、フィヒテの哲学に興味をもつようになります。「自我は自我である」という自同律を根拠に据え、そこから演繹的に世界のあらゆる知識を体系づけるのがフィヒテの哲学ですが、第8章で紹介したように、ヘルダーリンはそのようなフィヒテの考えにどうしても納得できませんでした。むしろ彼は、自我を根拠に据えて哲学を開始することはできず、圧倒的な絶対的存在を根拠にしようと考えました。しかし、自我ではなく絶対的存在を根拠にしようとする場合、そこからどのようにして自律した自我（主体）というものが生じるのかが分からなくなってしまいます。すると、ヘルダーリンは自律した自我（主体）を立ち上げられず、無力な状態に陥らざるをえなくなります。そのことをラプランシュは次のように表現しています。

> 私たちの仮説を少しすすめるとすれば、ヘルダーリンにとっての父性の法の探求、すなわち己の自律性と実存それ自体を保証するひとつの項の探求は、フィヒテ流の無条件性をもってしては、〈無〉に行き着くしかなかったのである。（ibid., p. 37）

ヘルダーリンは、いかにして自律した自我を生じさせるか、という問いの探究のために、〈法〉＝〈父〉の探求を行ったのですが、その探求のなかで出会ったフィヒテの哲学では「〈無〉に行き着くしかなかった」のです。
このような精神の危機からヘルダーリンを保護してくれていた人物（ラカンのいう「想像的杖」）が、ヘーゲルでした。理論の面でも、のちに『精神現象学』（一八〇七年）で自己意識の発生を段階的なものとして捉えるヘーゲルは、自我が完全にあるのか完全にないのかの二者択一の論理をもちいるヘルダーリンにとって、一種の中間的な緩衝地帯として働いたことでしょう。たとえるなら、ヘルダーリンが「子どもであるのか、大人であるのかのどちらかしかない」、「死んでいるのか、生きているのかのどちらかしかない」と主張したのに対して、ヘーゲルは「子どもは段階的に大人になる」と主張していることになります。ラプランシュは次のように述べています。

ノイファーとの友情や、おそらくはヘーゲルとの関係〔…〕は、嵐の中心にある奇跡のような平穏さというイメージを私たちに与える。ずっとあとに訪れる、まさに狂気に足を踏み入れる直前の時期まで、この〔ヘーゲルとの〕友情は、疎外的＝精神疾患的ではない関係が継続されている特権的な領域でありつづけた。このことは、精神病がどれだけ明瞭にあらわれようとも、疎外＝精神疾患はすべての構造に影響を与えるのではなく、人間どうしの関係性の大部分を無傷のまま維持するということを示している。（ibid., p. 31）

しかし、台風の目のなかの晴天にも似た擬似的な安定状態は長くは続きません。転機になったのは、彼の前にシラーが登場したことでした。ヘルダーリンは、詩の発表も家庭教師の仕事もシラーの取り計らいによってはじめて可能になるような状況にあり、まさにシラーはヘルダーリンにとっての父性的な庇護者（メンター）として現れたのです（ibid., p. 41)。

転移の不在

ラプランシュは、ヘルダーリンにとってのシラーは「力（Kräfte）の鍵であり、証だった」と指摘しています（Laplanche 1961, p. 43)。この「力」という言葉は、ヘルダーリンの一七九〇年代の書簡にたくさん出てくるものですが、ラプランシュによれば、いわゆる疾風怒濤運動――その中心人物がゲーテとシラーでした――のなかで流行した言葉であるそうです。言い換えれば、ヘルダーリンはシラーの「力」に従属して生き延びることによって、自分自身が非常に「無力」であることに苛《さいな》まれるようになったのです。他方で、ヘルダーリンはシラーの「力」に従属している状態から「独立（Unabhängigkeit)」しようとする野心ももっており、自分自身の「力」を使うことができるのではないか、と常に考えていました（ヘルダーリン 一九六九、二〇〇、二〇六頁)。ここにも、「力」への従属か、「独立」かという極端な二者択一がみてとれます。

このような両極への引き裂かれは、もちろん一七九九年七月の新雑誌創刊の際にピークに達しました。

シラーを前にして、ヘルダーリンは自分がふさわしくないことに気づいている。自分の要求が「慎みを欠いた」ものであり、さらには「危険」なものであることに気づいているのである。ヘルダーリンは自らを非‐存在と存在の中間領域に、誰の助けを借りることもできないまったくのふさわしくなさと、祈りすら不要であるような充足状態の中間領域に位置づけている。

(Laplanche 1961, pp. 83-84)

ヘルダーリンにとって、新雑誌創刊とはまさに「自主独立の力（unabhängigen Kräften）」を自分自身で使うという決断にほかなりませんでした（ヘルダーリン 一九六九、三八三頁）。「力」という言葉はシラーのもとにあったけれども、今やそれを自分の「力」として使えるのではないか——彼は、そのような未来の可能性に一縷の望みを賭けて跳躍したのです。もちろん、ヘルダーリンは現在の自分がそのような「力」を到底使うことができないことに気づいてもいます。だからこそ、彼は将来において「力」を使うことができる未来を「先取り」し、その未来に自己を投企しようとしたのです。だからこそ彼は、未来において自律が実現されたときにはシラーに恩返しできる、とシラー宛の手紙に書きつけていたのです。

ラプランシュは、ヘルダーリンとシラーのあいだのこのような布置を確認したあとで、ヘルダーリンにとってシラーが単なる父性的な庇護者としてではなく、むしろ「一なる父（Un-père）」として現れていることを論証していきます。この〈一なる父〉というのは、ラカンが創案した概念ですが、その意味を明確にするために、ラプランシュの説明を聞いてみましょう。

反復としての転移においては、シラー、ヘルダーリンの前に現れている限りでのシラーは不可侵の像であり、またその完全性と慇懃さにおいて我慢ならない像であって、ヘルダーリンが思い描いていた父のイメージと何らかの仕方で一致するという説は支持できないだろう。(Laplanche 1961, p. 42)

「転移（Übertragung）」は、精神分析の概念であり、過去（幼少期）における養育者（父親や母親など）と自分との関係が、現在の人間関係のなかで再現されることを指します。たとえば、精神分析を開始すると、分析家に対して好意をもつようになったり、反対に攻撃性や悪意を抱いたりするようになりますが、これは過去（幼少期）における養育者との関係が、分析家や他者とのあいだに再現（＝転移）されていると考えられます。言い換えれば、転移とは、過去（幼少期）における重要な人物との関係が、一種の「スタンプ（原版）」となり、そのスタンプが現在の人間関係においても反復され、複写されることなのです。

さて、シラーのような父性的な人物が自分の前にあらわれてきたとすれば、多くの場合は父親転移が生じてもよいはずです。ごく普通の生活でも、指導教員や顧問、あるいは先輩などという形であらわれた人物に対して父親転移が起こることがあります。そのような人物とのあいだで、ひとはしばしば過去（幼少期）の父親に対する自分の関係を反復するのです。

ところが、ラプランシュによれば、ヘルダーリンの前にシラーが現れたとき、ヘルダーリンは自分の〈父〉との関係を原版とするような転移を形成することができていません。そのことをラプランシュは次のように説明しています。

> ヘルダーリンがシラーに与えた「父のようだ」という形容を理解するためには、それが意味しているのは、単なる偶然の参照項などではなく、エディプスの三角形〔＝父母子の三角形〕における父の位置、すなわち第三項だと考えたほうがしっくりくる。

〔…〕シラーがある時期にとった父性的な位置と、その位置における転移的な対応物の不在(absence de répondants transférentiells)を考慮にいれれば、ヘルダーリンとシラーのあいだにも、同様の何事かが生じていることがわかる。

〔…〕もしそうだったなら、私たちの立場からは、シラーの機能は、父性の法の場にすでに存在していた裂け目(faille)を再び開いたということになるが、それはヘルダーリンとシラーの関係が子ども－父の関係に対してもつところの劇的な意味作用にすべてを還元しようということではない。むしろ反対に、そのような関係をすばやく、あるいは即座にある種の転移によって打ち立てることの不可能性こそが、あとで述べるようなシラーの像の変転を引き起こすのである。

(ibid., pp. 42-46)

シラーはヘルダーリンにとって父性的な庇護者として現れたというよりも、むしろそれまでヘルダーリンの人生に登場することが一度たりともなかった〈父〉、すなわち「エディプスの三角形における父の位置、すなわち第三項」としての〈父〉として現れているのです。

もし、ヘルダーリンが過去にこのような第三項としての〈父〉と出会っていたなら、彼はシラーの登場を〈父〉への転移を用いて処理し、シラーに服従するか敵対するかという、より安全な(神経症的な)道を歩むこともできたことでしょう。しかし、第三項としての〈父〉にこのとき初めて出会ったヘルダーリンには、シラーを転移によって処理することができませんでした。そして、シラーが体現する未知なる〈父〉の座への跳躍こそが、ヘルダーリンの〈父の名〉の排除を露呈させることになったと考えられるのです。

このラプランシュの議論は、ラカンの精神病論のきわめて圧縮された要約ともいえる次の難解な一節を明快にイラストレーションしています。

精神病が発病するためには、棄却（verworfen）つまり排除（forclos）された、すなわち大他者の座に決して到来しなかった〈父の名〉が、主体と象徴的に対立しつつその座に呼び出されねばならない。〔…〕

しかし、〈父の名〉は、いったいどうやって主体によってその座に呼び出されうるのだろうか──その座は〈父の名〉が主体に対して到来しうるただ一つの座であり、〈父の名〉が決してありえなかった座であるというのに？〔精神病において〕〈父の名〉が呼び出されうるのは、ほかならぬ現実的父によってであって、それは必ずしも主体の父であるわけではなく、〈一なる父〉(Un-père) である。この〈一なる父〉は、a－a'という想像的なカップルを基盤としてもつ何らかの関係のなかで、第三の立場に位置づけられさえすれば、〔…〕その座に到来しうる。

〔…〕こういった〔〈一なる父〉が登場する〕局面は、出産したばかりの女性に対してはその夫の姿に現れるだろうし、自らの罪を告白する改悛者にはその聴罪司祭の人物に、恋するうら若き娘には「若い男の父」との出会いに現れるだろう。(Lacan 1966, pp. 577-578)

〈父の名〉の排除は、精神病の発病の前提となる構造的条件であって、発病の条件ではありません。精神病の構造をもっていても、発病するかどうかは分からないのです。〈父〉の原版をもっていない（〈父の名〉が排除されている）ヘルダーリンは、父性的な人物たるシラーが現れた際、あらためて

〈父〉の機能を呼び出さなくてはならなくなりました。そのとき、自分に〈父の名〉が欠損していたことがはじめて明らかになり、精神病が発病したのです。

すでに何人かのラカン派の論者が指摘しているように、ラカンのいう「一なる父（Un-père）」とは、おそらくはその同音異義語である「無対（impair）」を含意していると考えられます（Vicente 2006）。つまり、もしヘルダーリンが神経症の構造をもち、父のイメージを原版として刻み込まれていたなら、新たに出会ったシラーという父性的な人物を、かつての父親像とペア（対）にすることができたのですが、実際に彼に現れた第三項としての〈父〉たるシラーは、誰かと転移的なペアにすることが決してできないような〈父〉であり、そのような〈父〉をラカンは「一なる父」と呼んだと考えられるのです。[1]

このような考察を経て、ラプランシュはヘルダーリンにおける「創造と狂気」の関係について、次のような結論を呈示しています。

> ヘルダーリンという症例において、彼が詩人であったがゆえに統合失調症だった〔＝創造が狂気を必要とした〕のか、それとも統合失調症であったがゆえに詩人だったのか〔＝狂気が創造を生み出した〕、という問いは意味を失う。彼は、問いとしての統合失調症を開いたがゆえに詩人であり、詩人であったがゆえにこの問いを開いたのである。（Laplanche 1961, p. 133）

ここで念頭におかれているのは、おそらくは第1章で紹介したヤスパースの考え方です。ヤスパースは、「創造力が病にもかかわらず現れたのか、それとも病のためにこそ現れたのか」という問いが病跡学にとって根本的だと考えていたのですが、ラプランシュによれば、そのような二分法は病と作品を二つに明確に区別できることを前提としている点で不十分だというのです。

ラプランシュは、ヘルダーリンを論じるにあたっては、創造と狂気のどちらが主でどちらが従なのかを考えるのではなく、彼の人生を規定する〈父の名〉の排除と作品を規定する神の不在という二つの欠損が、同じひとつのものであるとしか考えられないような地平を問題にすべきだ、と主張しているのです。このような主張は、ハイデガーの「詩の否定神学」や、それを構造論化したと目されるラカンの精神病論から直接的に導き出されるものです。

「父の否」――フーコーの応答

ラプランシュの『ヘルダーリンと父の問題』にいちはやく反応したのは、フーコーでした。彼は、「父の〈否〉(Le « non » du père)」と題された『ヘルダーリンと父の問題』の書評論文を一九六二年に発表し、そのなかでラプランシュを賞賛しています。

ここで注意してほしいのは、ラカンの解説書などでよくみられる、「〈父の名〉とは、母と子どものあいだの満ち足りた関係に対して去勢の脅しとしての否(non)を告げにくる父親の機能のことであり、〈父の名《ノン》〉とは〈父の否《ノン》〉である」という説明は間違いであるということです。ラカンは〈父の名〉をそのようなものとは考えていません。むしろラカンは、〈父の名〉とは子どもが母親に飲み込まれてしまわないように保護し、子どもの象徴的な位置を承認する機能だと考えていました。[2] たしかに、フロイトにとって父は去勢や威嚇と関連づけられていましたが、ラカンにとって父はむしろ赦す神と関連づけられているのです（そのことは、フロイトがユダヤ教にルーツをもち、ラカンがカトリックにルーツをもつことに鑑みれば、この二つの宗教における神のあり方の違いに相当すると考えることができます)。ですから、フーコーが「父の〈否〉」という言葉を用いるときに想定していたのは、象徴的な位置を承認してくれるような父がいないこと(〈父〉という存在の否定)です。端的にいって、フーコーのいう「父の〈否〉」は、ラカンのいう〈父の名〉の排除そのもののことなのです。

さて、フーコーはこの書評論文の冒頭で、芸術家の「心理」なるものを説明しようとするような言説——つまり、ふつうの意味での病跡学のことです——は退屈な「騒々しいおしゃべり」にすぎないが、ラプランシュの著作はそれとは違い、優れたものだと断じています。なぜなら、ラプランシュは、語ることが不可能なものから、すなわち〈父の名〉の排除からヘルダーリンについて語ろうとしているからです。なお、フーコーがこのようなロジックを高く評価したのは、彼がやはりハイデガーの「詩の否定神学」から多大な影響を受けていたことを想定させます(実際フーコーは、一九五〇年代のはじめにハイデガーを集中的に読んでおり、ハイデガーに関するノートを二トンも取った、と述懐しています)。

また、フーコーはヘルダーリンの人生と作品には「奇妙な未来の先取り」がみられると主張しました。私たちはすでに第8章でビンスワンガーや木村敏の議論を通して、ヘルダーリンの人生が理想への「思い上がり」や未来に対する「先取り」として展開していることを指摘しました。しかしフーコーによれば、「先取り」の構造はヘルダーリンの人生にとどまらず、たとえば彼がシラーの紹介ではじめて家庭教師の職についた先のシャルロッテ・フォン・カルプ夫人はのちのズゼッテ・ゴンタルト夫人(『ヒューペリオン』におけるディオティマのモデル)を予告しており、シラーはのちに詩で描かれる不在の神(=不在の〈父〉)を予告するかのように現れているというのです(フーコー 二〇〇六a、二四七頁)。

このような人生と作品の相互嵌入は、ヘルダーリンにとって人生と作品が等根源的なものだったのではないか、言い換えれば狂気と詩作は同じひとつの「何か」から生じていたのではないかと考えることを可能にします。実際、ラプランシュの議論は、ヘルダーリンの人生と作品を、〈父の名〉の排除、およびそれとトポロジカルに同じものと考えられる神の不在という一つの欠損に由来するものとみなしていました。フーコーは、そのような見立てを踏襲しつつ、その根源を「〈同じもの〉(le Même)」と名指しています。

かくして、作品が作品ではないもの〔=狂気〕と合流することになるこの〈同じもの〉という謎は、〔…〕作品のただ中にあってその消滅を(それも誕生のその時から)遂行するもののうちに宿る。作品と作品とは別のものとは、作品の境界《リミット》=限界から出発してはじめて、同じものについて、同じ言語で語るのである。作品の最深奥部に到達することをめざすどんな言説も、たとえ暗黙のうちにであれ、狂気と作品との関係についての問いかけとなっていなければならない。それはただ単に叙情詩の諸々の主題と精神病のそれとが類似しているからというだけではなく、また、体験の構造が両者で同じ形をしているからというだけでもない。それはより根本的に、作品こそが作品を設立し、脅かし、そして完成させるところの境界を定め、かつそれを乗り越えるものだからである。(同書、二六四—二六五頁)

フーコーは、文学作品を批評するためには、かならずこのような「何か」(〈同じもの〉)を探求する必要があると主張しています。というのも、そのような〈同じもの〉の探求によってはじめて、創造と狂気という二つの別個のものを「と（et）」という助詞で接続できるからであり、その探求なしではそもそも「創造と狂気」という問題系それ自体を立てることができないからです。そのことを確認した上で、フーコーはラプランシュの議論の核心となる構造を次のようにえぐり出します。

> この〔言葉の持つ意味と病気の根底にあるものとの〕連続性をラプランシュが維持できたのは、そこを出発点とすることで彼に狂気と作品とを一個の総体として語ることを許すあの謎めいた同一性〔identité〕を、言語の外部に置き去りにすることによってであった。〔…〕
> 〔…〕作品と狂気との間の意味《サンス》の連続性は、断絶の絶対性の出現を許すような同じもの〔même〕という謎から出発して初めて可能になるからである。狂気のなかでの作品の廃絶、詩的言語《パロール》が自らの破滅へと吸い寄せられてゆく地点であるあの空虚とは、作品と狂気との間に両者に共通するであろう言語によるテクストが書かれることを可能にするものである。（同書、二七〇―二七一頁）

ラプランシュは、フーコーのいう〈同じもの〉を言語の外部に見出すことによって、ヘルダーリンにおける「創造と狂気」について語ることができた、とフーコーは指摘しています。もちろん、ここでいう言語の外部とは、ヘルダーリンにおける狂気と作品を等根源的に規定する〈父の名〉の排除のことにほかなりません。このような欠損を蝶番《ちょうつがい》にすることによって、ヘルダーリンは「作品と作品の不在〔＝狂気〕とを、神々の迂回〔＝ヘルダーリンの詩作における神の不在〕と言語《ランガージュ》の破滅〔＝ヘルダーリンの人生における狂気の解体作用〕とを結びつけ、両者のつながりを明らかなものにした」のだ、とフーコーは整理しています（同書、二七三頁）。

さらにフーコーは、ヘルダーリンにおいてこのような創造と狂気の結びつきが可能だったのは、彼が生きた時代のきわめて特殊な歴史的条件のためである可能性を指摘しています。

> ポスト・カント的危機、無神論論争、シュレーゲルとノヴァーリスの思弁、ごく身近な彼岸で響いていたフランス革命、それらが相まって、〔ヘルダーリンのいた〕イェーナは、まさしく西欧的空間が突如として空洞と化した場所であった。西欧文化に対して、そこで空虚で中心的な空間というものが、神々の顕現と不在、彼らの出立と接近とによって定義されたのだ。（同書、二七二頁）

ヘルダーリンが生きたのは、西洋思想史上の危機、「神の不在」を宣言する無神論、王の首を切るフランス革命という、理論・神学・政治におけるドラスティックな変化が進んでいた時代であり、それらの変化のいずれにおいてもかつて〈父〉のポジションにあったものが空虚として現れるようになった時代なのです。このような歴史的条件のもとで、ヘルダーリンは〈父の名〉の排除によって狂気に陥り、（それと同じものである）神の不在によって詩作を行ったのです。

だとすれば、ヘルダーリン以降の創造は、当然、神の存在を前提とするかつてのプラトン的な詩的狂気とは異なる現れ方をするはずです。フーコーは同じ書評論文のなかで、「創造と狂気」の関係のモデルが、高所から言葉が与えられるかつてのものから、「地下」すなわち深層に移行したと述べています。

そういう「狂気」はもうプラトンが言うような陶酔、幻の現実に対して人間を無感覚にし、神々の光のただなかへ位置させてくれた陶酔ではない。そうではなく、ある地下に潜んだ関係である。そこでは作品と、作品でないものとが、互いの外部性を、ある薄暗い内面の言葉づかい《ランガージュ》によって表明しようとしている。（同書、二五六頁）

このことは、もちろんヤスパースが述べた、統合失調症者における「形而上学的な深淵」の啓示とも無関係ではありません。

「外の思考」——否定神学的文学論

フーコーは、この「父の〈否〉」から四年後の一九六六年に、「外の思考」という重要な文学論を発表しています。彼はこの論文のなかで、近代のはじめにヘルダーリンとサドによって切り開かれ、のちにニーチェとマラルメ、さらにはアルトーらによって探求された文学が、いずれも「外（dehors）」、すなわち言語によって表現できるものの外部との関係によって可能になったと主張しています（フーコー 二〇〇六c、三一〇頁）。これは驚くべき主張です。というのも、ふつう、現代文学が可能になる条件は、「内面」の発見——人間におこる出来事を、特にその人物の内面に何が起こったのかに注目して記述すること——だと考えられているからです。ところがフーコーによれば、現代文学はそのような「内」の発見ではなく、「外」への移行によって可能になったというのです。

このような考えは、すでにヘルダーリンの詩作について検討し、ラプランシュとフーコーがそれを〈父の名〉の排除ないし「父の〈否〉」との関係から論じていたことを確認した私たちにとって、それほど難しいものではありません。フーコーのいう「外」とは、まさに言語化不可能なものとしての欠損にかかわる概念であり、ラカンのいう〈父の名〉の排除という欠損を――ドーナツの真ん中に空いた穴が「外」であるように――トポロジカルに外部化したものにほかなりません。

さらにフーコーは、この「外」は、現代文学にあらわれる以前には否定神学という神学的伝統のなかに維持されていたものにほかならない、と指摘しています（同書、三一三頁）。私たちはハイデガーの詩論を「詩の否定神学」と呼びましたが、同様にフーコーもまた、ヘルダーリン以降の文学が否定神学的な構造をもっていると考えたのです。

この「外」は、言語がもはやコミュニケーションのためにはまったく役に立たなくなるような空間であり、そこでは作者は言説の責任者ではなく、言語が噴出してくる「空虚」にほかならないことになります。フーコーの記述を引用しておきましょう。

> 外の思考がわれわれにとって姿を明るみに現わした最初の裂け目が、逆説的に、サドの反覆的独白においてであるという仮定である。カントとヘーゲルの時代、歴史と世界との法《ロワ》の内面化が西欧の意識によってあれ以上に緊急に求められていたことはたぶんかつてなかった、あのころにおいて、サドが語らしめているものは、世界の法なき法としての、欲望の赤裸さただそれのみなのだ。ちょうど同じ時代に、ヘルダーリンの詩においては神々の煌めく不在が顕現し、「神の欠如」から来る謎めいた助力を、たぶんいつまでも待ち望むという務めが一個の新たな法として告げら

れていた。同じころに、一人は言説の終ることのない呟きにおける欲望の赤裸化によって、もう一人は行方を失う途上にある言語の間隙における神々の迂路の発見によって、サドとヘルダーリンはわれわれの思考の中に、来るべき世紀のために、だがいわば暗号で記されたものとして、外の思考という体験を託したと言うのは、はたして言いすぎになるだろうか？（同書、三一四頁）

「外の思考」とは、第7章でとりあげた言葉でいえば、表象不可能なものとの関係のなかから文学を創造するような思考である、と整理してよいでしょう。それらはいずれも、ヘーゲルの体系のような安定したシステムが瓦解するような点、すなわちシステムのなかにあいた穴から出発することによって芸術の創造を可能にする方法なのです。

かくして「創造と狂気」をめぐる西洋の思想は、ヘルダーリンをめぐるハイデガー、ラカン、ラプランシュ、フーコーらの一連の議論によって、詩の否定神学とその構造論化、さらにはそれを「外の思考」として整理することによって、ひとつの定型的な「型」を手に入れるに至りました。そして、これらの議論は明らかに、ヘルダーリンが患った統合失調症という特権的な狂気をモデルとして組み立てられています。言い換えれば、「外の思考」は統合失調症にきわめて親和的な思考であり、私たちが第1章で指摘しておいた「統合失調症中心主義」（および「悲劇主義的パラダイム」）が確固たるものとして完成するのも、この地点においてなのです。

では、そのあとの西洋思想において、「創造と狂気」をめぐる思考はどこに向かっていったのでしょうか？　フーコーは、否定神学の伝統のなかから生まれた「外の思考」がこれからどうなっていくのか、という問いを発しています。

いつの日か、この《外の思考》の諸形態や根本的諸カテゴリーを定義しようと試みねばなるまい。また〔…〕それがどこからわれわれにやって来て、どの方向へ行くのかということをも探らねばなるまい。（同書、三一三頁）

つまり、西洋思想がたどり着いた「外の思考」は決して終着点ではなく、これからまた別のものに変化する可能性があることをフーコーは示唆しているのです。[3]「創造と狂気」をめぐる思考は、その後どこに向かったのでしょうか——もし、それが統合失調症中心主義と手を切ることができたのだとすれば？

次章では、アントナン・アルトーとジャック・デリダの議論をとりあげながら、統合失調症中心主義から脱出する可能性を探っていきたいと思います。

第12章

アルトーとデリダ

病跡学の脱構築

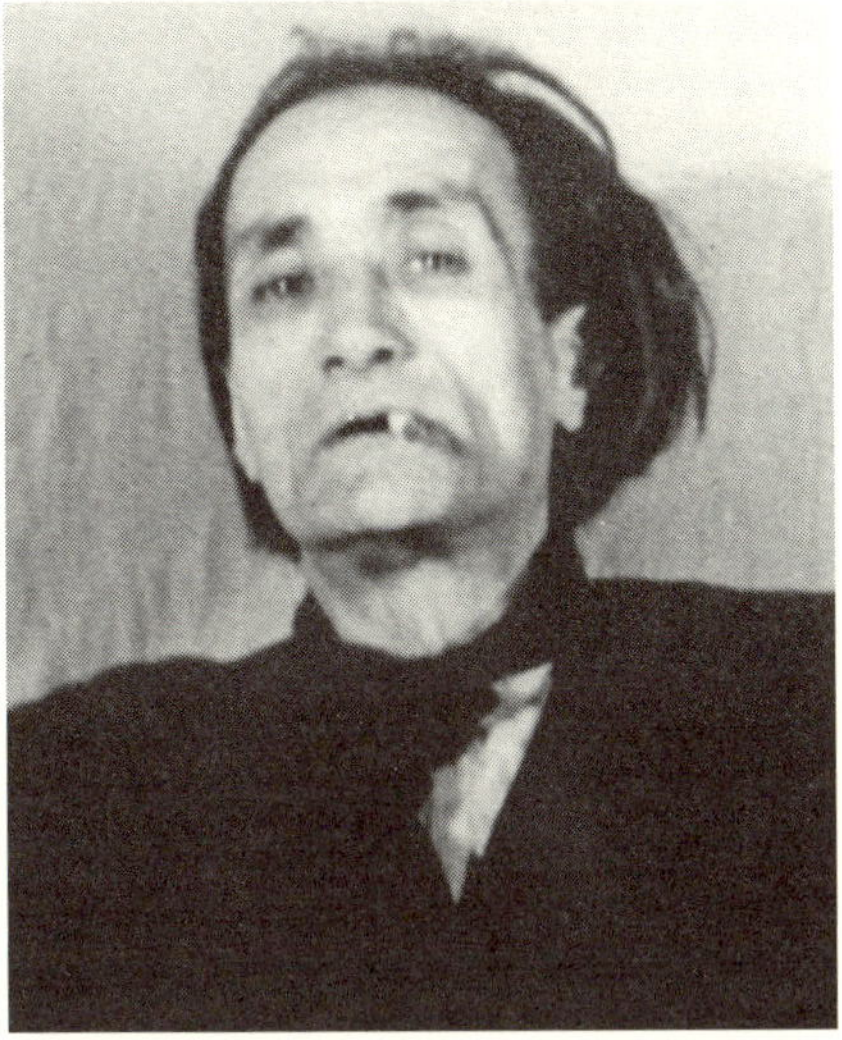

アルトー

『ストリンドベリとファン・ゴッホ』を読むブランショ

第8章から第11章にわたって、ヘルダーリンの統合失調症の発病と、その狂気のさなかに行われた詩作が、その後の「創造と狂気」をめぐる西洋思想のパラダイムを決定づけたことをみてきました。

ヘルダーリンに感化されるようにして形成されたハイデガーの哲学は、不在の神ないし語りえない言葉との関係から言葉をつむぐことを重視するものであり、「詩の否定神学」と呼びうるものでした。ほぼ同様の図式を、ラカンは精神病論のなかで〈父の名〉の排除という概念をもちいて構造論化しました。すなわち、ふつうなら、こころの構造は〈父の名〉のシニフィアンによって正常性が担保されているのですが、精神病者（統合失調症者）では〈父の名〉が欠損しており、その機能を使わなければならなくなったとき、排除された〈父の名〉の周囲のシニフィアン（言葉）たちが幻聴となって聞こえてくると考えたのです。ラカンの弟子にあたるラプランシュは、ヘルダーリンの狂気と詩作をこのラカンの理論で読み解き、その論文はフーコーに大いに評価されることになりました。そしてフーコーは、ハイデガーの詩の否定神学を「外の思考」として整理し、それを一九世紀から二〇世紀にいたる現代文学の主要な特徴とみなしたのです。

さて、フランスには、ラプランシュやフーコーより早い時期にすでにヘルダーリン以後の「創造と狂気」というテーマに大いに関心をもっていた人物がいました。文学者のモーリス・ブランショ（一九〇七―二〇〇三年）です。彼は、一九五五年にヘルダーリンとハイデガーの影響を受けた『文学空間』を刊行していますが、それ以前の一九五一年にヤスパースの『ストリンドベリとファン・ゴッホ』の書評論文として「比類なき狂気」を執筆しています（この論文は、のちにヤスパースの書物がフランス語訳されたときに序文として収録されています）。

このブランショの書評論文は、ヤスパースの議論を明確化するものである一方で、その後のフランス現代思想における「創造と狂気」をめぐる議論のベースになったものです。

ブランショは、まずヤスパースが統合失調症者に見出した「形而上学的な深淵」の現れを、古典的なダイモーンをめぐる議論をもちだして次のように説明していきます。

このダイモーンのごとき生、永遠におのれを超え出ようとし、戦慄と法悦の中で絶えず絶対的なものを見据えながらおのれを表明しようとするこの傾向は、精神病とは別個のものとして考えられなければならない。〔…〕健康な人間にあってはひとつの目的に対する配慮によって押し込められ無言にされているダイモーン的なもの（le démonique）が、病気の初期に陽の目を見、突出に成功するかのように事態は進行する。とはいってもダイモーン的なもの、いいかえればその精神が病んでいるというわけではない。それは病気－健康という対立の埒外にある。しかし病的過程〔＝プロセス〕がつかの間とはいえ、この突出に機会を与える。あたかも根底からその全体を揺り動かされた魂が、この激動の中でおのれの深みを現わし、次いで震撼の終熄とともに廃墟となって崩れ落ち、カオスとなり瓦礫の山となり果てるかのように。（ブランショ 一九八三、二二〇頁）

ブランショは、健康な人間においてもダイモーン的なものは存在しているが、そこでは無言にされている、と言っています。これは、ヤスパースが、かつては傑出した人物なら深淵に触れえたけれども、現代では統合失調症者においてのみそのようなことが可能になると主張したことをうけていると考えられます。さらに、ブランショは統合失調症を「深層（profondeur）が開示される条件」とみなしています（同書、二二一頁）。この「深層」という言葉は、次章でとりあげるドゥルーズが「表面（surface）」と対比してもちいた言葉でもあります。また、前章でみたフーコーが「地下」という言葉をもちいていたように、ヘルダーリン以降の狂気においては上からの創造ではなく下からの創造が問題になっていることが分かります。

またブランショは、ニーチェにおける狂気が彼を沈黙（＝死）に至らしめたのに対して、ヘルダーリンにおける狂気は「詩の要請がこの死を越えて執拗に生き続け、おのれを主張し、ついにその極点にまで到達した」と述べています（同書、二一六頁）。レトリカルではありますが、統合失調症者の創造が「死」という後戻りできないものに類比されている点で、やはりヤスパースが示した悲劇主義的パラダイム、すなわち「あたかも彼ら〔＝統合失調症者〕の生涯の裡に、ただ一度だけ戦慄と至福に満ちた何ものかが啓示され、やがてその幾分の記憶のみを残して恢復不能の痴呆に陥るかの如くである」のエコーが鳴り響いているように思います。もっとも、ブランショ流の「死」の概念に見出される、人は個人として死ぬのではなく、非人称的な「ひと（on）」として死ぬのだ、というようなひとひねりがここでは加えられている、といったほうが正確かもしれません。

さて、ブランショはこのようにヤスパースに大筋同意しているのですが、それでも彼が同意できなかった点があります。それは、ヤスパースが基本的に、統合失調症の傑出人においては、狂気が創造に影響を与える――つまり、狂気は、もともとその人物がもっていた個別性（particularité）に何らかの影響をもたらす――と考えている点です。というのも、そのような考えのもとでは、狂気の人物がうみだす作品は、その人物の個性と狂気の「配合物」になってしまい、それらの単なる足し算としてしか理解されなくなってしまうからです。これでは、ヘルダーリンのような人物に生じた出来事を理解することはできません。

ブランショは、ヘルダーリンの「パンと葡萄酒」を読解しつつ、次のように論じます。

> 詩人は今や直接的なもの、無限定なものとの関係となり、〈開け〉(l'Ouverte)、可能性がそこに起源をもつがそれ自体は不可能なもの、人間にも神々にも禁じられたもの、聖なるものとの関係となる。彼にはもちろん伝達不能なものを伝える力はない。しかし彼のうちで――神々や時間のうちの神的なもの、純粋な生成の深みとの間に彼が保持する関係によって――伝達不可能なものは伝達を可能にするものとなり、不可能なものは純粋な力となる。そして直接的なものは、純粋な法の自由となるのである。詩人とは、その内部に透明さが生まれ出る者であり、彼の言葉は、それが真正で媒介する言葉であるならば、無限なものをつなぎとめ、限りなく拡張する精神の力を再びひき寄せ包含するものである。なぜならその言葉のうちで媒介者は消滅し、おのれの個別性に終止符をうち、彼がそこから生まれた境位へと、無感の境(l'aorgique)へと還ってゆくのだから。(同書、二二七頁)

ヘルダーリンの狂気は、彼の個別性に何かを付け加えたり、ましてや彼をより個別的な者にしたりするのではありません。そうではなく、狂気はむしろ彼の個別性を消滅させるのだ、とブランショは言っています。「〈開け〉」というのはおそらくハイデガーの「開け(das Offene)」というやはり否定神学的な術語を参照しているのだと思われますが、ブランショはそれを作家の個別性が消え失せる非人称的な場所として捉えています。彼は次のように言っています。

〔…〕この運動は彼〔＝ヘルダーリン〕に固有のものではなく、真なるものそれ自体の成就であり、それがある時点では彼の意に逆ってでも、彼の個人的な理性がもはやそこから立ち戻るすべのない非人称の純粋な透明性となることを要請したのである。〔…〕

ヘルダーリンは知っている。彼自身がもの言わぬ記号とならなければならない、語るものが、にもかかわらず語ることなく沈黙の真理があり続けることを証すため、言葉の真理が要請する沈黙とならねばならぬということを。（同書、二二四―二二八頁）

実際、ヘルダーリンは狂気に陥って以後、特に晩年には、みずからがつくった詩に「スカルダネリ」などと署名するようになったことが知られています。これは、統合失調症という狂気によって人格が解体していくさなかで、詩人としての個別性も消え失せ、非人称的な場所で詩作がなされるようになった徴候だと捉えることもできるでしょう。そのことに関して、守中高明（一九六〇年生）は、特に晩年のヘルダーリンの詩作に注目しつつ次のように述べています。

ヘルダーリンと呼ばれる主体、歴史上の時間に結ばれた一つの自己は、一度かぎり決定的に忘却され、それ以後、みずからの起源を忘却する円環的「持続」の中で、彼はそのつど一つの特異性＝単独性として現れる。彼は反復される強度であるのだ。「スカルダネリ」――それは偽りの名ではなく、そのような反復に耐える強度の高まり、選別的生成の瞬間を指示するべく刻まれた

「真なるもの」の記号なのである。（守中 二〇〇四、一〇一頁）

前章では、ラプランシュのヘルダーリン論と、それに対するフーコーの応答をとりあげた際、狂気と作品は一つの〈同じもの〉から由来しているという等根源的な性質に言及しました。ブランショは、いってみればその〈同じもの〉を非人称的な場所として捉えようとしたのです。そして、守中が示唆しているように、このような考えは、「創造と狂気」をめぐる思考の対象を、個別性（particularité）から特異性（singularité）へと決定的に移動させていくことになります。

次に、その道筋をアルトーを経由しつつ、デリダの議論を追いながら検討していきましょう。

病跡学への異議申し立て——アントナン・アルトーとL博士

すでに述べたように、西洋思想における「創造と狂気」をめぐる言説は、ヘルダーリンという特権的な狂気の詩人と出会うことによって、ひとつの典型的な「型」を手に入れるに至りました。それは、私たちがハイデガーにおける「詩の否定神学」と呼んだもの、およびそれを構造論化したラカンの精神病論、そしてフーコーの「外の思考」などであり、いずれも創造と狂気をひとつの「語りえないもの」から等根源的に生じたものとして理解するものでした。ヤスパースのような病跡学の主流の考え方も、その「語りえないもの」を「形而上学的な深淵」と呼ぶ点で、そのヴァリエーションのひとつと考えることができます。

このような「創造と狂気」をめぐるパラダイムに対して根本的な反省を要求した人物が、アントナン・アルトー（一八九六—一九四八年）です。アルトーは、狂気の詩人・演劇人として名高い人物ですが、病跡学ではやはり統合失調症だったといわれています（実際には薬物依存もあったようですが、その影響は統合失調症に比べると限定的です）。アルトーは、一九三七年のアイルランドへの旅をきっかけにして明確な発病に至り、フランスに強制送還されて精神病院に収容されます。一九三八年四月一日には、サンタンヌ病院でほかでもないジャック・ラカンの診察を受け、回復のみこみのない固定した精神病という診断を受けています。

転院を経て、アルトーは一九四六年五月まで、あしかけ九年間に及ぶ入院生活を送りました。その間には電気ショック療法——安全に施行可能な現在の「修正型電気けいれん療法」ではなく、患者に大きな苦痛を強いる治療法です——を何度も受けたようですし、当時（戦時中）の劣悪な精神医療環境は入院患者のなかから餓死者を出すほどだったことも知られています。

アルトーは、退院後から死に至るまでのわずかな期間に、「神の裁きと訣別するため」という作品、および「ヴァン・ゴッホ——社会による自殺者」というエッセイを発表しました。特に後者は一種の精神医学批判であり、「ゴッホは社会によって殺された人物である」と主張するものです。また、このエッセイは病跡学的な言説への批判でもあり、アルトーは特に、精神科医フランソワ＝ヨアヒム・ベールの『ファン・ゴッホのダイモーン』（一九四五年）の一節に激怒して執筆に至ったと考えられています（当時開催されていたファン・ゴッホ展にあわせて刊行された週刊誌にベールの著作の抜粋が掲載されており、アルトーはそれを読んだようです）。

アルトーが読んだベールの『ファン・ゴッホのダイモーン』は、ゴッホの病跡学的診断を整理し、彼の狂気と作品を関連づけるものでした（Beer 1945）。アルトーはその記述を監禁的な精神医療と一体をなすものとみなし、次のような檄文を綴っています。

仕事をしているヴァン・ゴッホの明晰さと向き合うなら、もはや精神医学はそれ自身が妄想に取り憑かれて迫害されたゴリラどもの狭苦しい侘び住まいにすぎず、そしてそのゴリラどもは、人間の不安と息苦しさの最も恐ろしい状態を取り繕うために、滑稽な専門用語しか持ち合わせていないのである、

それは彼らの腐りきった頭脳の生み出したご立派な産物なのだ。（アルトー 二〇〇六、一一二頁）

精神科医たちを「ゴリラ」呼ばわりし、病跡学的な言説はまったく無価値だと主張しています。さらにアルトーは、次のように続けます。

〔…〕L博士、多分あなたは不公平極まる熾天使《してんし》たちの種族に属しているのでしょうが、どうかあの人たち〔＝ゴッホのような狂気とされる人物〕をそっとしておいてもらいたい、

〔…〕社会は、精神病院のなかで、社会が厄介払いするつもりだった、あるいはそれから社会が身を守ろうとしたすべての人々を圧殺させたのである、まるでこれらの人々が社会と重大な何らかの卑劣な行いの共犯関係になることを拒んだとでもいうように。

というのも精神病者とは、同じく社会が耳を貸そうとしなかった人間、そして耐え難い真実を表明するのを社会が妨げようとしたひとりの人間でもあるからだ。（同書、一一四―一一五頁）

ここで批判されている「L博士」とは、ラカンのことです。ラカンはもともとシュルレアリスムのサークルのなかでアルトーのことを知っていましたが、ひとたび医師と患者という関係になると、「上から目線」でアルトーを回復のみこみのない精神病だと断じるようになりました。そのことをアルトーは批判しているのです。もちろん、アルトーの批判は単なる個人的な恨みではなく、むしろ精神医学や病跡学の言説が、「狂気」とされる人々の声を聞こうとしないことに向けられており、より射程が広いものだといえます。

このようなアルトーの身振りは、いっけん素朴な反精神医学（精神医療批判）のようにみえます。しかし、デリダはアルトーのなかに、「創造と狂気」というパラダイムそのものの転覆の契機を読み込んでいくことになります。

狂気の範例化に抗する

ジャック・デリダ（一九三〇―二〇〇四年）は、一九六五年に「吹きこまれ掠め取られる言葉（La parole soufflée）」というアルトー論を発表しています（この論文は、のちに彼の代表作である一九六七年の『エクリチュールと差異』に収録されました）。この論文では、私たちが前章と本章でみてきたブランショ、ラプランシュ、フーコーらの「創造と狂気」をめぐる議論の総体がとりあげられ、その難点が指摘されます（このような彼の批判が、実際にはハイデガーからラカンに至る「詩の否定神学」とその構造論化を射程にいれていることにも注意しておきましょう）。加えて、デリダは「創造と狂気」をめぐる言説が取り残してしまうアルトーの特異性を論じようとしています。

さっそくデリダの記述をみていきましょう。

彼ら〔ブランショ、ラプランシュ、フーコー〕のどのテクストにおいても、二つの註解、つまり医学的な註解〔＝狂気に対する精神医学的な注釈〕ともうひとつの註解〔＝文学上の注釈〕にとっての共通の場が――最良の場合には――遠くから指し示されているとはいえ、**実際には**両者は決して融合してはいないとわれわれは感じている。（デリダ 二〇一三c、三四〇頁）

ブランショ、ラプランシュ、フーコーの議論には、「創造と狂気」という問題を立て、医学（精神分析）の言説と文学の言説が共同作業を行えるような「共通の場」があらかじめ準備されており、そのような場の設定によってはじめて彼らの言説も可能になっている、とデリダは指摘しています。「共通の場」というのは、ラプランシュにおいては〈父の名〉の排除とそれと構造的に同じとされる神の不在のことです。そのひとつの欠損からヘルダーリンの狂気と詩作を統一的に論じることが可能になっていたことをすでに私たちは確認してきました。医学（精神分析）の言説と文学の言説の蝶番となるこの欠損の場所を、デリダは「共通の場」と呼んでいるのです。当然それは、フーコーにおける「〈同じもの〉という謎」、すなわちヘルダーリンの狂気と作品がひとつの〈同じもの〉から出発しているという考えにもそのままの形で見出されますし、ブランショのいう非人称的な場所、さらにはハイデガーの「開け」にもその対応物が見出されます。しかしデリダは、なぜそのような前提が可能なのか、二つの言説はほんとうに一致させることができるのか、と問うているのです。

デリダが批判するような、「共通の場」にもとづく医学（精神分析）の言説と文学の言説の共同作業を行った場合、どのような不都合が生じるのでしょうか。守中高明の議論をみておきましょう。

> たとえば、人はしばしば、ヘルダーリンを分裂病〔＝統合失調症〕という「病い」の一般性に包摂される一つの「症例《ケース》」と見なし、その「症例」において「病い」が「作品」に特殊な影響を与えたと考えがちだ。すなわち、一方に「病い」の領域が、他方に「作品」の領域があり、前者が後者を決定しているという因果性を想定すること〔…〕。あるいは、〔…〕反対に「作品」を「病い」からの相対的自律性において捉えようとする思考〔…〕の場合「作品」は「病い」にもかかわらず、「病い」に反して成立したということになる。〔…〕
>
> だが、そのような仕方で因果性を想定すること、あるいは逆に想定され得る因果性の不在を見ることは、どちらも誤りだと言わねばならない。「作品」を「病い」の結果とみなすとき、そこでは「作品」は分裂病一般に属する特殊なケースの表出としてしか位置づけられず、「作品」は結局、臨床的実体としての分裂病の一症状という資格で解釈されてしまう。他方、「作品」を「病い」への抵抗の産物と見なすとき、「作品」は「病い」の対立領域として仮定された「健康」の側にあることになるが、そのような分割は「作品」一般を「病い」の外部に置くことに等しい。（守中 二〇〇四、八五―八六頁）

ここでは、暗黙のうちにヤスパースの議論が参照され、批判されています。ヤスパースのように「創造と狂気」や「狂気と作品」といったテーマをあらかじめ設定してしまうと、前者が後者に影響を与えたのか、それとも前者があるにもかかわらず後者がつくられたのか、という議論に終始してしまうことになり、それ以上のことが言えなくなってしまう、というのです。

もっとも、ブランショ、ラプランシュ、フーコーがとった戦略はむしろ、そのような隘路にはまり込んでしまわないように、「狂気」と「創造」を別個のものとせず、等根源的なものとみなすというものでした。いわば、彼らは「創造と狂気」という形で二つのものを「と」でつなぐ思考の型を乗り越えようとしたのです。しかも彼らは、その二つのものが由来する根源を、語りえないもの、言語化不可能なものとして位置づける、という否定神学的なロジックによって、根源を安易に実体化することを避けようともしていました。

ブランショはその戦略の結果、ヘルダーリンを特異的（singulier）な、唯一（unique）の人物として扱うことになります。しかしデリダによれば、ブランショは結局のところその特異性なるものを十分に語れていません。言い換えれば、ブランショはヘルダーリンが特異的な存在であることまでは語れているけれども、ヘルダーリンがどう特異的なのかを語ることには失敗しているというのです。これでは、単に「特異的である」とだけ言って終わっているのに等しく、結局のところブランショの議論は本質主義――「統合失調症者の文学は特異的である」としか言えず、統合失調症と特異性を即座に結びつけてしまうような安易な考え――に陥っていることになる、とデリダは批判しています（デリダ 二〇一三c、三四四―三四五頁）。

ラプランシュは、ヘルダーリンにおける統合失調症の進展と作品の進展との関係は、「絶対に一般化されえない」ものであり、それは「ある特殊例（un cas particulier）、おそらくは唯一（unique）の事例における、詩と精神病の関わり」だと主張しています（Laplanche 1961, p. 132）。つまりラプランシュも、ヘルダーリンにおける「創造と狂気」の関係は特異的なものであり、絶対的に一般化されえないと主張しつつ、そこで筆を擱いていることになります。ラプランシュは、『ヘルダーリンと父の問題』でブランショを批判していましたが、デリダによれば、ラプランシュは「ひとたび遠くの方から唯一性（unicité）をそれ自体として告げるやいなや、M・ブランショに対してあからさまに批判していたはずの、あの範例主義（exemplarisme）に舞い戻ってしまう」のです（デリダ 二〇一三c、三四七頁）。実際、ラプランシュのヘルダーリン論は、ヘルダーリンを「唯一」の存在として称揚しているにもかかわらず、実際には他の統合失調症圏の傑出人にも適用可能なものとして書かれているのではないか？ だとすれば、やはりヘルダーリンの特異性は取り逃がされているのではないか？ デリダはそう問うているのです。このような批判は、当然、「〈同じもの〉という謎」を問うたフーコーにもヒットします。

それゆえ、ヘルダーリンをめぐるブランショ、ラプランシュ、フーコーの言説に対して、デリダは次のような判定を下さざるを得なくなります。

> **批評は範例を**、言い換えるなら**事例**〔＝症例〕**を作り出す**のだ。作品あるいは思考の冒険は、範例として、殉教者として、ひとつの構造を証言することになる。そして人々はまず何よりもその構造の本質的な恒常性の解読に専念するのである。（同書、三四二頁）

デリダは、ヤスパースのような病跡学の言説、すなわち創造と狂気を別個のものとして前提した上で両者の関係を問う思考を批判しています。そして、そのような言説にひとひねりを加え、創造と狂気を等根源的なものとみて、さらにはその根源を「語りえないもの」として神秘化しようとする否定神学的な言説をも批判します。というのも、ひとたびそのような仕方で何らかの否定的な「根源」が見出されたなら、その人物は悲劇主義的パラダイムにおける「殉教者」となり、同じ「根源」との関係が、他のあらゆる人物にも見出されることになるからです。そうなれば、人々はある否定的な「根源」という構造をそこかしこに見出すことに専念するようになるでしょう（実際、これはハイデガーによる「詩の否定神学」の定式化以降、特にラカンの影響下にある二〇世紀のフランス現代思想で起こったことにほかなりません）。要するに、「創造と狂気」をめぐるあらゆる言説が、結局のところ「金太郎飴」になってしまい、個々の特異性が完全に無視されてしまうようになることをデリダは批判しているのです。

ここには、デリダの思想の根本的なモチーフ、すなわち、ひとつの「不可能なもの（l'impossible）」の存在を指摘することによって、その当の「不可能なもの」をつねに同一不変のものとみなしてしまう傾向に対する根本的な批判がみられます。むしろデリダは、そのような「不可能なもの」を、様々な差異＝差延を孕んだ複数的でありうるものとして捉えようとするのです。

このような視座のもとでは、アルトーの精神医学批判・病跡学批判も新たな意味をもつことになります。というのも、アルトーこそは、精神医学や精神分析の言説がゴッホを診断し、この稀有の人物を自分たちの言説に還元して、彼の特異性をまったくみようとしなかったことを批判した当の人物だからです。それゆえ、デリダは次のように語ることになります。

> アルトーが臨床的な釈義や批評的な釈義に絶対的に抵抗するのは、〔…〕範例化**それ自体**に反対する抗議**それ自体**であるものによってなのである。（同書、三五〇頁）

デリダは、アルトーにおいては器官が身体のなかで荒れ狂っていたとみなします。身体の器官は、それぞれが連接し、ひとつの身体としてのまとまりを形作るようになりますが、アルトーはそのまとまりが必ずひとつの「欠如」を生み出してしまうことを恐れ、そのような欠如のない身体を取り戻すことを欲望していました（同書、三七八頁）。それはまるで、ハイデガーの「詩の否定神学」の末裔である否定神学的な言説がいつも決まって否定的な「根源」を設定することに対して抵抗するかのような試みだとデリダには思えたのでしょう。

また、デリダの批判の射程は、私たちが第1章で指摘しておいた、統合失調症中心主義（統合失調症者は普通の人間では到達できないような真理を手に入れているとする考え）と悲劇主義的パラダイム（統合失調症者が理性の解体とひきかえに真理を手に入れるという構図）が孕む疎外的な側面を再考することも促しているように思われます。

そこで最終章では、これらの問題を乗り越えようとしたと考えられる、ドゥルーズにおける「創造と狂気」をめぐる議論をとりあげます。

第**13**章

ドゥルーズ

「詩の否定神学」からの逃走

レーモン・ルーセル

「出来事」と統合失調症

これまでみてきたとおり、「創造と狂気」をめぐる思考は、近代精神医学のなかでは病跡学として、そしてフランス現代思想ではハイデガーの影響を受けた一連の議論の系譜として成立し、維持されてきました。本書の前半でみてきたプラトンからヘーゲルに至る狂気との格闘の歴史は、その前史だったといえます。

ここで、第1章で立てた論点をあらためて振り返っておきましょう。一つ目は、統合失調症中心主義の問題に向けられています。病跡学でも、フランス現代思想でも、統合失調症を患った傑出人が特権化され、「統合失調症者は、統合失調症ではない人々では到達できないような真理を手に入れている」という言説が頻繁になされてきました。私たちは、その理由はどうやらヘルダーリンに求められることを明らかにしてきました。すなわち、病跡学ではヘルダーリンを論じたヤスパースの言説が、フランス現代思想ではヘルダーリンに感化されるようにして形成されたハイデガーの「詩の否定神学」のフランス版ともいえる言説が、このような統合失調症中心主義を維持してきたと考えられるのです。

二つ目の論点は、一つ目のものと関連しますが、病跡学やフランス現代思想の言説が、しばしば悲劇主義的パラダイムをとっていたことに向けられています。すなわち、統合失調症を患った傑出人が前述のような真理を獲得できるのは、自分の理性の不可逆的な解体を受け入れた場合のみである、という考え方がこれらの言説には頻繁に観察されるのです。

すでに何度も言及したヤスパースの『ストリンドベリとファン・ゴッホ』の次の一節は、このような二つの論点を圧縮したものであり、これらの言説のひとつの範例になるものと思われます。

この種の病者〔＝統合失調症者〕において一時的ではあるが、形而上学的な深淵が啓示されるかの如くに思われることがある。〔…〕
　あたかも彼らの生涯の裡に、ただ一度だけ戦慄と至福に満ちた何ものかが啓示され、やがてその幾分の記憶のみを残して恢復不能の痴呆に陥るかの如くである。（ヤスパース 一九五九、一四三―一四四頁）

統合失調症では、人生のどこかで一度限りの決定的な出来事が生じ、それが「形而上学的な深淵」を啓示して、優れた芸術作品を生みだすことを可能にするものの、それとひきかえに、患者個人の人生ないし理性は解体へと不可逆的に向かうことになる、というのです。このような考えは、統合失調症という概念が誕生して以来、ヤスパースをはじめとする精神病理学者におおむね共有されていたものです。つまり、統合失調症は、人生のなかにとつぜん侵入してくる出来事に端を発する「プロセス（Prozeß）」――これはヤスパースに由来する術語で、しばしば「（病的）過程」と訳されます――として始まり、発病後の人生はその出来事によって決定的に規定され、さらにプロセスの経過によって理性の解体に向かう、という考えが一般に信じられていたのです。

　このような考えは、精神病理学にみられるだけではありません。たとえば、アラン・バディウ（一九三七年生）の「出来事（événement）」の哲学は、私たちの文脈からは、明確に統合失調症的なロジックによって規定されているといえます。彼の議論がもっとも平易に表現されている『存在と出来事』の英語版序文の一節をみておきましょう。

真理は秩序の効果として構成されるのでは決してなく、もっぱらそれを支える秩序と破断することによって構成される。私は真理を開くこのような破断を「出来事」と名づけることにした。〔…〕主体とは、真理の出来事に対する積極的な忠実さにほかならない。(Badiou 2005, pp. xii-xiii)

ある決定的な出来事が人生のどこかで起こります。それは、これまでの秩序を崩すこととひきかえに真理をもたらすものであり、起こってしまった以上は引き返すことのできないような取り返しのつかない出来事です。ゆえに、そのあとでできることといえば、その出来事に対して忠実であることでしかなく、そのような忠実さこそが主体である、というのです。このような考えは、やはりハイデガーの「詩の否定神学」――絶対に書かれることのなかった詩にどれだけ忠実であるかが詩人の優劣を決めるとする議論――の影響を感じさせますし、ヤスパースのプロセスをめぐる議論とも非常に親和的なものです。この意味において、バディウの哲学は、ヘルダーリン＝ハイデガー以降の西洋思想の「統合失調症モデル」を継続した哲学だといえるでしょう(もっとも、バディウの哲学はハイデガーの「詩の否定神学」を数学的に読み替えることによって、民族主義的な妄想から逃れることを可能にする点にその魅力があると思われますが、その点については本書では扱いません)。

前章でみたデリダが指摘したような範例主義の問題は、ここにもあてはまると思われます。というのも、ヤスパース、ハイデガー、そしてバディウに至る一連の議論が、ひとつの「決定的な出来事」とそれに対する「忠実さ」という同じ構造に収斂するとすれば、このようなロジックをつかっているかぎり、統合失調症を患ったあらゆる傑出人について同じことが言えてしまうことになり、その特異性は取り逃がされてしまうからです。

「一度限りの決定的」な出来事からの逃走

この袋小路から脱出するには、ひとつの「一度限りの決定的（une fois pour toutes）」な出来事の論理からどのように逃れるのかを考えなければなりません。そこで参照すべきなのは、ジル・ドゥルーズ（一九二五―九五年）の思想だろうと思います。

ドゥルーズの思想が精神医学や精神分析から強く影響を受けたものであることはよく知られています。彼は、本書で扱った人物だけでも、クレペリン、ビンスワンガーといった精神病理学者、フロイト、ラカン、ラプランシュといった精神分析家の理論を援用していました。また彼は、一九六九年の『意味の論理学』や一九九三年の『批評と臨床』といった著作において、アルトーやルイス・キャロル、レーモン・ルーセルといった病理性の強い作家、すなわち何らかの狂気[1]（délire）を患っていたと思われる作家にしばしば注目していました。くわえて、彼がフェリックス・ガタリ（一九三〇―九二年）との共著『アンチ・オイディプス』（一九七二年）で統合失調症に由来する「スキゾ」という概念を主題的に用いたことも、彼の思想と狂気との密接な関係を示しているといえます。

しかし他方で、ドゥルーズ自身はけっして――肺病と自殺を別にすれば――病的な人物ではありませんでした。彼自身のパーソナリティが狂気との親和性を示すエピソードはほとんどないのです。くわえて、ドゥルーズは実際の「スキゾ」、すなわち概念ではなく現実に存在する統合失調症の患者にはほとんど興味をもっていなかったばかりか、彼らに対して嫌悪感すらもっていたようです。実際、ガタリやジャン・ウリ（一九二四―二〇一四年）がいたことで知られるラボルド病院で勤務していたある医師は、「彼〔＝ドゥルーズ〕は狂人嫌いでもあった。ラボルド〔病院〕なんかには一時間といられなかっただろうね」と述懐しています（ドス 二〇〇九、一二頁）。

では、ドゥルーズと狂気はいかなる関係にあったのでしょうか？ 両者のあいだに関係がないわけでないことは明らかです。ドゥルーズは、たしかに狂気に惹かれていました。しかし、彼は現実の統合失調症者に惹かれていたわけではありません。ならば、彼は単に概念としての「スキゾ」に魅了されていただけなのでしょうか。もしそうであれば、彼は現実の患者を無視し、統合失調症を「隠喩としての病」としてのみ利用した人物として批判の対象になりうる存在ということになります。実際、斎藤環（一九六一年生）は最近、ラカンやドゥルーズらの思想の影響を受けた一九八〇年代の現代思想のなかで、「統合失調症（分裂病）」が思想的文脈に転用され、その結果としてこの病が「崇高なる究極の他者」というレッテルを付与された位置に祭り上げられてしまったと指摘しています（斎藤・村上 二〇一六）。つまり、ドゥルーズらの思想は、狂気を肯定するどころか、狂気のスティグマ化を助長したと考えることもできるのです。

しかし、私たちがみるところでは、ドゥルーズの本領は、統合失調症についてのオルタナティヴな捉え方、あるいは統合失調症とは別の種類の「狂気」への注目にあったと考えられます。もしそうだったとすれば、彼の思想を新しい角度からみることができるでしょう。また、彼の思想を非スキゾ的に読むことは、フーコーが「ドゥルーズの世紀」と呼んだ現代がどのような時代であるのかを明らかにすることをも可能にするかもしれません。

まず注目しておきたいのは、ドゥルーズが一九七〇年に発表した「統合失調症と社会」という論文です。この論文では、統合失調症におけるプロセスの理論を別様に読むことが提案されています。

早発痴呆〔＝統合失調症の前駆的概念〕という概念を基礎付けるのに執着したとき、クレペリンはそれを原因や症状からではなく、一つのプロセス、一つの進展と一つの終着状態によって定義しようとした。ただ、この終着状態をクレペリンは完全かつ決定的な解体、閉じこもって死を待つだけの患者を説明するものとして考えていた。カール・ヤスパース、次に現在ロナルド・D・レインは、このプロセスという豊かな考え方をまったく別様に捉えている。決別、噴出、人格の連続性を壊す一つの侵入であり、自然と歴史、有機体と精神がなだれ込んでいく逃走線を追いながらの、強烈かつ恐るべき一つの「いっそう多くの現実」を通じた一種の旅へと駆り立てるもの。精神分裂〔＝統合失調症〕の諸器官－機械と器官なき身体やその上における強度の流れの間で、演じられているのはまさしくこれであり、機械のありとあらゆる連結が、歴史のありとあらゆる逸脱が行なわれるのである。（ドゥルーズ 二〇〇四ａ、三二一―三二三頁）

クレペリンとヤスパースの議論に関して若干の誤認がみられますが、ひとまずそれはおいておきましょう。ドゥルーズは、精神病理学の言説のように、プロセスをネガティヴな解体へと不可逆的に向かう破断ないし切断としてみるのではなく、ポジティヴな何かを胎動させる過程としてみています。注意してほしいのは、このようなドゥルーズの考えが、ヤスパースのそれとはまったく異なっているという点です。ヤスパースにとって、統合失調症がポジティヴなものでありうるのは、発病時に「形而上学的な深淵」が一瞬だけ啓示されるからにほかならず、その一瞬が終わったあとの「消化試合」がプロセスと名指されていたのに対して、ドゥルーズの場合はむしろプロセスが進んでいく過程のただなかで様々な変化が生じうることこそがポジティヴに捉えられているのです。この意味において、ドゥルーズは、「統合失調症を肯定性として、統合失調症者の人格に生じせしめる欠陥や破壊という性格や、想定された構造内に出現する欠如や分離〔＝たとえば、〈父の名〉の排除〕に還元せず、肯定性そのものにおいて理解すること」を提唱しているのです（同書、三一頁）。

ドゥルーズは、「逃走線（ligne de fuite）」という概念をもちいてそのことを明確化しています。起こってしまった出来事に忠実であるのではなく、さまざまな方向に逃げていくこと。ヘルダーリンのように欠損した〈父の名〉や不在の神の痕跡に踏みとどまるのではなく、それとはまったく別のことを考えること。そのように逃走することによって、人生の連続性を断絶させるプロセスを、“breakdown”（故障）ではなく“breakthrough”（突破口）にすることができる――これが、ドゥルーズの主張なのです。のちのガタリとの共著『アンチ・オイディプス』では、臨床形態としての「統合失調症」はプロセスそのものではなく、プロセスが壁にぶちあたって失敗したものにすぎないとされます。つまり、プロセスは本来肯定的なものであるにもかかわらず、その自由な運動が社会や精神病院の壁によって疎外されることから「統合失調症」になると考えられるのです（ドゥルーズ＋ガタリ 二〇〇六、(上)一三一―一三二、二三六―二四一頁）。このように、反精神医学的な論点も交えながら、二〇世紀の「創造と狂気」をめぐる思考を決定づけていた「一度限りの決定的」な出来事の論理からいかに逃れるかを考えたのがドゥルーズの仕事の特徴です。[2]

草間彌生と横尾忠則

「一度限りの決定的」な出来事に忠実であることと、そのような出来事から「逃走」すること。前者はヘルダーリン＝ハイデガーに由来する「詩の否定神学」や統合失調症と関連の深いものであるため、すでにみなさんにとってはイメージしやすいものと思われます。では、後者の「逃走」的な創造性というのは、いったいどのようなものなのでしょうか。

日本のアートの文脈でいえば、草間彌生（一九二九年生）と横尾忠則（一九三六年生）の二人が、ちょうどこの二つのあり方に対応しているように思われます。

草間彌生は、第1章で紹介したように、統合失調症を中心に論じる病跡学的な言説に馴染みやすい人物です。たとえば、彼女の代表作のひとつに、男根を敷き詰めたかのようなソフト・スカルプチュア作品がありますが、この男根は、ラカンが述べた精神病における「排除されたものの回帰」として理解できます。つまり、排除されたペニス（去勢のシニフィアン）が現実のなかに直接無媒介的に回帰することが、彼女の作品を決定づけているのです。

ここで「直接無媒介的に（immédiatement）」という言葉をつかったのは、それが他のものに象徴的に媒介されずに、そのまま現れていることを指します。作家というのは多かれ少なかれそれぞれに葛藤を抱えているものですが、通常なら――至極単純化した例ではありますが――ペニスを象徴化したかたちで「足」を描くように、葛藤は間接的に作品に表現されます。だからこそ、足が「ペニス」を象徴していることを逆向きにたどりなおすことによって作品に対する精神分析的解釈が成立しうるのです。しかし、性交を恐れていた草間の作品には、他ならぬ男根そのものが何の象徴化も受けずに現れています。ここでは作品に対する通常の解釈は停止せざるをえません。むしろ、ダリがパラノイア・クリティックで用いた意味でいうなら、この創造行為こそが現実に対する解釈として、もはやそれ以外のものではありえないものとしてあらわれているのです。

また、草間は自らを去勢する男根のイメージという剝き出しの精神病的ヴィジョンに襲われていました。それゆえ、彼女はそのイメージを描かざるをえず、つねに自分自身が固有名としてそこに巻き込まれざるをえない状態にありました（草間の自己消滅！）。有名な男根のソフト・スカルプチュアにしても、無数の男根の群れのなかに草間自身が横たわることによって完成されるのです。彼女の作品がどこかユーモラスにみえるとすれば、それは浅田彰（一九五七年生）が述べたように、その作品の一つ一つが進退窮まった剝き出しの葛藤が発する緊迫感を保ちつつ、その緊迫感を無限に増殖させることによって、それ自身を無効化することに成功しているからでしょう（浅田 一九九九）。彼女の作品にはつねに死の影が漂い、その死は無限の反復を施されることによってのみユーモアになりうるのです。このように、草間にとって、創造は生きるための盾であり、そこには死との戦いがあります。自らを死に至らしめるような剝き出しの精神病的ヴィジョンを、絶え間ない反復作業によって生き延びることに草間の創造行為の独自性があるのです。このような創造行為は、やはり「出来事に忠実であること」という考えに親和的であるように思われます。

それでは、横尾忠則はどうでしょうか。横尾には、自らの病気について語ったエッセイ集がありますが、そこで語られているのはほとんどが身体疾患のことです。実際、彼に病跡学的な見地から診断をつけるのは困難です。私たちの知るかぎり、彼の精神科との関係は、むち打ち症で入院した際、病室の壁を自分のポスターで埋めていたら、精神科医を呼ばれたというエピソードがあるだけです。

幼少期の横尾には、熱を出すと現実の空間が膨張・縮小して見える体験があったといいます（このような体験は「不思議の国のアリス症候群」と呼ばれることがあります）。彼にとって、この体験は彼の想像力と深く結びついており、このときの光景が作品に引用されることもあります。盛んに語られる霊的体験にしても、彼は同様の態度をとっています。ここで注目しておきたいのは、イメージに蹂躙されるかのような受動性の極に立つ草間とは反対に、横尾にはイメージが回帰してくることに対して、受動的（被害的）な様子がまったくないことです。むしろ彼は、自身の霊的体験を対談、小説、自伝といったあらゆる媒体で能動的に語ってきています。そしてその体験は、作品に直接無媒介的にあらわれるというより、むしろ創造の糧《かて》になっているようなのです。

自らに到来するイメージにどう対処するかという問題は、草間と横尾の創造行為に共通するものだといえますが、二人はそれぞれまったく異なる対処方法をとっています。横尾は、イメージに対して「模写」を行う、という方法をとります。自らに「閃《ひらめ》き」のように突然やってくるイメージをキャンバスの上に写し、イメージそれ自体がもつ力に委ねてみるのです。そして、さらにそこに遊びを加えていく、という方法で横尾の絵画は創作されます。たとえば、非常に長いタイトルの《大阪の親戚に魚屋の力松という人がいた。ぼくが母と一緒にこの人の家を訪ねると、きまったように「タコ食うか？」といってタコの足を切った。この力松のおっちゃんがある日、ぼくの家にチンドン屋を連れてインチキ石鹸を売りに来た。そして夜になると三味線と太鼓で怪しげなパフォーマンスをするのだった。》という作品があります。ここには、その表題があらわすように、横尾少年の幼少期の印象が描かれています。タコを捌く「力松のおっちゃん」は、背景の燃えるようなイメージに支えられ、まるで修羅のように描かれています。しかし、その圧倒的なイメージの傍らには、三味線弾きの女性のイメージが巧みにコラージュされており、横尾の過去のポスター作品を想起させます。このようにして、横尾はイメージの模写の上で遊んでいるのです。

横尾の戦略は「遊び」にとどまらず、「無責任」にまで発展していきます。彼は「時には無責任になることも必要だ。絵なんてぼくは責任取ったことないね」と言っていますし、自分の絵画には思想がない、絵には責任をとらない、他人任せなのだ、と様々な場面で語っています。責任は、むしろ横尾を触発したイメージの側にある、というのです。

中条省平（一九五四年生）は、横尾の作品にはミルチャ・エリアーデ（一九〇七―八六年）のいう「反対物の一致」の思想があると指摘しています（中条 二〇〇八、二三頁）。つまり、善と悪、男と女といった反対のものが相互転換する局面を横尾は描いているというのです。草間にとって問題だった自己消滅、すなわち死は、横尾にとっては再生と相互転換するものになります。こうした反対物の一致は、作品のなかだけでなく、たとえば『横尾忠則遺作集』の出版が自らの再生に寄与したという点にもうかがうことができます。なにより興味深いのは、彼が死を再生へと変奏する際の作法です。横尾は、『遺作集』について、死を恐れながらも自分自身の死をイメージすることが安心感や快感を生み出す効果があったと述べています。つまり、両親の死後、否応なく死を意識することになった彼は、『遺作集』によって死を先取りすることで死の恐怖から逃れようとしたのです。このような身振りには、ハイデガー的な「先駆的覚悟性」などといった言葉は似合いません。自らの創造行為の根源は幼少時から行っていた模写にあるといっていた横尾は、死亡宣言や死亡広告、そして『遺作集』の出版によって、死すら模写したといえるのではないでしょうか。

中井久夫は、解離（あるいは多重人格）を統合失調症と比較した場合、統合失調症には「自分が唯一無二の単一人格でありつづけようとする悲壮なまでの努力」があるのに対して、解離ではそういった責任の主体を維持することよりもその場のコンフリクトを解消させることが優先されるという特徴があると述べていました（中井 一九九八、九三頁）。この対比は、草間と横尾の二人にぴたりとあてはまるまるように思います。草間は自らに迫ってくるイメージに対して、一人の責任ある主体としてなんとか生き延びるために悲壮な努力をし、その戦いに「勝利」します。それに対して、横尾はイメージの上で遊び、責任は自分ではなくイメージの側にとらせるのです。もちろん、横尾が臨床的な意味での解離性障害だというわけではなく、むしろこれは病から華麗に「逃走」する運動とみるべきでしょう。

この意味で、ドゥルーズとガタリのいう「逃走」は、統合失調症論の文脈での草間の「格闘」よりも、横尾のような遊びながらのアルカイックな無責任さに、よりあてはまるように思われます。実際、横尾は、自分のことしか掲載しない、きわめて珍しい個人雑誌である『横尾忠則マガジン』において、「私」を過剰に露出することによって「私」を消去することが可能になったと語り、「ぼくはできれば鰯の大群の一匹になることを夢見ていたのである。大群の一匹でありながら「私」である。と同時に大群という巨大な「私」という一匹に」という発言を残しています（横尾（編）二〇〇〇、六八頁）。

すれちがう二人

この二人の違いが如実に現れたのが、一九九一年に行われた二人の対談でした。この対談の途中で、草間は「あまりにも世界が違って、対談していくのが苦しいから、ここで降りたいと思いますけど」と発言しています（横尾・草間　一九九七、一九二頁）。草間は、横尾との対談で苦しくなってしまったので対談を途中で降りたい、といったのです。何が草間をそれほど苦しめたのでしょうか。本人によれば、それは「二人の世界があまりにも違う」からでした。他方、横尾は、二人の世界は対極のものではなく、魂や心は通じ合っているのだから対談は続けられる、と返答しています。

先にみたように、両者はともに、ある種のイメージのインスピレーションをもとに創作を行っているのですが、インスピレーションに対する態度は大いに異なっています。インスピレーションは、草間にとっては何よりもまず描くこと=描かされることを本義としており、それは「語る」ものではありません。だから、横尾が「魂や心は通じ合っている」と主張しても、草間には通じないのです。この対談のなかで、草間が横尾のことを「ジャーナリスティック」だと言い、横尾のようにインスピレーションについて語ることの究極的な不可能性を言い立てているのは、草間には語りえない創造の秘密について横尾があまりにも触れすぎてしまったからであるように思われます。統合失調症者は、自らが急性期に体験した言語を絶するような体験を医師から言い当てられると、タイムスリップしたかのようにミクロな急性期に連れ戻され、不安で崩れやすい状態に陥ることがありますが、横尾と草間のあいだに生じたのは、これと同じ事態のようにみえるのです。

実際、この対談には、そうした危うい緊張感が走る場面があります。対談を降りたいと言った草間に対して、司会者がすぐさま次のように声をかけてフォローしようとする場面です。

〔司会〕——ぼくのほうから草間さんにちょっとお伺いしたいことがあるんですけれども……

草間——そうですか。ニューヨークの一九六〇年代の幕開けをしたのは私です。私が「1000 Boats Show」をやったときに、アンディ・ウォーホルが「ワーオ、ヤヨイ・クサマ、これ、なーに?」といったんです。そのときから五、六年して、彼が牛の絵のポスターを天井から壁から全部張ったのも、ルーカス・サマラスの「鏡の間」も、ヴィジョンはみんな私から来ているんです。

だから、一九六〇年代の導火線は間違いなく私から来ているわけですよ。多くの絵描きがソフト・スカルプチャーをつくったでしょう。歴史的にもそれは証明されているわけです。（同書、一九二—一九三頁）

なんという痛ましい発言でしょうか。司会者の「ちょっとお伺いしたいことがあるんですけれども」という言葉を受けた草間は、その質問の内容を聞くことなく、自らの評価と美術史における位置を確認する作業を息つく暇もなく開始しているのです。たとえ対談の常識的なコードから逸脱しようとも、いまここで自我のメンテナンスを行わなければならない——そうしなければ、自身の存在さえ危うくなってしまうような差し迫った危機がここにはあらわれているようです。自己について語られることと自己について語ることが不安定に共振し、いまにも自己が瓦解せんとするような言語の危機があらわれています。これをみると、草間の病はやはり統合失調症なのだろうとあらためて考えざるをえません。

草間のこのような身振りは、この対談だけにみられるわけではありません。彼女は自伝『無限の網』（二〇〇二年）のなかで、「自分は美術界とはまったく関係がない」と述べ、いわゆる画壇と自分は無関係であることを主張しています。しかし、この自伝には彼女が海外の評論家からどのように評価されたのかが事細かに記されており、右に引用した対談でのニューヨーク生活の突然の述懐がそっくりそのまま繰り返されているのです。時系列にそって綴られる彼女の自伝において、ニューヨークでの成功体験を語る第一部が時系列を逸脱してまで特権的に最初に語られなければならないというのは奇妙に思えます。ましてや、今では知らない者はいないほどの巨匠である草間に、初期の成功体験をことさらに強調するような世俗的な関心があるとも思えません。ニューヨーク体験は、草間にとってそれほどまでに特権的なものなのです。

統合失調症者は、発病時の危機的場面——それは多くの場合、言語化不可能なものです——を何度も反復的に想起することがありますが、草間のニューヨークでの成功体験は、彼女が自分の世界を安定化させるための、自我のメンテナンスのための呪文のようなものなのではないでしょうか。彼女の自伝の第一部にだけ、詩が挿入されていないこと、また基本的には一人称で語られながらも「私」を「草間」に置換すればそのまま評論文になりそうなほどの三人称性がこの第一部でもっとも際立っている、という点にもこのことはうかがえます。自伝をみても、横尾と草間は対照的です。横尾の自伝には各界著名人との交友が書かれていますが、それは草間のように自分の評価を確認するものではなく、とてもさらりとしたさりげないものです。

横尾は、右に引用した草間の発言を受けて、「草間さんの方がジャーナリスティックだ」と反論しています。しかし、草間のニューヨーク体験の回顧は「ジャーナリスティック」な行為ではなく、むしろそれを行わなければ彼女の存在そのものが崩壊の危機に瀕してしまうような、生きるために必須の作業なのです。他方、横尾は病気を様々な方法をつかって治すこと、あるいは突然に治ることについて何度も書いています。そこには、草間のような「創作するか、絶命するか」を問われるような危機的契機は感じられません。横尾を特徴づけているのは「健康」なのです。

草間のような芸術家が狂気について教えてくれるとすれば、横尾が私たちに教えてくれるのは健康のあり方です。草間が病とひきかえに創造を得るのだとすれば、横尾は病を健康に転換するところから創造を引き出しています。言い換えれば、草間が病の責任を引き受けるがゆえに創造を行うのだとすれば、横尾は病に対する圧倒的な無責任さゆえに創造を行うのです。病との関係においてあらわれる二人の創造性は、一方は「出来事への忠実さ」、他方はそこからの「逃走」という両極として現れているのです。

『意味の論理学』——「深い」文学と「浅い」文学

次に、ドゥルーズが狂気の文学を扱う手さばきを観察しながら、統合失調症中心主義と悲劇主義的パラダイムに依拠しない、現代的な「創造と狂気」のあり方を検討していきましょう。

さて、ドゥルーズにおける「創造と狂気」の問題を考えるにあたっては、ドゥルーズがどのような狂気に惹きつけられていたのかを考えることが重要だと思われます。ハイデガーにとってヘルダーリンという統合失調症の詩人を自分の伴侶としながら思索を行うことが重要だったように、ドゥルーズがいったいどのような狂気に、そしてどのような創造性を自分の思索の伴侶としたのかを考えることは少なからぬ価値をもっていると思われるのです。

「ある人物の思想は、彼が傾倒した人物の狂気の影響を受ける」という考え方は、加藤敏が「思想的系譜におけるエピ‐パトグラフィー」と呼んだものですが、そのような観点からドゥルーズの思想を考えるとき、まっさきに考慮しなければならないのは、アントナン・アルトーとルイス・キャロル（一八三二—九八年）の狂気からの影響でしょう。

両者はともに、ドゥルーズが一九六九年の『意味の論理学』においてはじめて論じた人物です。一方のアルトーは、前章で論じたように、ラカンによって治癒のみこみのない精神病（統合失調症）と診断された人物であり、正真正銘の統合失調症の患者だったとひとまずはいえるでしょう。他方、『意味の論理学』のもうひとりの主役であるルイス・キャロルはどうでしょうか。かつては、彼を「統合失調症質（分裂病質）」――すなわち、統合失調症を思わせる性質を多数もつけれども、外面的に明確な発病はなく、あくまでもサブクリニカルな段階にとどまる異常――とみなす病跡学的研究がなされたこともありますが、今では彼を自閉症スペクトラム（アスペルガー症候群）とする説が有力です。

だとすれば、ドゥルーズの『意味の論理学』には、統合失調症という狂気を代表するアルトーと、それとよく似ているが異なる狂気の持ち主であるキャロルという二つの線が並走していることになります。

『意味の論理学』のなかに二重性をみるこのような考え方は、ドゥルーズ自身によっても裏打ちされます。彼は、キャロルの作品に統合失調症らしさをみるのは容易だが、それは「軽率」なことである、と言っているのです。つまり、統合失調症者アルトーとキャロルのあいだには大きな断絶があるのです。そしてドゥルーズは最終的に、アルトーとキャロルの差異を、「深層（profondeur）」と「表面（surface）」という対立をもちいて次のように要約しています。

> キャロルのすべてを引き換えにされても、われわれはアントナン・アルトーの一頁も与えないだろう。アルトーは、文学で絶対的に深かった唯一の者であり、自身で言うごとく、苦痛の力のおかげで、生ける身体を発見し、生ける身体の途方もない言葉を発見した唯一の者である。アルトーは、今日においても未知の下層 - 意味を探検したのである。ところが、やはり、キャロルは、

表面の主人あるいは測量師である。表面のことはよく認識されていると信じ込まれているために、表面が探検されることはない。しかしながら、表面には、意味の論理のすべてがある。（ドゥルーズ 二〇〇七a、(上)一七〇頁）

ドゥルーズは、統合失調症者アルトーが生み出す「深い」文学を絶対的に評価しています。アルトーの「深さ」は、うわっつら（表面）の言葉ではなく、狂気とひきかえに獲得された生ける身体の絶望的な叫びを文学の言葉に昇華することを可能にした点にあります。彼の言葉は、重症の精神病体験のなかから、文字通り命がけで引き出されたものなのです。

他方のキャロルは、例えば「散乱物（litter）」と「文学（literature）」を合わせて「紊学《ぶん》（litterature＝散乱文学）」という言葉（カバン語）をつくる技法に代表されるように、言葉をその表面で組み合わせたり組み替えたりする遊びをあふれるように用いていました。彼は、アルトー的「深さ」とは無関係の言葉、つまり深層から独立した表面の言葉によって文学を創造していたのです。くわえて、両者の違いを病跡学的に裏づけるかのように、キャロルは約六六年間の生涯のなかでアルトーのような精神の危機や破綻を経験することはありませんでした。アルトーの文学が病とひきかえに獲得されたものだとすれば、キャロルのそれは健康のなかでなされたある種の情報処理によって形成されたものなのです。

アルトー自身もまた、自分とキャロルの隔たりを強く意識していました。アルトーは、キャロルの「表面の詩や言語は嫌い」だとはっきり述べています（Artaud 2004, p. 1013）。彼がキャロルに対してこのような感想を抱くようになったのは、キャロルのテクストと格闘したとき、具体的には、アンリ・パリゾー（一九〇八―七九年）の依頼をうけてキャロルの「ジャバウォッキー」の翻訳を入院中に行ったときのことでした。ふつう、キャロルの文学の翻訳は、ナンセンスなカバン語で構成された“Did gyre and gimble in the wabe”（「にもずをじゃいり、錐めく」）という彼の一行を、カバン語をフランス語で再現するように « Gyraient sur l'alloinde et vriblaient »（アンリ・パリゾーによる翻訳）などと置き換えることで遂行されます。しかし、このような表面の言葉に満足できないアルトーは、この同じ一行を彼なりの深層の言葉に変容させるかのように、身体が振動する際の擬音の炸裂としかいいようのない新作言語を用いて « Allaient en gibroyant et en *brimbulkdriquant* » に置き換えるのです。ドゥルーズが評したように、アルトーが行った翻訳は、キャロルの表面の言葉を「生ける身体の途方もない言葉」――すなわち統合失調症の言葉――に置き換えるものだったのです。

アルトーとキャロルの対立、「深い」言葉と「浅い」言葉の対立。両者の隔たり、すなわちドゥルーズのいう「表面に放出されるキャロルの言葉と身体の深層で刻まれるアルトーの言葉の隔たり」は誰の目にも明らかであるように思われます（ドゥルーズ 二〇〇七a、(上)一五四頁）。アルトーにとって、キャロルは苦悶に由来する言葉を書いた作家ではなく、ただ単に独自の言語を発明したにすぎず、「表面の言葉の創設に固執して、深層の言葉の真の問題、すなわち、苦悩の分裂病〔＝統合失調症〕的な問題、死と生の分裂病的な問題を感じなかった」作家にほかなりません（同書、(上)一五六頁）。アルトーがキャロルを「小‐倒錯者（un petit-pervers）」（すなわち、言葉のフェティシスト）と評したのはそのためです。キャロルは、近年ではのちに述べる様々な生活歴上の特徴から、統合失調症質ではなく自閉症スペクトラム（アスペルガー症候群）だったと診断されていますが、創造した文学の特徴からみても、キャロルは統合失調症とは異質なのです。[3]

表面へと向かうドゥルーズ

では、ドゥルーズは、統合失調症の中核的病理を代表するアルトーの狂気と、統合失調症にいっけん類似しているもののそれとは異なるキャロルの狂気のどちらを重視していたのでしょうか？　この問いは、実のところ『意味の論理学』では決着をつけることができません。というのも、ドゥルーズは、「キャロルのすべてを引き換えにされても、われわれはアントナン・アルトーの一頁も与えないだろう」と述べてアルトーを称賛したその同じ段落のなかで、「〔キャロルが描く〕表面には、意味の論理のすべてがある」とも述べているからです。つまり彼は、深層のアルトーと表層のキャロルの両者に高い評価を与えるという両義的な態度をとっているのです。その意味で、『意味の論理学』は、いわばアルトーの狂気とキャロルの狂気の二枚が合わさってできた合板だといえるでしょう。

『意味の論理学』における深層と表層の二枚合わせ構造は、同書におけるストア派の哲学の扱いにもみてとることができます。ここでは、ドゥルーズが『意味の論理学』の執筆にあたって大いに参照したエミール・ブレイエ（一八七六―一九五二年）の『初期ストア哲学における非物体的なものの理論』（一九〇八年）の決定的な一節を参照しておきましょう。ドゥルーズは、キャロルをストア派の哲学と重ね合わせているのですが、ブレイエによれば、ストア派の哲学とは、次のようなものでした。

> 彼ら〔＝ストア派〕は、彼ら以前には誰もなさなかったこと、つまり存在の二つの平面を根本的に分離することによってこのような〔世界を事実や出来事に還元する〕着想を可能にするのである。その平面とは、一方は、深くて実在的な存在、力であるが、他方は、存在の表面に関係し、結合も終局もない非物体的な存在の多様性を構成する諸事実の平面である。（ブレイエ 二〇〇六、

二七―二八頁）

パラフレーズしましょう。ブレイエによれば、ストア派の功績は「存在の二つの平面を根本的に分離」したことにあります。片方の平面とは、物体的なものの平面であり、ひとつのビリヤードボールが別のボールに衝突して運動を生じさせるように、ある物体が別の物体に対する原因となるような平面です。この平面では、「あらゆる物体は、〔…〕別の物体との関係では、別の物体に対する原因である」ことになります（ドゥルーズ 二〇〇七a、㊤二二頁）。しかし、世界はそのような物体的なものの平面だけから構成されているわけではありません。物体的なものの平面におけるビリヤードボールの運動は、その結果＝効果（effet）として、様々な「ショット」が生じたという認識を生み出し、さらには「ゲームの勝敗」といった情報を決定づけていくのです。ここで結果＝効果として生じた「ショット」や「ゲームの勝敗」といった認識ないし情報は、物体的なものの平面には存在しないもの、したがって非物体的なものだといえます。だとすれば、私たちはビリヤードにおいて、実在の対象であるボールの衝突が展開される物体的なものの平面と関わりつつ、そこから結果＝効果として生まれる非物体的なものの平面にも関わっていることになるでしょう。

　ドゥルーズがアルトーとキャロルに割り振った「深層」と「表面」は、この「物体的なものの平面」と「非物体的なものの平面」にそれぞれ対応させられています。そしてドゥルーズは、この二つの平面が異なるものであることを確認した上で、後者（表面＝非物体的なものの平面）を単に前者（深層＝物体的なものの平面）の結果＝効果としてのみ捉えるのではなく、後者は前者から独立した秩序をもっている、と主張するのです（同書、㊤二三四頁）。つまり、ビリヤードボールの運動は、ゲームの勝敗とは別の秩序にある、というわけです。

少々難しい議論ですので、説明しておきます。実在するビリヤードのゲームは、特定のプレイヤーがビリヤードボールをキューで突くことによって進行します。この意味で、非物体的なものの平面（表面における「ショット」や「勝敗」）は、動作の主体であるプレイヤーの存在を伴った物体的なもの（ボール）の動きの結果＝効果だといえます。ここには、物体的なものの平面が非物体的なものの平面をつくり出すというはっきりした主従関係があるように思われます。しかし私たちは、たとえばコンピューターゲームによって、あるいは想像力によって、いかなる特定の具体的なプレイヤーからも独立した、さらには現実のボールからも独立した（つまりは物体的なものの平面から独立した）、非物体的（かつ非人称的）な「ビリヤードゲームの進行」を考えることができます。ドゥルーズがキャロルの『不思議の国のアリス』（一八六五年）と『鏡の国のアリス』（一八七一年）に見出したのは、前者では人物が厚みのないトランプのカードに還元され、後者ではチェスの駒が棋譜に沿って運動することによって物語が展開する、まさに非物体的なもので構成された表面の世界であり、「深層」から独立した「表面」だといえるのです（ドゥルーズ 二〇〇四b、八六頁）。

このドゥルーズの議論は、キャロルの狂気の特徴をより詳細に検討することによってさらにブラッシュアップすることができるでしょう。宮本忠雄は、キャロルが実生活では数学講師ドジソンとして教壇に立ちつづけ、物語の創作と数学の教育・研究を両立しえたこと――すなわち、健康だったこと――に注目し、次のような鋭い指摘を行っています。

〔…〕数学と童話は実際にあくまで別物であったにせよ、両者に共通の性格も見失ってはなるまい。それは、どちらもなまの現実に触れることがなく、むしろ、現実の諸関係を排除していくことによって成立する営みであるという点である。ドジソンのような際立った分裂気質者〔＝統合失調症質者〕にとっては、現実とあらわに接触することは身の破綻を意味するものであり、これを避けるためには現実にたいしてつねに一定の距離をおかなければならない。この場合、数学や論理学や童話は格好の堡塁になったわけであり、それゆえにこそドジソンは短いともいえぬ六六年の生涯をなんの外面的波乱もなく安泰に過ごすことができたのであろう。（宮本 一九九四、一二六―一二七頁）

キャロルが数学と童話という表面の世界の探求に向かったのは、なまの現実に触れることを畏れていたためです。つまり、単に深層から独立した別の秩序（表面）が存在するだけでなく、むしろ、深層（現実）を拒絶し、その代わりに表面を偏愛するという特徴がキャロルにはみられ、その特徴が彼の人生と作品の両方を決定づけているというのです。

宮本のこの指摘は、彼がキャロルに与えた「統合失調症質」という診断よりもずっと意義深いものだと思われます。なぜなら、『意味の論理学』から『批評と臨床』に向かう二四年の間に、ドゥルーズの思想は、あたかもキャロルに導かれるかのように深層を拒絶し、表面を偏愛する方向に向かっていったからです。実際、近藤和敬（一九七九年生）が指摘しているように、『意味の論理学』以降のドゥルーズにとって、高所や深層は次第に重要性を失っていき、最終的には表面だけが、超越との覇権争いにかかわらない内在だけが問題にされるようになったといわれています（近藤 二〇一五、三七頁）。一九六九年の『意味の論理学』では深層と表面をともに重視する両義的な立場をとっていたドゥルーズは、一九九三年の『批評と臨床』において、ついに深層より表面を重視することを選択したようなのです。

　このようなドゥルーズの態度変更は、単に彼が『意味の論理学』における高所－表面－深層の三重構造を、器官なき身体の一元構造へと解体したという（彼自身が「『意味の論理学』イタリア語版への覚え書き」のなかで行っている）整理には収まりきらないものだと思われます。というのも、『批評と臨床』では、深層に依拠する統合失調症的な創造が次のように価値下げされているからです。

> しかし、狂気が臨床的状態に陥ってしまったら、言葉はもはや何ものにも到達することはないし、人はもはや言葉を通して何一つ聴くこともみることもない〔…〕つまり、文学とは健康であることなのだ。（ドゥルーズ 二〇一〇、一〇頁）

ハイデガーに代表される「深い」哲学が、鬱蒼《うつそう》とした森のなかで〈存在〉の呼びかけ（Zuruf des Seyns）を聞きながらなされる思索だったとすれば、アルトーの文学もまた身体の「深い」叫びを聞き取りながら紡ぎ出されたものだといえるでしょう。しかし、深層と表面の両方を重視する立場を放棄し、表面を偏愛するに至った『批評と臨床』のドゥルーズにとっては、もはやそのような「深い」思索や文学は問題ではありませんでした。むしろ、人工的につくられた情報があふれる都市のなかを高速移動しながらなされた思索によって構成されたキャロルのような思索や文学こそが重要となるのです。実際、ドゥルーズはすでに『意味の論理学』のなかで次のような方向性を予告していました。

森林の中や森の道で哲学が練り上げられるのではない。都市の中や街路で、都市と街路における更に人工的なものの中で、哲学は練り上げられるのである。（ドゥルーズ 二〇〇七a、(下)一五四頁）

『意味の論理学』ではアルトーとキャロルに等価に惹かれていたドゥルーズは、『批評と臨床』では、前者を拒絶し、後者を偏愛するに至ったようです。ドゥルーズは、アルトーではなくキャロルに惹かれるようになったのです。それは、私たちの議論にとっては、ドゥルーズが次第に統合失調症（スキゾ）ではなく、自閉症スペクトラムに導かれるようになったということにほかなりません。

『批評と臨床』——病跡学的プラトン主義の転倒

『批評と臨床』では、「健康（santé）」が重要視されています。しかしこのことは、ドゥルーズがもはや狂気を考慮しなくなったことを意味するわけではありません。実際、『批評と臨床』の冒頭を飾る「文学と生」の中心的なテーゼは、次のように、文学と狂気を関連づけるものです。

文学は狂気（délire）である。だが、狂気は父‐母にかかわる事態ではない。（ドゥルーズ 二〇一〇、一八―一九頁）

だとすれば私たちは、ドゥルーズを導いたキャロルの狂気とは、まさに「父‐母にかかわる事態ではない」ような狂気であったと考えねばならないでしょう。

ところで、この「狂気は父‐母にかかわる事態ではない」という言明は何を意味しているのでしょうか？「創造と狂気」をめぐる言説の歴史を追ってきた私たちにとって、これをプラトン的な神的狂気、あるいはハイデガーの「詩の否定神学」を構造論化したラカンの精神病論における〈父の名〉の排除、といった考えに対する批判として考えることはたやすいと思います。要するに、ドゥルーズがここで行おうとしているのは、病跡学的思考のパラダイムの転倒にほかならないのです。

実際、病跡学的思考のパラダイムは、プラトンの神的狂気論から、一九世紀以降の「詩の否定神学」の伝統に基づく統合失調症論に至るまで、父＝神の言葉を肯定的／否定的な形で伝達することが優れた文学的創造の条件であると考えていた、と整理することができます。そして『批評と臨床』は、まさにこのようなプラトン主義的／ハイデガー主義的な「創造と狂気」論を転倒することを企てているのです。すなわち、かつて優れた詩を生み出すとされた神的狂気は現代では価値を失っており、これまで価値が低いものとされてきた人間的な狂気こそが優れた文学的創造を可能にするのだ、とドゥルーズは主張するのです。彼の言葉に注釈を挟みながら読んでみましょう。

> 文学は狂気である。だが、狂気は父－母にかかわる事態〔＝神的狂気〕ではない。〔…〕文学とは狂気である。そしてこの資格において、それはみずからの運命を狂気の二つの極〔＝神的狂気と人間的な狂気〕のあいだに賭ける。狂気は一つの病いであり、〔父＝神の言葉を伝達しているという点で自分が〕純粋で優勢〔な狂気〕だと称する人種〔＝神的狂気〕を狂気が打ち建てるたびに、すぐれて病いであるものとなる。しかし、あの抑圧された私生児的＝雑種的人種〔＝人間的な狂気〕、さまざまな支配の下にあって絶えず動き回り、押し潰し監禁しにかかるあらゆるものに抵抗し、プロセスとしての文学の中にみずからの姿を白抜きに描き出すあの私生児的＝雑種的人種

の力に訴えるとき、狂気は健康の尺度となるのだ。〔…〕文学の最終的な目的――狂気の中からこうした健康の創造を、あるいは〔…〕生の可能性を、解き放つこと。(同書、一八―一九頁)

ドゥルーズは、父＝神の言葉を(肯定的な形で)伝達している文学――すなわち、神的狂気によって書かれた文学――は、そう自称しているにすぎない、といっています。さらに、父＝神に由来する己の純粋性を主張し、他の文学を低俗なものとして切り捨てるその身振りは、人種主義(人種差別)的であり、ファシズム的ですらあるという主張もなされています。

この批判は、第一義的には神的狂気によって書かれた文学を称揚するプラトン主義に向けられていますが、「詩の否定神学」以後のパラダイムに属するハイデガーやラカンにも向けられていると考えられます。というのも、父＝神の言葉を(否定的な形で)伝達していると自称する文学は、その患者の精神が耐え難いほどの不可逆的なダメージを負うこととひきかえに生み出されるとされますが、ドゥルーズはそのような悲劇主義的な考え方に対して「狂気が臨床的状態に陥ってしまったら、言葉はもはや何ものにも到達することはないし、人はもはや言葉を通して何一つ聴くことも見ることもない」という手厳しい批判を向けているからです(同書、一〇頁)。「詩の否定神学」が称揚する統合失調症は、一瞬の創造性のきらめきとひきかえに、以後の人生を台無しにしてしまうおそれがあるのです。

ドゥルーズにとって、父＝神の言葉を肯定的に伝達する(と自称する)神的狂気や、否定的に伝達する(と自称する)「詩の否定神学」は、前者は人種主義的・ファシズム的であるがゆえに、後者はそれがもつ悲劇的性質(病とひきかえに創造性が獲得されるという考え)ゆえに、否定されなければならないものとなります。そして彼は、父＝神にかかずらわらない文学、すなわち「健康としての狂気」によって生み出された文学にこそ高い価値を与えようとするのです。そのような文学は、もはや正嫡的な父＝神の言葉とは、肯定／否定のどちらの形でもかかわることがありません。それは、父＝神の言葉に関して記憶喪失に陥った私生児的＝雑種的な文学であり、「さまざまな支配の下にあって絶えず動き回る」ような文学だとされます（同書、一九頁）。

では、「健康としての狂気」が生み出す文学とは、具体的にはどのようなものなのでしょうか？すでに述べたように、ドゥルーズは、『意味の論理学』から『批評と臨床』に至る過程で、アルトーの「深い」文学よりも、キャロルの「浅い」文学を偏愛するようになりました。それは、私たちの言葉でいえば、神的狂気の文学に否定神学的なひねりを加えた統合失調症的な文学よりも、父＝神にかかずらわらない文学を評価するようになったということにほかなりません。アルトーは、キャロルの「ジャバウォッキー」に不満をもらす手紙の中で、「私は欠如の腐臭を放っている詩を好むのであって、入念に準備された食事は好きではない」と述べていますが、統合失調症的な「狂気」の文学はまさに「（父＝神の）欠如」の腐臭を漂わせる文学であり、反対にキャロルの「表面」の文学はそのような腐臭を一切もたない文学なのです（Artaud 2004, p. 1014）。

実際、『批評と臨床』において表面の文学の代表例として高い評価を与えられているのは、キャロルであり、さらにはレーモン・ルーセル（一八七七―一九三三年）やルイス・ウルフソン（一九三一年生）といった作家の作品です。これらの作家は、後述するように、いずれもアスペルガー症候群（自閉症スペクトラム）の特徴をもっています。しかしドゥルーズは、これらの作家の「狂気」を、そのような新しい疾患概念――アスペルガー症候群の発見は一九八一年、アスペルガー症候群を自閉症とのスペクトラムとして捉える「自閉症スペクトラム」という考え方の登場は一九九五年であり、おそらくドゥルーズはこれらの概念を知り得なかったと考えられます――に則って評価しているのではありません。むしろ彼は、ナンセンスな言葉遊び（キャロルの「カバン語」）や、同音異義語に依拠する形式をもとにした物語の展開（ルーセルの「手法（procédé）」）、母国語を避けるために複数の既存の外国語を駆使して新しい言語を生み出そうとする努力（ウルフソンの「母親の声（母国語）に対する戦い」）といった、これらの作家に共通してみられる特徴、すなわち言語の表面的使用こそを評価しているのです。そして、言語を深層ではなく表面において扱う彼らの言語使用こそが「健康としての狂気」が生み出した創造であると主張するのです。

　キャロル、ルーセル、ウルフソンという三人の作家は、いずれも自らの外部から到来する父＝神の言葉に（肯定的／否定的な形で）依拠することはありませんでした。その代わり、彼らは「言語の内部で一種の外国語を形成する」ようにして書きました。すなわち彼らは、すでにある既存の凡庸な言語を父＝神の言葉の力を借りて外側から解体しようとするのではなく、むしろ既存の言語をその内側からハッキングすることによって転覆させようとしたのです。そして、このような言語のハッキング、すなわち「言語をその慣習的な轍の外へ引きずり出す」ことこそが、現代において「言語を狂気させる（délirer）」ことにほかならない、とドゥルーズは宣言しています。

　しかし、ここで注意しておかなければならないのは、『批評と臨床』のドゥルーズが称揚する言語の内側からのハッキング、すなわち「健康としての狂気」が生み出す文学は、父＝神の言語と一切関係がなくなってしまったわけではないということです。次の決定的な一節を確認しておきましょう。

ある手法を作動させるのは精神病の役割であり、その手法とは、通常の言語、標準的な言語を取り扱い、それを未知の独創的な言語に「する」ようにすることだ。その独創的な言語は、神の言語の投影でもありうる（peut-être）し、すべての言語活動を連れ去るのである。この種の手法は、フランスにおいてはルーセルやブリセに見られ、アメリカではウルフソンに見られる。（ドゥルーズ 二〇一〇、一五三頁。「ありうる」の強調は引用者）

キャロル、ルーセル、ウルフソンらの文学は、たしかに父＝神の言葉に依拠してはいません。彼らは、むしろ言語をその内側からハッキングすることによって文学創造を行っています。しかし、そのような言語の表面における組み換えは、逆説的にも、結果として「神の言語の投影」としての性格をもつことがありうる（あるかもしれない）。ドゥルーズはそう主張しているのです。『批評と臨床』のドゥルーズは、文学の創造にとって狂気を重要でないものとみなすようになったわけでもなければ（「ある手法を作動させるのは精神病の役割である」）、さらには文学が父＝神の言語と無関係だと考えるようになったわけでもありません（「独創的な言語は、神の言語の投影でもありうる」）。ドゥルーズが棄却したのは、文学の創造を、神的狂気のような外部の超越的審級の作用に特権的に還元する統合失調症中心主義的な考えであり、さらには、神の言語を外部の超越的審級から直接獲得できるとする正嫡主義的な考えだったのです。

現代文学とデータベース

現代文学における形式的（表面的）な実験は、もはや超越的な審級（父＝神の言葉の吹き込みや、その否定神学的なヴァリエーション）が機能しなくなったとき、どのようにして文学を創造するのかという切実な問いに答えようとするものだったのかもしれません。かつては超越的な審級が機能し、その強力な侵入性によって新たな文学の言語が生み出されていたのだとすれば、超越的な審級が機能しない現代においては、むしろ言語の経験的な水準に徹底的に内在し、経験的な言語を内側から組み換えることによって変容させるしかありません。そして、そのような言語の内側からのハッキングによって、新たな超越性が発生する可能性に賭けるほかないようにも思えます。ドゥルーズにとって、キャロルらの表面の文学は、言語を内側からハッキングした結果として生み出された言葉が父＝神の言葉の投影になるかもしれないいいことに賭ける、投瓶通信のような偶然性に開かれた確率論的な文学だったのです。

それは、文学をデータベースや、それを制御するコンピューターのアルゴリズムで置き換えることにも、どこか似ています。これまでに書かれたすべての文学作品をあつめたデータベースや、あらゆる時間と場所でなされたすべての会話のデータベースを用いて、それらのデータを組み換えることによって偶然に生み出された文学……。そのようなものからは創造が生まれることはないと考えられるかもしれません。しかし、だからといって、現代の作家はもはや父＝神の言葉の吹き込み（プラトン）や、不在の神（表象不可能なもの）の痕跡に頼ること（ヘルダーリン）はできません。ならば、すでに与えられたデータを収集し、組み替えながら、その処理結果が偶然にも「あたり」である可能性に賭けるというのは、それほど突飛な戦略ではないはずです。実際、浅田彰が横尾忠則のコラージュ作品から抽出した特徴は、まさにインターネットや検索エンジンが可能にするデータベースにも似た「表面」の技法でした。

> 〔…〕「自己」と言っても、小さく閉じた「私」が幼年期のトラウマから来る無意識のわだかまりを表出するなんていうチンケな話ではない。横尾さんの場合、無意識の底が抜けていて、古今東西ありとあらゆる情報と映像の奔流がそこから入ってきては変形されて出ていく、そういう変換装置になってるんじゃないか。〔…〕
>
> 印象深いのは、横尾さんがアメリカでコラージュ作品の個展を開催されたときのこと。アメリカ人から「あなたはなぜ戦争とセックスと宗教ばかり表現するのか」と聞かれた横尾さんは、「戦争とセックスと宗教に取りつかれているのはぼくじゃなくあなた方アメリカ人であって、ぼくはそのオブセッションをサンプリングしリミックスしているだけだ」と答えられた。〔…〕
>
> それは日本の文化や風土を素材にしたときも同じなんじゃないでしょうか。それらは自己の内にあるノスタルジックな原点ではなくて、アメリカ文化と同様のデータに過ぎない、それを変形して出力しているだけだ、と。
>
> ニーチェの言うように、表面ほど深いものはない。逆にいえば、深いとされている自分の無意識など、何程のものでもない。（横尾・浅田 二〇一五、一面）

アルトー的な深層や、無意識の深層などにはもはや価値はなく、むしろ、表面ほど深いものはない。このような文脈のなかで考えるなら、東浩紀（一九七一年生）の一連の仕事は、現代における創造をデータベースをモデルにして考えようとするものだといえるでしょう。彼は、二〇〇一年の『動物化するポストモダン』において、現代の作品がデータベースに蓄積された「萌え要素」すなわちフエティッシュの順列組み合わせによって作られていることを指摘しています。さらに、二〇一四年の『弱いつながり』では、インターネット文化が全面化することによって、かつての「表象不可能なもの」が廃棄されてしまったと指摘しています。すなわち、「結局はネットは人間が作った記号だけでできている。**ネットには、そこにだれかがアップロードしようと思ったもの以外は転がっていない。**「表象不可能なもの」はそこには入らない」というのです（東 二〇一六、六五頁）。このことは、私たちの文脈でいえば、現代では、父＝神の言葉は直接的な吹き込みとしても、否定神学的な痕跡としても現れることがないということを意味しています。

東は、このような現代においては、「新しい検索ワード」を手に入れることこそが重要だと主張します。私たちは、「Google」のような検索エンジンに様々なキーワードを入力することによって、サーバーに保存されているデータベース（ドゥルーズ的な出来事＝情報の総体）をそのつど別の視点で切り取り、別の仕方で並べ替えた結果を次々と表示させることができます。ならば、これまで知らなかったような新しい検索ワードを用いることは、まったく新しい世界を出現させる可能性を手に入れることとほぼ同義になるはずです。このような世界観においては、新しい検索ワードを手に入れることは新しい世界に出会う確率を増やすことにほかならないのです。

このようなデータベース的表面に依拠する世界観は、もはやヘルダーリンやアルトーのような統合失調症的な狂気を必要としていないかのようです。そして、この世界観は、キャロル、ルーセル、ウルフソンといった別種の「狂気」――自閉症スペクトラム（アスペルガー症候群）というポスト「統合失調症」的な狂気――と何らかの関係をもっているように思えます。[4]

次節以降では、実際にキャロル、ルーセル、ウルフソンの三人における「創造と狂気」の関係を検討することによって、この問題に迫っていきましょう。

ルイス・キャロルの病跡

先述したように、近年では、ルイス・キャロルは自閉症スペクトラム（アスペルガー症候群）だったと指摘されています。ここでは、彼が自閉症スペクトラムであることを示すための前提として、まずは自閉症とそれに関連する諸概念について簡単に振り返っておく必要があるでしょう。

「自閉（autism）」という概念は、もともとは一九一一年にスイスの精神科医オイゲン・ブロイラー（一八五七―一九三九年）が用いたものであり、外界との接触が減少して内面生活が病的なほど優位になり、現実からの遊離が生じることを指していました。注目しておくべきなのは、ブロイラーがこの概念を用いたのが統合失調症論のなかだったことです。さらに、彼の「自閉」概念は、フロイトの「自体性愛」――この性愛の段階もまた、統合失調症者の固着点だとされていました――をその源流とするものでした。つまり、「自閉」という言葉は、統合失調症論の片隅で生まれたものだったのです。

この「自閉」という言葉が疾患（精神障害）を指す概念として用いられはじめるのは、それからおよそ三〇年後のことです。オーストリア系アメリカ人の児童精神科医レオ・カナー（一八九四―一九八一年）は、ある「奇妙」な児童の一群（生後直後から、両親をはじめとする周囲の人物とのコミュニケーションを拒絶し、自分にとって外の世界からやってくるものにほとんど関心を向けることがなく、他者との通常の言語をもちいたやりとりをしようとしない、まるで殻のなかに閉じこもっているようにみえる子どもたち）を「幼児自閉症（infantile autism）」と名づけて、一九四三年に報告しました。そしてカナーは、これらの児童が統合失調症の基本的現象と何らかの関係をもっていることを示唆しています。

このように、「自閉」という概念と「幼児自閉症」という疾患概念は、ともに統合失調症論の文脈から生まれたものであり、その後の研究でも自閉症を幼児期に発症した統合失調症と考える見解が多数を占めていました。しかし、のちに認知・言語発達の観点からの自閉症研究が進展したことによって、自閉症は脳の器質的障害と考えられるようになり、遅くとも一九七〇年代末には統合失調症とは別の疾患だと考える見解が主流を占めるようになりました。少々乱暴な類比を試みるなら、自閉症は、あたかもキャロルがアルトーから切り離されたように、統合失調症から切り離されることによってその独自性が明らかにされたものなのです。

そして、一九八一年に、イギリスの精神科医ローナ・ウィング（一九二八―二〇一四年）が、ハンス・アスペルガー（一九〇六―八〇年）の一九四四年の論文を再発見することになります。アスペルガーは、カナーの発表（一九四三年）のちょうど一年後にあたるこの年、彼が「自閉的精神病質（die autistische Psychopathie）」と名づけた「奇妙」な児童について報告していました。一方のカナーが報告した幼児自閉症の児童のほとんどは、障害のために普通学級に就学できず、特殊学級や施設や病院で長期間過ごすことを余儀なくされた子どもたちでしたが、他方のアスペルガーが報告した児童は、コミュニケーションや言語の障害がそれほど目立たず、むしろ普通学級での教育のなかでその「奇妙」さが教師の手に余るところになったために病院を受診した子どもたちでした。ウィングは、このアスペルガーが報告した児童たちと同様の特徴、すなわち自閉症の診断基準を部分的に満たすような特徴が、子どもだけでなく、成人の症例にもしばしば観察されることを見出し、それらの一群を「アスペルガー症候群（Asperger's syndrome）」と命名しました。

さらにローナ・ウィングは、カナーの幼児自閉症とアスペルガー症候群を別々の障害として捉えるのではなく、連続した障害として捉える「自閉症スペクトラム（autism spectrum）」という概念を一九九五年に提唱しました。こうして、カナーとアスペルガーは違う病理を観察していたのではなく、同じひとつの病理のグラデーションのなかの特定の部位を観察していたと考えられるようになります。ウィングの自閉症スペクトラムの概念は、国際的な診断基準である『ＤＳＭ－５　精神疾患の診断・統計マニュアル』（以下「ＤＳＭ－５」）に「自閉スペクトラム症／自閉症スペクトラム障害（autism spectrum disorder）」（以下「ＡＳＤ」）として形を変えて採用されており、現在ではカナーが報告したような「奇妙」な児童から、成人後の社会生活や職業生活のなかではじめて病理の存在が気づかれる事例までが一括してＡＳＤとして臨床的・教育的な支援を受けるようになっています。

それでは、キャロルの生活歴にみられるＡＳＤ的な特徴を列挙したあと、彼の作品にみられるＡＳＤ的世界を詳しく論述してみましょう。

ルイス・キャロル（本名チャールズ・ラトウィッジ・ドジソン）は、一八三二年一月二七日、イギリスのダーズベリーに一一人兄弟の第三子長男として生まれています。ドジソン家はアイルランド系の血を含む牧師の家庭でした。「ルイス・キャロル」というペンネームは、本名のなかの“Charles Lutwidge”をラテン語風に“Carolus Ludovicus”とし、さらにその姓名を入れ換えて英語風にした“Louis Carrol”を“Lewis Carrol”と整えてつくられたといわれており、彼が様々な事柄を言葉遊びによって決定していたことがうかがわれます。

オックスフォード大学に入学したキャロルは、特に数学に関して優秀な成績を収め、二四歳からはクライスト・チャーチカレッジの数学の講師になって、一八九八年に六六歳で亡くなるまで終生大学の学寮で生活しました。彼が創作した『不思議の国のアリス』と『鏡の国のアリス』の主人公である少女「アリス」は、同校の学寮長ヘンリー・リデルの娘だったアリス・リデルのことであり、写真を趣味にしていたキャロルは、アリスをはじめとする少女たちの写真を多数撮影しています。キャロルはアリスと実際に親交を結んでおり、『不思議の国のアリス』は一八六二年七月四日にリデル三姉妹とボート遊びに出かけた際に口頭で語られた物語を、アリスの熱烈な求めに応じて書き記したものです。しかし、二〇歳も年の離れたキャロルとアリスの交際は、アリスの母親であるリデル夫人の不興を買うところとなり、一八六三年春には終わりを迎えてしまいます。そして、一八六五年にアリスにばったり再会したキャロルは、かつての少女が一三歳の娘になり、すっかり変わってしまったことに気づき、自分のなかの「アリス」像を焼き付けておこうとするかのように『鏡の国のアリス』を書き始めるのです。

キャロルをASDに位置づける代表的な論者であるマイケル・フィッツジェラルド（一九四六年生）は、キャロルが「個人的には世間に知られないままでいること」を望む態度や、「写真を人に与えるのを拒んでい」たといったエピソード、さらには彼が子ども以外との交流を拒絶していたことをASDである証拠のひとつとみなしています（フィッツジェラルド 二〇〇八、三七五―三九八頁）。たしかに、ASDでは、他者とのかかわりを拒絶したり、かかわりをもつ場合でも相手の気持ちや状況を十分に考えない一方的なかかわり方が目立ったりすることがあり、そのような対人関係上の異常は「社会性の障害」と呼ばれています。また、社会性の障害には、いわゆる「場の空気を読む」ことが難しいという特徴も含まれますが、これもキャロルにみられる特徴のひとつです。キャロルが行っていた少女（アリス）たちとの交際が、リデル夫人の不興を買ったことは先に述べましたが、にもかかわらず、キャロルは自分のカメラをリデル家に置きっぱなしにしたり、夫人の許可を得ずにリデル家で撮影したりしており、しばしば夫人から注意を受けていたのです。このような「空気が読めない」エピソードは、キャロルの伝記のなかにいくつも発見することができます。

ただし、これはキャロルのようなＡＳＤ者が単に社会常識や規範意識を欠いているということを意味しているのではありません。むしろ、キャロルをはじめとするＡＳＤ者は「規範的すぎる」、すなわち定められた規則や規範に厳密に従おうとする場合が多いのです。このことは、一般に「規則」と呼ばれているもののありようを考えてみるとよく分かります。ＡＳＤ者ではない、いわゆる「ふつう」の人々（以下「定型発達者」と呼びます）にとっての規則とは、道路交通法上の制限速度を厳密に守る者が「非常識」で「ルール違反」だとみなされるような規則です。定型発達者にとって、規則は少々の侵犯なら許容されるものであり、むしろ侵犯を織り込み済みのものとして運用されています。反対に、ＡＳＤ者はそれらの規則を厳密に、文字通りに守ろうとします。ドイツの発達心理学者ウタ・フリス（一九四一年生）は、アスペルガー症候群の人物は「正しい」ことをなすことに極度の関心をもつ「法の見張り人」だと評しています（フリス（編）一九九六、五九頁）。おそらく、キャロルのカメラをめぐる「空気が読めない」エピソードも、実情は次のようなものだったのではないでしょうか――彼が一度リデル夫人に「この家にカメラを置いてもいいか」と尋ね、それに対して夫人が「よい」と返答する。するとキャロルはその「カメラを置いてもよい」という返答（＝リデル家の規則）が、どんな時でも、どんな状況下でも妥当すると考え、カメラをリデル家に置きっぱなしにして、少女たちの写真を撮りつづけた……。

おそらくリデル夫人は、キャロルに注意を与える以前に、それとなく（直接的ではない形で）キャロルに不快感を伝えようとしていたと思われますが、そのような他者の意図――他者から自分にむけて送られる一種の受動的なベクトルとしての「志向性」――を、キャロルのようなＡＳＤ者は気に留めない、もしくは拒絶します。就職面接で志望理由を問うてくる面接官は、志望理由を真に尋ねているというより、「自分のこれまでの経験を志望理由と結びつけて語る能力」を測ろうとする意図（志向性）を被面接者に向けているものですが、その意図（志向性）を感受しない、もしくは拒絶するＡＳＤ者は、「御社にはそれほど入社したいわけではありませんが、どこからも内定がでないと困るので、〝滑り止め〟のために受けました」などと答えてしまいかねません。「ふつう」の社会常識では「素直」であることは美徳とされますが、「ふつう」の定型発達者は「素直」であることに不真面目であるがゆえに「空気が読める」のであり、ＡＳＤ者は「素直」であることに徹底的に真面目に取り組むがゆえに「空気が読めない」とみなされてしまうのです。

　キャロルには、ＡＳＤ者にしばしばみられる「こだわり」もはっきりと存在していました。ＡＳＤ者のこだわりは、手や指の特定の動きや、跳びはねたり体を回転させたりする動作を何度も飽くことなく反復したり、物をくるくる回転させることに熱中する、といった身体運動にかかわるこだわり（常同症、常同行為）と、ある物をかならず同じ順番で同じ場所に並べなければならない、料理はかならずレシピどおりに作らなければならない、一度決めた予定は予定どおりに進行させなければならない（がゆえに急な予定の変更が苦手である）といった規則の厳密性へのこだわりに大別すると理解しやすいと思います。キャロルの場合、特に後者の規則の厳密性へのこだわりが目立っています。彼は、おもちゃ、ゲーム、パズルなどを好んで収集し、鉄道模型をつくるだけでなく、その列車の時刻表や運行にまつわる規則まで自分で作成していたようです。キャロルの規則に対する偏愛は読書にまでおよび、徹底性、すなわち体系的な読書こそが読書の全ての規則であるというのが彼の持論だったといいます。その他にも、彼は記録にも執着し、あらゆる手紙を整理番号を付して保存するだけでなく、客に振る舞った食事や、人の誕生日、招待の申し出の列挙に至るまで、実に厳密な記録を残しています。

注目しておくべきなのは、キャロルの規則に対する偏愛が、その規則が単に規則であるから――つまり、「法は法である」から――従うべきである、というトートロジカルな論理に従っていたことです。実際、キャロルは弟のウィルフレッドと「大学生が行うべき義務」について議論したことがあるのですが、その際に弟は「規則に従うか否かは、個人が自分で決めるべきこと」だと主張したのに対して、キャロルは「規則があれば、無条件に従わなければならない」と主張したというエピソードが残っています。ジャック・デリダは『法の力』（一九九四年）で、正義を実現するために、ひとは定められた法に従わなければならないが、しかし法に従っているだけでは単に事例をアルゴリズムによって処理しているにすぎず、そこに「正義」と呼びうるようなものは何もないと論じ、「正義」と呼びうる行為をなすためにはアルゴリズムには還元できない不可能なもの（l'impossible）に関わらなければならないと主張しました（デリダ 一九九九）。この議論を参照するなら、キャロルにおける規則に対する偏愛は、まさにデリダ的な不可能なものを拒絶することによって成り立っているといえるでしょう。

〈他者〉は存在しない

また、キャロルには、ＡＳＤの研究において近年注目され、ＤＳＭ－５からは診断基準のなかにも記載されるようになった感覚過敏という特徴もみられます。感覚過敏とは、服の繊維が肌にあたると痛い（がゆえに特定の服しか着用できない）、定型発達者ならフィルターをかけて聴き逃してしまうような周囲のささいなノイズが非常に侵入的な「耳をつんざく」音として感覚される、温度感覚や触覚が敏感で雨が降るだけで「痛い」と感じるといった、感覚経験の極端な偏奇です。キャロルは、隙間風が入ってくるのを極端に嫌い、石油ストーブの傍らに温度計を設置して室温がつねに一定になっているかどうかを確認していたといいます。このエピソードのように、ASD者は感覚を攪乱するノイズを自分から遠ざけておくために、計測や数値化という方法を用いることがあります。キャロルの場合、感覚の数値化は味覚にまで及んでおり、彼は紅茶をつねにお気に入りの味で飲むために、ティー・ポットを横にゆすりながら、ちょうど一〇分間部屋を歩き回るのを習慣にしていたようです。室内設計家であり、発達障害の研究者でもある岡南は、この紅茶のエピソードについて、「おいしい味そのものは数値化できませんから、指標として数字で確認ができる「一〇分」という時間にこだわったのだと解釈しています（岡 二〇一〇、二〇九―二一〇頁）。

しかし、この紅茶の淹れ方にまつわるエピソードには、単にお気に入りの味の数値化による再現という個別的なこだわりではなく、むしろASD者の世界に対する基本的な態度があらわれているように思われます。過去に学習した規則をずっと杓子定規に守り、その規則の厳密な運用を妨げる他者の意図（他者から自分にむけて送られる受動的な「志向性」）を拒絶すること。そして、「法は法である」がゆえに守らなければならないというトートロジーによって倫理を代替し、不可能なものとしての正義（デリダ）を考慮にいれないこと。さらに、自分のお気に入りの感覚を偏愛し、それを攪乱するノイズ、すなわち他者性の侵入を避けるためにあらゆるものを計測・数値化しようとすること。ASD

者にみられるこのような特徴はすべて、予測不可能なものや不確定なもの（深層のノイズ）の侵入を避け、そのような未知のものが存在しない計量可能な世界（表面のデータベース）のなかに立てこもろうとするという構造をもっています。端的にいって、ＡＳＤ者は、〈他者〉＝〈他なるもの〉（l'Autre）を回避しようとしているのです。

ＡＳＤ者は、〈他者〉を回避する——この定式化をより明確にするために、ラカン派の精神分析家ロジーヌ・ルフォール（一九二〇—二〇〇七年）とその夫ロベール・ルフォール（一九二三—二〇〇七年）による自閉症論を参照しましょう。ルフォール夫妻は、ラカンの「セミネール」で一九五四年に自閉症の子どもの症例を発表して以来、五〇年以上にわたってラカン派の自閉症研究を主導してきた人たちです。なかでも、彼女らが二〇〇三年に刊行した『自閉症の区別』は、それまでは子どもの精神病（psychose infantile）と考えられてきた自閉症を、神経症・精神病・倒錯というラカン派の標準的な診断体系にはおさまらない「第四の構造」として捉える立場に移行したという点で画期的なものといえます（Lefort et Lefort 2003）。一九七〇年代末に精神医学が自閉症を精神病（統合失調症）から切り離し、ドゥルーズが『意味の論理学』と『批評と臨床』においてキャロルをアルトーから切り離したように、ルフォール夫妻もまた自閉症の精神病からの切り離しを、ラカン派の立場から行っていたのです。

では、ルフォール夫妻はどのような観点から、自閉症を精神病から切り離したのでしょうか。それは、他の構造とは異なり、自閉症者には〈他者〉が存在せず、対象aも存在しない、という点からでした。どういうことでしょうか。

標準的なラカン理論において、〈他者〉とは、まずは象徴的な言語の秩序のことであり、子どもはこの言語としての〈他者〉（＝象徴界）に参入することによって主体になるとされていました。ところが、自閉症者は、この言語としての〈他者〉（＝象徴界）による疎外を拒絶します。すなわち、親から一方的かつ強制的に与えられ、覚え込まされ、自分のあらゆる欲求をその言葉で表現することを強いられる支配的な言語（母国語）に参入することを、自閉症者は拒絶するのです。それゆえ、自閉症者ののちの人生にとって、母国語を拒絶しながら、いかにして母国語を使う他者たちとコミュニケーションをとるかが大きな課題になります。

さらに自閉症者は、言語以外の仕方で到来してくる他者性である眼差し（regard）や呼び声（voix）をも拒絶します。自閉症の子どもは、他者と視線を合わせようとしなかったり、共同注視（他者の視線の先にあるものを自分もみようとすること）ができなかったり、他者からの呼びかけに反応（応答）しなかったりすることがしばしばありますが、このような現象は、彼らがまさに眼差しと呼び声（これらは、ラカンによって「対象 *a*」と呼ばれていたものです）を拒絶しているために生じるのです。

定型発達者にとって、対象 *a* としての眼差しや呼び声は〈他者〉から自分に向けられた受動的な志向性のシグナルとして機能します。たとえば、ジャン＝ポール・サルトル（一九〇五—八〇年）が『存在と無』（一九四三年）で記述した覗き魔（窃視症者）は、自分は対象（たとえば、女性の裸）を見ている主体だと思っていますが、ひとたび自分の背後にわずかな物音を聞き取ると、自分もまた誰かから見られる客体であることに気づき、恥の感情を抱きますが、ここでは物音が眼差しとして機能しています（サルトル 一九九九、(上)四五七—四六一頁）。この事例のように、対象 *a* は不意打ちするようにひとたびに介入し、そこに〈他者〉が現前していることに気づかせ、〈他者〉との関係における自分の位置を定めさせるという働きをもっています。同様に、対象 *a* としての呼び声は、「おい、そこのお前！」という警官の声や、超自我や神の声のように、それを聞きとった者を従属＝主体化し、その声に対して何らかの責任を負わせようとします。自閉症者が眼差しや呼び声を拒絶するのは、それらの対象aがきわめて侵入的なものであり、さらには〈他者〉（＝象徴界）による疎外を導くものだからにほかなりません。

では、〈他者〉を拒絶し、母国語による疎外と眼差しや呼び声による支配を拒否するＡＳＤ者は、それでもなお、どのようにして世界のなかに棲まうことができるのでしょうか？　結論から述べるとすれば、キャロルの場合、逆説的なことに、「コミュニケーションの障害」を最大限に活用することによって、〈他者〉とのあいだに別の仕方でのつながりを作ることが可能になっていたと考えられます。

ＡＳＤの診断学において「コミュニケーションの障害」と呼ばれているのは、言葉を話す能力の発達が遅れていたり、あるいはほとんど話せなかったりすることや、話せたとしても会話を継続することができなかったり、独特な言語を使用するために他者からの理解を得られにくかったりするというものであり、そのほとんどは言語の障害です。キャロルは、リデル夫人をはじめとする大人とのコミュニケーションを円滑に行うことができませんでした。しかし、彼は、少なくともアリスをはじめとする少女たちとのあいだでは十分なコミュニケーションが可能でした。そして、それが可能だったのは、まさに彼が「コミュニケーションの障害」をコミュニケーションの道具として用いたからなのです。ドゥルーズが『意味の論理学』の冒頭で指摘しているとおり、通常のコミュニケーションの役に立つ言語とは異なる「表面の言語」（言葉遊び）を駆使して作られたキャロルの作品には、「現代の読者の気に入るあらゆるもの」がありました（ドゥルーズ 二〇〇七ａ、(上)一三頁）。彼は、まさにこのような言語のオルタナティヴな使用によって、来るべき時代の読者である少女たちと交流することを可能にしていたのです。

キャロルの作品に数多くみられる表面の言語の多くは、ASDの臨床でしばしば明らかになるような独特な言語使用（＝「コミュニケーションの障害」）と同じ性質をもっています。つまり、キャロルの表面の言語は、それ自体がASD的な言語使用と通じるものであり、これがキャロルの作品を特異なものにしつつ、他者との別の仕方でのコミュニケーションを可能にしていると考えられるのです。一例として、『シルヴィとブルーノ完結編』（一八九三年）の第一〇章に登場するやりとりを引用しておきましょう。

「あんたは〔賢いようだけど〕せいぜい七つだわね、坊や。」彼女が声に出していった。「ぼくはそんなにたくさんじゃあないよ。」ブルーノがいった。「ぼくは一つさ。シルヴィとぼくとで二つさ。」（細井（著・訳）二〇〇四、一八頁）

このやりとりにおける「〔賢いようだけど〕せいぜい七つだわね（You're not more than seven）」という発言は、対話相手の年齢を推測する機能をもっています。しかし、ブルーノはこの発言を、登場人物の個体数を指すものだと誤解して応答しています。「あんたはnつだわね」という文は、通常のコミュニケーションでは年齢を指すものとして解釈される蓋然性が十分に高いでしょうし、特にこのやりとりは「賢さ」という年齢と相関する話題のなかでなされたものなので、この文は年齢を指すものとして解釈される以外ありません。ましてや、「あんたはnつだわね」という文章が人間の個体数を指すという解釈はナンセンスですから、解釈の候補にもなりづらいと考えられます。しかし、ブルーノは、その言葉を自分の個体数だと解釈してしまうのです。

実際のＡＳＤの成人症例でも、このやりとりと同様のコミュニケーションの障害が生じることが知られています。ＡＳＤの成人患者に対して、医師が「わたしの顔を見て下さい。いくつに見えますか？」と尋ねたところ、患者は「一つ」と答えたという事例があります（齋藤・齋藤・臺 二〇一二）。この例でも、「いくつに見えますか？」という問いは年齢のことを指しているのですが、ＡＳＤ者はこの問いを「顔の数」を問うているものと解釈してしまっています。

「コミュニケーションの障害」によるコミュニケーション

その他にも、キャロルの作品のなかには、言葉の解釈を次々とずらしながら話が展開していく技法が頻繁に観察されます。『不思議の国のアリス』では、海ガメが「陸ガメ（Tortoise）」と呼ばれていた理由は「私たちを教えていたから（taught us）」であり、学校の「時間割（lesson）」は授業が日ごとに減っていく「時間割引（lessen）」だとされます（キャロル 二〇一〇a、一二八、一三二頁）。また、『鏡の国のアリス』では、「パンの作り方を知っているか」と訊かれたアリスが「粉（flour）を用意して……」と答えると、「その花（flower）はどこで摘むのか」と訊きかえされます。さらにアリスが「摘むのではなく、碾《ひ》いてもらう（ground）のです」と答えると、「その地面（ground）は何エーカーあるのか」と訊かれます（キャロル 二〇一〇b、一八二頁）。キャロルの作品にみられるこのようなナンセンスは、彼がまさにＡＳＤ的な言葉の解釈のずれを積極的に活用することによって作品を生み出していたことを教えてくれます。

アルトーがキャロルを非難し、ドゥルーズがキャロルを称賛したのは、まさに彼のこのような表面の言語の巧みさゆえであり、ＡＳＤ者としての「コミュニケーションの障害」ゆえでした。くわえて、キャロルの「コミュニケーションの障害」は、単に言葉遊びを駆使しただけのものではありません。さきほどラカン派の自閉症論を参照しながら指摘したように、キャロルのようなＡＳＤ者の表面の言語は、母国語をやりすごし、〈他者〉との侵入的な出会いから脱接続（退却）しつつも、〈他者〉とのあいだに別の仕方での再接続を可能にするものだったと考えられるのです。

表面の言語が可能にするこのような〈他者〉との脱接続と再接続のロジックこそ、ドゥルーズが『批評と臨床』のキャロル論で述べたことにほかなりません。

> ルイス・キャロルにおいて、すべては恐るべき戦いから始まっている。それは、さまざまな深層（profondeurs）の戦いだ。〔…〕身体はたがいにまじり合い、食物と排泄物を一緒くたにする一種の人食い儀式の中で、すべてが混じり合う。言葉さえもがたがいを喰らい合うのだ。そこは、身体のアクションとパッションの領域である。〔…〕『不思議の国のアリス』は、なるほど、何よりもまず『アリスの地底冒険』と呼ばるべきものであるだろう。（ドゥルーズ 二〇一〇、五三頁。強調は引用者）

ドゥルーズは、キャロルもまたアルトーと同じように、生ける身体における絶望的な混沌のなかから出発している、と言っています。『不思議の国のアリス』は、少なくともその冒頭部では、アリスが地上（表面）から地下（深層）に落下する物語です。その意味において、キャロルもまた、アルトーが苦しんだ身体の深層にはまりこんでしまう可能性をもっていた作家だといえます。では、キャロルはいかにして混沌たる深層から抜け出すことができたのでしょうか？　ドゥルーズは次のように指摘します。

> だが、キャロルがこの表題〔＝『アリスの地底冒険』〕を採用していないのはいったいなぜなのか？　それは、アリスが徐々に表面を征服してゆく（conquiert les surfaces）からだ。彼女は表面へと上昇ないし再上昇する。彼女はさまざまな表面を創り出すのだ。つまり、沈降と埋没の運動は軽やかな水平方向の滑動に場をゆずり、深層にいる動物たちは厚みのない図面上の形象と化すのである。まして『鏡の国のアリス』となれば、その表面に鏡の性質を与え、チェス・ゲームの表面＝盤をしつらえているのだからなおさらである。純粋な出来事はどれも、事物の状態から零れ落ちてしまう。ここではもはや人は深層に沈降してゆくことはない。そうではなく、滑りに滑ることで、向こう側へ移行するのだ——まるで左利きのように振る舞い、表を裏返しながら。〔…〕だが、さまざまなる深層の世界は依然として表面の下で轟きを発しており、表面を穿孔する惧れがある。平らに広げられ、伸ばされても、怪物どもはわれわれに憑きまとっているのだ。
> （同書、五三―五四頁。強調は引用者）

キャロルは、表面の言語を獲得することによって、アルトー的な深層から華麗に逃れることができたのだ、とドゥルーズは言っています。地上から地下への落下という垂直方向の苛烈な運動——この運動は、病跡学においては、プラトン的な神的狂気から、ヘルダーリン＝ハイデガー＝ラカン的な

「詩の否定神学」への移行に対応するでしょう——の脅威は、表面の言葉を横滑りさせる水平方向の運動によって緩和されるのです。しかし、それでもなお、垂直方向の地下に巣食う深層は、表面の下で蠢《うごめ》いています。それゆえ、キャロルは、ＡＳＤ者が〈他者〉を拒絶しつづけるのと同様に、表面の言語の横滑りをつづけなければならなくなります。この点は、キャロルが一般の神経症者とも異なることを証し立てているように思われます。神経症者なら、表面にあいた欠如から覗く深層を、夢や症状といった形で表面に再現しますが（たとえば、フロイトの「イルマの注射の夢」における女性の口の裂け目にあいたトラウマ的な結痂《けっか》の表象はそのひとつの範例です）、キャロルの表面の言語には、そのような神経症的なモードでの「（表象）不可能なもの」の代理表象すらみつけることができない——つまり、神経症的な意味ですら「欠如の腐臭」を放っていない——のです。

　このようにして創られる文学作品は、深層の言葉、すなわち生ける身体の絶望的な叫びを昇華した言葉を含んでいないように思われます。そのような作品、表面の言語だけに依拠して書かれた作品には——アルトーがキャロルの文学を「入念に準備された食事」と評したように——何か文学にとって重要なものが欠けていると考えられるかもしれません。ところが、ドゥルーズはそのような考えに真っ向から反対するのです。

〔…〕表面が深層に比べて無-意味の度合いが少ないということではない。〔…〕キャロルに帰されるのは、何一つ意味を経由させなかったということではなく、無-意味の中でゲームをし通したということである。というのも、無-意味の多様性があれば、世界全体を〔…〕説明するには充分であるからだ。すなわち、深層、表面、総量あるいはまるく巻かれた表面を。（同書、五五—

五六頁。強調は引用者）

ドゥルーズは大胆にも、表面の言語によって書かれた文学こそが、文学の描く世界のすべてになりうる、と断言しています。言い換えれば、表面の言語だけで書かれた文学であっても、深層とも関係する優れた作品でありうる、というのです。

しかし、ここまでのロジックでは、なぜ表面の言語が深層をも説明できるのかが明らかではありません。表面と深層の両者が、キャロルとアルトーのように相容れないものだとすれば、一体、どのようにすれば前者が後者と関係をもつことができるのでしょうか？

その答えは、ルーセルとウルフソンの病跡を検討することで明らかになるでしょう。

レーモン・ルーセルの病跡

ドゥルーズが表面の言語の使い手とみなした作家はキャロルだけではありません。言語を通常の仕方で使うのではなく、「言語の内部で一種の外国語を形成する」ようにして書く作家であるルーセルや、母国語を外国語に置き換えることをオブセッションとしていたウルフソンもまた、ドゥルーズが称揚する表面の言語の使い手とされています。このような言語は、「言語《ラング》そのものを吃《ども》らせ」て、メジャーな言語をマイナーな異形の言葉に変貌させるものだといわれています（ドゥルーズ 二〇一〇、二二四頁）。このような言語の操作は、単に愉しみのために行われているのではありません。先にASDについて論じたように、彼らはおそらくメジャーな言語のマイナー化、言語の内側からのハッキングを駆使することによって、疎外的な〈他者〉としての言語（母国語）の支配から逃走することを試みているのです。それこそが、表面の言語によって書かれた文学に賭けられている当のものだと思われます。

次に、レーモン・ルーセルの病跡について検討してみましょう。彼は、精神科医ピエール・ジャネ（一八五九—一九四七年）の診察を長期間にわたって受けていたことが知られていますが、彼は一体どのような狂気をもっていたのでしょうか。

ルーセルもまた、キャロルとよく似た病跡学的な診断を下されています。すなわち、かつては症例シュレーバーに匹敵する統合失調症圏の人物とみなされていたのですが、近年では彼をＡＳＤとみなす論者が現れているのです（田中寛郷　一九九九、Maleval 2000）。たとえば、ルーセルの『新アフリカの印象』（一九三二年）の訳者である英国の詩人マーク・フォード（一九六二年生）は次のように証言しています。

> 彼についての批評的伝記を書くために、〔…〕彼の原稿の膨大なコレクションを読んでいたとき、私はふいに、彼はアスペルガー症候群、あるいは自閉症の弱い形態に苦しんでいたのではないかと思った。（Ford 2012, p. 5）

実際、ルーセルの生活歴からみえてくる特徴は、ＡＳＤ者だったキャロルと非常によく似ています。たとえば、主治医だったジャネ曰く、「この四五歳の男はたいへん特異な生活を送っており、独身で、ひどく引きこもり、ひどく孤立して、かなり陰気と思える仕方で暮らして」いるが、特にそのことに悩んでいるわけではなく、十分に満足しているようだったといいます。その他にも、ルーセルは「今日はいいお天気ですね式の無性格な会話」を繰り返し、彼を訪ねてきた来客を落胆させていたようです（岡谷 一九九八、八六頁）。そして、彼は「毎日規則正しく一定時間のあいだ仕事をし、いかなる不規則も自らに許さず、非常な努力としばしば非常な疲労という代価を払って、偉大な文学作品を築き上げることを目指してい」たといいます（ジャネ 一九七五、二四三頁）。また、彼もキャロルと同じく「規則マニア」であり、しかもその規則は「倫理的な性格をもたぬ、純粋状態の規則」でした。それは彼の生活だけでなく作品も同様です。彼が作品の中で従った規則は、「厳密な意味での美的な狙いを一切持っていなかった」のであり、彼の生活と作品における規則は、キャロルと同じく「法は法である」式の形式的な規則だったのです（レリス 一九七七）。さらには、彼はみずからの『ロクス・ソルス』（一九一四年）を全部暗記（！）していたり、さまざまな外国語をたちまち習得してしまったりする言語の天才でもあり、数多くの定石を発明したチェスの名手でもありました。このように、対人関係からの奇妙な退却や、「法は法である」式の規則の厳密性へのこだわり、言語の異様さとアルゴリズムとの親和性といった特徴を、ルーセルはキャロルと共有しているのです。

それだけではありません。主治医ジャネによれば、ルーセルの生活と創作における「規則」は、やはり現実にかかわることを徹底的に拒絶していたといいます。

> マルシアル〔＝ルーセル〕は文学的な美についてたいへん興味ある考えを抱いており、それは文学作品が何一つ現実的な要素、世界や人間たちについてのいかなる観察も含んでいてはならず、まったく想像的な言葉の組合せ、ただそれだけしか含むべきでないというのである――これはすでに人間離れした世界のものである考えだ。（ジャネ 一九七五、二四九頁）

ルーセルは、宮本忠雄がキャロルから抽出した特徴、すなわち表面の言語の世界を探求することを偏愛することによってなまの現実に触れないようにする、という特徴をもキャロルと共有しているのです。キャロルの現実拒否の理由は明らかではありませんが、ルーセルの現実拒否は「描写が、少しでも現実にかかわりを持つと、それは、醜くなってしまう」からだとされています。彼にとっての「現実」とは、いわば感覚過敏をもつＡＳＤ者にとっての攪乱的なノイズに匹敵するものであり、ルーセルはそのノイズを避けるために厳密な規則による文学の創造を行っていたと考えられるのです。

そのような厳密な規則によって、ルーセルは一体どのような文学を書こうとしていたのでしょうか？　一八七七年、不動産投資で莫大な富を築いた父と資産家の娘だった母とのあいだに生まれたルーセルは、一九歳でデビュー作『代役』を自費出版しています。この作品を部屋に閉じこもった状態で執筆しているとき、彼はおよそ五〜六ヵ月のあいだ異様な昂揚感のなかにあり、一度は「栄光の感覚」を味わったと言っています。その感覚は、「自分は傑作を書いているのだ」という確信を彼に与え、さらには次のような奇妙な誇大的観念を彼にもたらしました。

〔…〕私の書くものは光輝に包まれており、私はカーテンを閉めるのでした、というのも自分のペンから出る輝かしい光線を外に漏らすようなどんな些細な裂け目をも私は怖れていたからで、私としては幕を突然一気に引き開けて世界を光明に浸したかったのです。これらの紙を散らかしておいたりすれば、シナまでも届くような光線を生じさせるようになっただろうし、すると夢中になった群衆がわが家に殺到してきたことでしょう。（同書、二四六頁）

しかし、このデビュー作の刊行後、大いなる感動を抱いて街に出たルーセルは、通りの人々が自分に注目していないことに気がつき、大いに落胆します。そこからうつ症状や奇妙な被害妄想が出現し、ジャネの診察を受けることになったのです。こうして、その後の彼の人生と創作活動は、「一九歳のあの数か月間彼の心を浸しつくした感じを、たとえ五分間でもよいから、ふたたび見出したいという強烈な欲望、気狂いじみた情熱」によって規定されることになりました（同書、二四七頁）。彼は、栄光の感覚を再発見するために社交を断ち、閉居して執筆をつづけたのです。

「手法」による「栄光の感覚」の再現の試み

一九三三年、ルーセルは睡眠薬の過量服薬によって自殺するに至ります。彼はこの死の直前、「秘密にして死後刊行のこと」という添え書きをつけて、『私はいかにして或る種の本を書いたか』を印刷所に渡していました。この著作のなかで、彼は自分が『アフリカの印象』（一九一〇年）、『ロクス・ソルス』、『額の星』（一九二五年）、『太陽群の塵』（一九二七年）などを彼が「手法（procédé）」と呼ぶ特定の方法で書いたことを明らかにしていました。意外性に富んだめくるめく言葉の配置が喚起する異様なイメージの効果によって同時代のシュルレアリストたちをカルト的に魅了していたルーセルの作品が、驚くべきことに実はある定まった規則によって生み出されていたことが、本人の手によって明かされた——もちろん、説明しつくされてはいませんが——のです。

ルーセルの手法とは、一体どんなものだったのでしょうか。それは、「カバン語」をはじめとするキャロルのナンセンスな言葉遊びに匹敵するものです。たとえば彼の初期作品「黒人の中で」は、

« Les lettres du blanc sur les bandes du vieux billard »（「古びた撞球台《ビヤール》のクッションに書かれた白墨の文字」）という文で始まり、その文の « *b*illard » を « *p*illard » に置き換えた « Les lettres du blanc sur les bandes du vieux pillard »（「年老いた盗賊《ピヤール》の一味についての白人の手紙」）という文で終わっています。ルーセルは、まずこの一文字違いの文を物語の最初と最後に配置し、この二つの文のあいだを埋めるために真ん中の筋を書いたのだ、と種明かししています。このような、同音異義語に依拠した形式をもとにした執筆の規則が彼の手法の一例であり、ここにも言語の表面的使用というキャロルとの共通点をみつけることができるでしょう。

　ルーセルの作品の実際のありようについては、作家の保坂和志（一九五六年生）が次のような評価を与えています。

> 彼〔＝ルーセル〕の書く描写は使用説明書とか道案内の書き方にちかく（つまり「要素の羅列」なのだが）、隠喩的な機能がいっさいない。隠喩的な機能がないということは、そこから心理なり心情なりが読み取れないということだ。それらは隠されているのではなくて、もともと書かれていない。〔…〕
>
> 　描写がほどほどに隠喩的な機能を持つ小説では読者はイメージが与えられるようにして読んでいくことが可能だが、ルーセルでは与えられることはなく、読者は書かれているメカニズムや空間的配置を自分の頭の中で出力するように再現しなければならない。だから大変なわけなのだが、この出力がいったん働き出すとひじょうに鮮明な光景が頭の中で展開する。（保坂 二〇〇七、四〇七—四一〇頁）

ルーセルの作品には、「ふつう」の――「定型発達的」な、といってもよい――文学が依拠するような隠喩や、そこから生まれる抒情性などは一切存在しません。フーコーはそのことを、「この本の中には情報（renseignements）はいろいろ見出されるが、告白（confidence）はまったく見出されない」と評しています（フーコー 一九七五a、三頁）。ルーセルの作品は、ふつうの意味での「作品」というより、むしろ「使用説明書」や「道案内」、あるいは「情報」が収められたデータベースに近いのです。

ヘルダーリンと比較してみると、ルーセルの異様さは特に際立つことでしょう。ルーセルが「（かつてあった）栄光の感覚」を求めるために手法による創作を続けたのと同じように、ヘルダーリンは「（かつてあったが、今では過ぎ去ってしまった）神」を求めて、神の痕跡に名前を与えることによって詩作を行っていました。この点では、両者はともに言語化できない「不可能なもの」にかかわろうとしていたといえます。しかし、いうまでもなくヘルダーリンとルーセルのあいだには、アルトーとキャロルのあいだのそれに匹敵する越えがたい隔たりがあります。一方のヘルダーリンの詩は神の不在〈欠如〉――フーコーのいう〈外〉――を主題化します。彼の詩は、神の不在（表象不可能性）の近くに留まるという危険とひきかえに、神の痕跡を発見し、その痕跡に名前を与えることから生み出されるものでした。つまり、ヘルダーリンは、欠如によって逆説的に存在を描き出そうとするのであり、それはまさにブランショ的な「すべてが消えたとき、「すべてが消えた」が現れる」という否定神学的なロジックによって駆動されています。他方、ルーセルの作品には、欠如のかわりに手法による言語の操作があふれています。そこにあるのは、「栄光の感覚」の痕跡ではなく、むしろ「使用説明書」、「道案内」、「情報」の山、山、山……にほかなりません。ルーセルの作品は、ヘルダーリンの詩のように否定神学的に書かれてはいませんし、そのように読むこともできないのです。彼が書いているのは「情報」であり、それは否定神学的に「不可能なもの」を扱おうとするヘルダーリンの作品とは異質なものです。ルーセルの文学は、「もはや超越的存在の魅惑にそって言語を秩序づけるのではない言語の活用法、〔すなわち〕取り違えを秩序づけ、それをたえず活発にするゲーム」以上のものではありません（グロ 二〇〇二、一一〇頁）。彼は、その生活歴上の特徴からも、作品の特徴からも、まったく統合失調症的ではないのです。

これまで諸家がルーセルに対して統合失調症（圏）という病跡学的な診断を与えてきたのは、彼が一九歳以降ずっと求めていた「栄光の感覚」という不可思議な現象を説明するためだと考えられます。たとえば、ラカン派の精神分析家ジャン＝クロード・マルヴァル（一九四六年生）は、ルーセルの「栄光の感覚」を症例シュレーバーの発病期に生じた「性交を受け入れる側である女になってみることも元来なかなか素敵なことにちがいない」という女性化の思考の侵入と等価のものとみなしています。マルヴァルによれば、このような強度の高い体験は「筆舌に尽くしがたい奇妙な悦楽による身体の侵略」であり、通常では存在しないはずの性関係（ラカン派では、「性関係はない」とされます）を例外的に獲得させてくれる体験だということになります（Maleval 2000, p. 131）。ラカンが述べたように、シュレーバーのような精神病では「神以外との性関係は存在しない」のであり、「(神の) 女になる」というシュレーバーの妄想は、神とのあいだに例外的に性関係を結ぶことでもあるのです（Lacan 1999, p. 145）。このように考えるなら、一度「栄光の感覚」を体験し、「性関係がある」というる体験をしたルーセルは統合失調症とみなされるべき人物ということになります。そして実際、これまで病跡学は、このような特徴がみられる人物のほぼすべてを即座に統合失調症とみなしてきたのです。

しかし、もし不可能なもの（神、あるいは「栄光の感覚」）とのあいだに何らかの関係を取り結ぶ方法が、統合失調症以外の狂気にもあったとしたらどうでしょうか？　アルトーのようにノイズが待ち受ける深層に落下することなしに、あるいはシュレーバーのように「（神の）女になる」ことなしに、不可能なものに触れることができるとしたら？　ルーセルの手法は、まさにそのような文学の戦略だったのではないでしょうか。

次のようにいってもよいでしょう。ルーセルの「栄光の感覚」そのものは、ヘルダーリンやシュレーバーにおける不可能なものとしての神と同じものだったのかもしれません。しかし、彼は統合失調症者とは異なり、不可能なものに関わるために深層に依拠することは決してなく、否定神学的な論理にとらわれることもありませんでした。では、そのような文学が、それでもなお不可能なものに関わりうるとすれば、それは一体どのようにして可能になっているのでしょうか？

その答えは、ルイス・ウルフソンに訊いてみなければなりません。

ルイス・ウルフソンの病跡――母国語を殺すこと、あるいは賭博の効能

一九六三年一一月一二日、フランスのガリマール社にひとつのタイプ打ち原稿が届きます。原稿のタイトルは、『スキゾと諸言語――あるいは、精神病者における音声学（諸言語を学ぶ統合失調症の学生による素描）』。送り主は、ニューヨーク在住の青年ルイス・ウルフソン（一九三一年生）でした。[5]

ウルフソンの原稿には、これをレーモン・クノー（一九〇三―七六年）に読んでもらいたい、とい

う手紙が添えられていました。この原稿は何人かの出版人のあいだで回覧され、ジャン・ポーラン（一八八四―一九六八年）は「珍しいだけ」と一蹴したようですが、クノーは面白がったといいます。ガリマール社で叢書「無意識の知」を担当していた精神分析家ジャン＝ベルトラン・ポンタリス（一九二四―二〇一三年）は、一九六四年五月六日にウルフソンに手紙を書き、『スキゾと諸言語』の抜粋を雑誌に掲載する許可を求めました。その結果、ウルフソンは同年秋の『レ・タン・モデルヌ』第二一八号でフランスの思想界に華々しくデビューすることになります。これを読んだジャック・ラカンも彼のテクストに興味をもち、そのことはクノーを介してガリマール社の社主クロード・ガリマール（一九一四―九一年）に伝えられました。そして、ガリマールはウルフソンの原稿の全体の出版を決意するに至るのです。

しかし、あまりにも風変わりなこのテクストを、そのまま出版するわけにはいきませんでした。ポンタリスは、はじめは言語学者ロマン・ヤコブソン（一八九六―一九八二年）に解説の執筆を打診しましたが断られてしまい、さらには契約や表記上の問題もあって時間だけがすぎていく状況が数年続きます。この間に、ドゥルーズが一九六八年八・九月号の『クリティーク』誌にウルフソンとアルトーを扱った「分裂病者と語」と題した論考を発表します。この論考はのちに、『意味の論理学』の第13セリーに統合されることになるものですが、これを読んだポンタリスがドゥルーズに『スキゾと諸言語』の序文を依頼します。こうして、一九七〇年にドゥルーズの序文「統合失調学＝統合失調言語（Schizologie）」を付されて、ウルフソンの『スキゾと諸言語』が刊行されたのです。

では、ウルフソンはどんな人物であり、どんなテクストを書いたのでしょうか。

ルイス・ウルフソンは、一九三一年にニューヨークに生まれています。詳細な生育歴は明らかになっていませんが、彼が四歳ないし五歳のときに両親が離婚しており、自身が述べるところによれば彼は当時からすでに「統合失調症者」だったといいます。実際、彼は幼少期から母親によって何度も精神病院に入院させられており、抗精神病薬による治療や電気けいれん療法など、統合失調症になされる治療を施されていたようです。

もっとも、現代の精神医学の基準からみれば、彼が統合失調症だった可能性は低いと考えられます。というのも、ウルフソンは、カナーの幼児自閉症もアスペルガーの自閉的精神病質も発見されていない時期に「統合失調症」という診断を与えられていたからです。また、小児発症の統合失調症と考えた場合でも、のちの経過の良さが不釣合いであり、やはり統合失調症は否定される可能性が高いと考えられます。実際、ラカン派の精神分析家であるモード・マノーニ（一九二三—九八年）は、フランス語を母国語とする自閉症の無言児が英語を学び話すようになった事例をウルフソンになぞらえていますし（Mannoni 1998）、民族精神医学者トビー・ナタン（一九四八年生）は「ウルフソンがスキゾだって？　ありえない」と述べ、ウルフソンは「広汎性発達障害」すなわちＡＳＤであり、さらには「自分で自分を治療した自閉症者」だったと主張しています（Nathan 2012）。いずれにせよ、ウルフソンについてはいまだ十分な病跡学的検討がなされておらず、これまで知られてきた統合失調症説はひとまず宙吊りにされる必要があるのは確かでしょう。

では、『スキゾと諸言語』とは、どのようなテクストなのでしょうか。この著作の各章は、ウルフソンの母を中心とする日常が記述され、その日常のなかで彼が聞き取った母国語（英語）の言葉に関して彼が行った膨大な翻訳作業の詳細が併記されるという形式で進行していきます。たとえば、部屋の掃除をしようとした母がウルフソンに向かって、「〔掃除機の〕コードにつまずかないようにしなさい（Don't trip over the wire）」と話しかけてくる場面があります。ありふれた日常風景ですが、しかし彼にとって、この母の言葉はひどく侵入的なものとして体験されているのです。ウルフソンの記述をみてみましょう。

病気の言語学生〔＝ウルフソン〕はもちろん、〔「（掃除機の）コードにつまずかないようにしなさい」という母の言葉を聞いて〕容易に次のように想像するのである──母は、掃除をしているあいだに彼〔＝ウルフソン〕が部屋に入ってきたりすることはないだろうということを分かっている。さらに、たとえ部屋に迷い込んできたとしても彼には〔掃除機の〕電気コードが見えている〔から、つまずきはしない〕だろうということも母はおそらく理解している。〔ということは〕母が電気コードのことを彼に警告する主な理由は、彼女の甲高くて突き刺さるように鋭い声に彼がうんざりするよう仕向けるためであり、おそらくは勝ち誇った口調で話された英語の語彙を彼にたくさん聴かせて彼を苛立たせるためなのだ、と。（Wolfson 1970, p. 205）

この奇妙な──「妄想様」と評してもよいと思われる──ロジックは、ASD者が不適応を背景として二次障害を発生させるときのそれとよく似ています。しかし、それ以上に、ウルフソンにとって母のおしゃべり＝母国語（langue maternelle）が、きわめて不快なものとして感じられていることが重要であるように思われます。ウルフソンの母は、「あるときは隣室で動きまわり、アメリカ製のラジオを鳴り響かせ、鍵も錠前も持っていない病人〔＝ウルフソン〕の寝室に騒々しく侵入してくるし、またあるときは、狼のような忍び足で歩き、ドアをそっと開け、突如として英語で一つのフレーズを叫ぶ」といったような仕方で彼を威嚇し、脅かしてくるものとして彼の前に現われているのです（ドゥルーズ 二〇一〇、三五頁）。それゆえウルフソンは、この母という一人の〈他者〉、そして母国語というひとつの〈他者〉を拒絶しなければならなくなります。その際にもちいられる武器は、彼の学んだ複数の外国語です。彼は「〔掃除機の〕コードにつまずかないようにしなさい（Don't trip over the wire）」という一文を、ドイツ語、フランス語、ヘブライ語を駆使して"Tu'nicht trebucher uber eth he Zwirn"に変換することによってはじめて、つかのまの心の平静を得ることができたのだ、と述べています。

表面の言葉をもちいて母語である英語の文を多言語的な文に変換するというウルフソンの戦略は、やはりキャロルやルーセルのそれとよく似ています。ウルフソンの場合、その戦略が愉しみのために行われるというより、〈他者〉（母、および母国語）の脅威を緩和させるために必要不可欠なものとして行われることが若干異なるようにみえますが、その特徴もまたキャロルやルーセルにおける「なまの現実の拒絶」の表現型のひとつだと考えれば、三者には本質的な違いはないと考えられます。では、ウルフソンには、ルーセルにおける「栄光の感覚」に対応するような「不可能なもの」の体験は生じていたのでしょうか？　ドゥルーズによれば、答えはイエスです。ウルフソンはある日、「真理の中の真理（la vérité des vérités）」の啓示を獲得できたと証言していますが、ドゥルーズは、その啓示がまさに手法によって可能になったと解釈しているのです（Wolfson 1970, p. 252）。

だが、ある日、マゾッホ的な行為（煙草で火傷をつくること、わざと窒息すること）に親しいこの諸言語の学生は、「啓示」に遭遇する。それは、まさしく彼がみずからに与えていたごく控えめ

> な苦痛を機会とした遭遇であった。その「啓示」とはすなわち、生は絶対に正当化不可能なものであり、そのことは、生が正当化される必要がないだけにいっそう確実だ……ということである。この学生は、それ以上深く侵入する（pénétrer）ことなしに、「真理の中の真理」を垣間見ているわけだ。〔…〕それはおそらく、ルーセル、あるいはブリセの啓示であり、アルトーの啓示でさえあるもの、すなわち、人間の「生得的」な息吹と身体の大いなる物語なのである。
> そこには手法が、言語的な手法が必要となる。ありとあらゆる言葉が愛の物語を、生と知の物語を語るのだが、この物語は言葉によって指し示されることも意味されることもなく、ある言葉から別の言葉へと翻訳されることもない。この物語はむしろ、言語活動における「不可能な」ものなのであり、それだけいっそう緊密に言語活動に属している。すなわち、それは外なのだ。
> （ドゥルーズ 二〇一〇、四八―四九頁。強調は引用者）

ウルフソンは、表面の言語に依拠した手法によって「真理の中の真理」の啓示を獲得した、というのです。その啓示は、ハイデガー的なニュアンスをもつ「〈存在〉の啓示」であり、さらにはアルトーが自らの理性の解体とひきかえに獲得し、文学へと昇華したような深層の身体の叫びと同じ価値をもちうるものです。つまりウルフソンは、表面の言語によって、言語活動における「不可能なもの」、ないしフーコーのいう「外」と関わりをもった――ドゥルーズはそう言っているのです。

文学と偶然

ドゥルーズの著作において、アルトーとキャロルはそれぞれ深層と表面に割り振られていました。

『批評と臨床』の議論をここに接続するなら、ルーセルはキャロルと同様に表面にいながらにしていかにして深層（「栄光の感覚」）を獲得するかを問うたと考えられます。ウルフソンもまた表面にいます。そして彼は、キャロルやルーセルと同じく、深層を拒絶しています。それは、表面の下には耐えがたい〈他者〉（母のおしゃべり＝母国語という現実界《リアル》）が巣食っており、いまにも彼を苛立たせようとしていることを彼が知っているからです。しかし、逆説的にも、ウルフソンは、表面の上に徹底的にとどまることこそが、〈他者〉に侵入されることなしに深層と関わることを可能にするのではないか、と考えるのです。ドゥルーズはそのことを次のように説明しています。

> その手法は言語活動を一つの限界まで推し進めるが、だからといってその限界を踏み越えることはない。それはさまざまな指示作用や意味作用や翻訳を荒らすのであるが、そうするのは、限界の向こう側で、未知の生と秘教的な知の諸形象に言語活動がついに直面するためになのである。この手法は、それがいかに欠くべからざるものであるとしても、条件にすぎない。新たなる形象に到達するのは、限界を踏み越えるすべを知っている者である。おそらくウルフソンは、縁《へり》の上にとどまっている。（ドゥルーズ 二〇一〇、四九―五〇頁。強調は引用者）

アルトーのような統合失調症者は、法を侵犯し、限界を越える作家だといえます。その結果として彼は、通常の安定した身体イメージを保つことがもはやできません。しかし彼は、「苦痛の力のおかげで、生ける身体を発見し、生ける身体の途方もない言葉を発見」することができたのです。このような離れ技は、平凡な人間の単なる限界内にとどまっていてはできようもありませんが、ウルフソンはその限界を越えることがないのです。この点で、ウルフソンはアルトーと同じ「水準」にいるわけではなく、千葉雅也（一九七八年生）が評したように「半端」なのです（千葉 二〇一七）。しかし、ウルフソンのある種の穏便さは、アルトーのようにすべてを破壊しつくすのではなく、〈他者〉（母国語）との関係を別の仕方で保とうとするものであり、さらにはその結果として、アルトーが狂気の末に到達した「不可能なもの」と、彼岸へと突き抜けることなしに関わりをもつことを可能にしてくれるかもしれないのです。もちろん、ウルフソンは、それでもアルトーとは異なる水準にいるままです。しかし、限界の手前の此岸で獲得されたその啓示は、彼岸に飛び込んだアルトーと同じ水準にあるかもしれない。おそらくウルフソンは、その可能性に賭けたのです。これこそが、ウルフソンが「健康としての狂気」と呼ばれる所以であり、私たちの言葉でいえば、彼がポスト「統合失調症」の文学の旗手である所以です。

ここで、『批評と臨床』の決定的なテーゼをもう一度引いておきましょう。

> ある手法を作動させるのは精神病の役割であり、その手法とは、通常の言語、標準的な言語を取り扱い、それを未知の独創的な言語に「する」ようにすることだ。その独創的な言語は、神の言語の投影でもありうる（peut-être）し、すべての言語活動を連れ去るのである。この種の手法は、フランスにおいてはルーセルやブリセに見られ、アメリカではウルフソンに見られる。（ドゥルーズ 二〇一〇、一五三頁。「ありうる」の強調は引用者）

彼岸に突き抜けることなく、此岸にとどまったままで賭けること。このような特徴は、ウルフソンの作品だけに妥当するものではありません。あまり知られていない（ドゥルーズも主題化していない）ことですが、「賭け」はウルフソンの人生においても非常に重要な役割を果たしていたのです。『スキゾと諸言語』の刊行から七年後の一九七七年、ウルフソンの母が卵巣がんで死去します。侵入的な母から解放されたウルフソンはモントリオールに移住し、その地で母と過ごした最後の数ヵ月の記録を執筆し始めました。その記録は、一九八四年にラカン派の雑誌『オルニカール？』に一部が発表され、同年『音楽家だった私の母は千9《ママ》77年5月半ばの火曜の深夜に悪性疾患のためマンハッタンの記念養老院で死亡した（*Ma mère, musicienne, est morte de maladie maligne mardi à minuit au milieu du mois de mai mille977 au mouroir Memorial à Manhattan*）』——すべての単語が「m」で始まっている言葉遊びです——として刊行されます。第一作の『スキゾと諸言語』が母の言動とウルフソンの言葉の置き換えの対比で構成されていたとすれば、この第二作はガンに苦しむ母と競馬場に通うウルフソンの対比で構成されたものです。書物の形式からみても、彼の言葉の置き換えと賭け事は同じ機能を果たしていたといってよいでしょう。

一九九四年にプエルト・リコに移住して以来、ウルフソンは競馬への情熱を失い、より純粋なギャンブル（jeux de hasard＝偶然の遊び）に興味を移していったようです。彼は二〇〇三年には、タッチパネル式の賭博——物体的なものにほとんど依存しない、もっとも表面的で、純粋な出来事の世界における賭博——で五〇〇万ドルもの大金を獲得しています。それでも彼は賭けに飽き足らず、次は投資に手を出したようです（しかし、近年の経済危機のあおりをうけて彼の資産はほぼ失われてしまったようです……）。彼の人生は、どこまでも賭け事に終始したものでした。

ドゥルーズの「創造と狂気」論の特徴

『意味の論理学』から『批評と臨床』に向かう航路のなかで、ドゥルーズは深層と表面の両者を重視する立場から、深層を拒絶して表面を偏愛する立場へと舵を切りました。この態度変更は、ヘルダーリン＝ハイデガー＝ラカン的な（あるいはブランショ＝フーコー的な）文学観、すなわち〈不在〉や〈外〉、あるいは不可能なものがあるがゆえに文学が可能になるという「詩の否定神学」に由来する統合失調症中心主義の文学観から、データベースとアルゴリズムに依拠し、さらには偶然と賭けを肯定するポスト「統合失調症」的な文学観への移行でもあったと考えられます。

今日的視点からみた場合、『意味の論理学』から『批評と臨床』に向かうドゥルーズの理論的変遷は、次のようなエピ－パトグラフィックな運動として理解できるでしょう。

すなわち、彼は、(1)ヘルダーリン＝ハイデガー＝ラカン的な〈不在〉（〈父の名〉の排除）とその周囲の痕跡という否定神学的な論理に依拠することに抵抗し、(2)その抵抗のためのオルタナティヴとして、深層ではなく表面の言語の操作（手法）と、そこで行われる賭けに依拠する作家に注目しました。その結果として彼は、(3)ラカン的な「狂気」の中核群ではないものに引きつけられるようになり、(4)現代では自閉症スペクトラムと診断されうる作家に——少なくとも、それらの作家の自閉症的な側面に——依拠することになったのです。

このような移行は、いわゆるフランス現代思想がその隘路から脱出するために歩んだひとつの通路だったのかもしれません。実際、ラカンもまた、「セミネール」のなかで何度もルイス・キャロルのナンセンスに「シニフィアン」としての価値を与えていますし、一九六六年一二月三一日にラジオで朗読された「ルイス・キャロルに捧げるオマージュ」では、ドゥルーズの議論に肉薄する次のような発言を残しています。

> この〔キャロルの〕テクストは深いと呼ばれる意味の反響にはいっさいかかわらないし、そういったものに訴えることもない。だとすれば、この作品がこんなに影響力をもつのはどうしてなのか？　それがこの作品の秘密であり、私たちの存在の条件のもっとも純粋なネットワークに触れているものなのである。
>
> 　つまりそれは、象徴界、想像界、現実界である。〔…〕イメージを結合させる遊びから、人は潜在的次元のあらゆる種類の平面を仕立てることができる。だが、それこそが結局のところもっとも確固とした現実へのアクセスを可能にするものなのではないだろうか。（Lacan 2002, p. 10. 強調は引用者）

ラカンもまた、ドゥルーズと同じように、キャロルのテクストが深層にかかわらないものであることを指摘し、それでもなお彼のテクストが「もっとも確固とした現実へのアクセス」を可能にするものだと述べています。同じラジオ放送において、ラカンはキャロルがアリスに仕えることによって病から「特異的な快（joie singulière）」を引き出したと言っていますが、このような考えはルーセルの「栄光の感覚」やウルフソンの「真理の中の真理」とも通じているはずです。ラカンのこのような考えは、おそらくは彼の晩年の症状論である「サントーム（sinthome）」や、その症状を支える「自閉的享楽（jouissance autistique）」にも関わってくることでしょう。

しかし、ドゥルーズの独特さは、その「栄光の感覚」や「真理の中の真理」、あるいは「特異的な快」を「かもしれない（peut-être）」という位相において、つまりは偶然性との関係から思考したところにあります。彼の偶然性への注目は、『ニーチェと哲学』（一九六二年）における永劫回帰論にすでにみられますが、そこで検討されているステファヌ・マラルメ（一八四二—九八年）の『骰子一擲』における「偶然」の扱いは、私たちが『批評と臨床』に確認してきたロジックと奇妙な共鳴音を発しています。

数であるならば
それは存在するにしても
断末魔のとりとめない幻覚とは別に
それは始まりそして止むにしても
現われるや否定され閉じられるのではあるが湧き出て
結局は
夥しくも拡散してまばらになり
それは数えられるにしても
単位でさえあれば総計による明証として
それは照らすにしても
偶然（HASARD）**であるだろう**
災厄の律動的な　未決
羽根

は墜ち
沈没する
さきほどその狂気（délire）が
裂け目（gouffre）の同一な中和によって衰えた頂上まで
そこからとび上った
原初の泡に〔…〕
ただひとつ
見上げる彼方
おそらく（PEUT-ÊTRE）
下界が他の界（au delà）と相会う
はるかとおく〔…〕（マラルメ　一九八四）

断末魔を発させるほどの幻覚に苦しめられる狂気とは無関係に、「数」は偶然的に存在しうる。そして、ひとは彼方に赴くのではなく下界にいるままで、彼岸と関係できるかもしれない。そのような彼岸との関係は、（表象）不可能なものを夢や症状といったもので代理的に表象する神経症的な戦略とも、不可能なものの深淵に落ち込んでしまう精神病的な戦略とも異なる、別の仕方での不可能なものとの関係を可能にするでしょう。その可能性に賭けることこそが、ドゥルーズを導いた三人のＡＳＤ者の文学が目指したことだったように思われます。

おわりに――「創造と狂気」はどこへ向かうのか？

本書では、プラトンに始まる西洋思想史のなかで「創造と狂気」の関係がどのように扱われてきたのかを検討してきました。プラトンの詩人狂人説、アリストテレスのメランコリー＝天才説、さらにはフィチーノとデューラーによる「うつ」の価値転倒を経て問題化されたダイモーン＝狂気はデカルト、カント、ヘーゲルによって排除されたのですが、ヘルダーリンによって裂け目のなかに再出現させられました。そして、フランス現代思想は、ヘルダーリンの詩作とその影響を受けたハイデガーの思索の強力な磁場のなかで「創造と狂気」について思考するようになり、そこに統合失調症中心主義と悲劇主義的パラダイムが生まれ、さらにはそれらに対する抵抗が試みられたのでした。最終的にはドゥルーズによって、それらのパラダイムとは無縁の、偶然や賭けを重視する「創造と狂気」論が生み出されました。

狂気のなかに人間の真理を見出すような「人間」はそう遠くないうちに死に絶えてしまうだろう、というフーコーの予測は、ある意味では――統合失調症中心主義と悲劇主義的パラダイムの乗り越えという点では――あたっており、ある意味では――オルタナティヴな「創造と狂気」論の可能性という点では――外れた、そのように暫定的に結論づけてもよいように思えます。実際、最後にとりあげたドゥルーズの考え、すなわち祈りにも似た試みによって可能になるかもしれない不可能なものとの関係は、「創造と狂気」についての新しい考えを可能にするように思われます。

現在おこなわれている哲学的思弁の一部も、そのことを考えているようです。二〇〇〇年代から二〇一〇年代初めにかけて注目を集めた思弁的実在論（speculative realism）の中心人物のひとりであるカンタン・メイヤスー（一九六七年生）は、マラルメの『骰子一擲』に秘められた暗号的な数字を読み解き、やはり「かもしれない（PEUT-ÊTRE）」という用語を主題化しながら「〈偶然〉それ自体」について語っています（メイヤスー二〇一八）。

またメイヤスーは、これまでの近現代思想が、カントの物自体と現象という区別に代表されるように、世界にはどうしても接近不可能なものがあり、人間はそのような不可能なものが整序されたかぎりのものしか認識しえない、という考え（＝「相関主義」）にもとづいていたのに対して、むしろそのような立場から離れ、たとえば物自体そのものを直接的に扱うことを試みてもいます（メイヤスー二〇一六）。いうまでもなく、これはハイデガー以来の「詩の否定神学」に依拠せずに、いかにして〈不可能な〉ものを扱うかという問題とも関連しています。

くわえて、この潮流に属するスティーヴン・シャヴィロ（一九五四年生）は、このような新しい思弁の転回において重視される自足的な実在を、自閉症と結びつけて次のように語っています。

> このような非相関的な思考や感覚あるものを自閉的と表現できるかもしれない。〔…〕彼らのもつ視角は、ラリュエルにとって写真の「視角における内在」と同じように、「写真が表象するあらゆるものを厳密に〈同じ足場に〉在るようにさせる。図と地、右（頁）と左（頁）、過去と未来、前景と遠景、正面と地平など――今やこうした全てはいかなる存在論的な階層秩序の完全に外側に存在する」。ラリュエルが加えて言うには、この平面化は経験の同質化ではなく、

「〈様々な特異性〉や〈物質性〉の解放と激化」へとつながるのである。〔…〕自閉症者はこの世界にすっかり浸りきっており、現象学的志向性による諸関係とは無縁に、世界に内在しきっている。ゆえに自閉症者は定型発達の者と比べて、世界に自分を基本的に調律させるにあたって、徹底して「相関主義的」ではないように見える。（シャヴィロ 二〇一六、一九四—一九五頁）

現在進行中のことについては、即断を慎まなければなりません。しかし、現在おこなわれている思弁を、あらためて「創造と狂気」という観点から読み解いてみることも、今後必要になってくることでしょう。そのときには、本書で辿ってきた「創造と狂気」の歴史に新しいページが加わることになるのかもしれません。

注

［第1章］

1　サイモン・クリッチリー（一九六〇年生）は、カント以後の哲学、特に『オイディプス王』や『アンティゴネー』に範をとる哲学的思考が、判で捺したように「悲劇のヒロイン・パラダイム（tragic-heroic paradigm）」をとっていることを批判しています（Critchley 2009, pp. 217-238）。彼が批判の対象としているのは、『存在と時間』のように、自らの死を先駆的に覚悟することによって本来性の獲得に至る、とする考え方や、ラカンの「欲望について譲歩しない（ne pas céder sur son désir）」という倫理ですが、ここで私たちが検討している病跡学的な思考法も、まさに「悲劇のヒロイン・パラダイム」の枠内に収まるものだと言えるでしょう。クリッチリーは、このパラダイムに対して「コミック」なものや「ユーモア」を対置しているのですが、その方向性は本書の最終章で検討するドゥルーズの議論と親和的であるように思われます。

2　これは統合失調症と創造性の関係が否定されたという意味ではありません。統合失調症（およびそのスペクトラム）では、「認知的脱抑制（cognitive disinhibition）」と呼ばれるメカニズムが働いており、その結果、ふつうなら抑制されてしまうような情報が過剰に意識され、それが創造性に結びつくと考えられています（Carson 2011）。創造性の背後に思考におけるノイズや自動症を想定するこのような考えは、第10章でとりあげるショーペンハウアーや初期のラカンの理論と多少なりとも似た形式をもっています。

［第2章］

1　西洋思想のなかで、狂気が人間に影響を与える作用点が「身振り」から「内面」に移行するのは——すなわち、狂気が姿勢や行動の異常によってではなく、自我と他者を区別する「自我意識」ないし「人格」の崩壊によって定義されるようになるのは――デカルト以降のことだと考えられます。この点については第5章で考えていきます。
2 実際、プラトンはこのような観点からシミュラクルたる芸術作品は美のイデアから数えて三番目のものにすぎないと考えていたようです。彼の有名な「詩人追放論」はこの考えにもとづくものです（プラトン 一九七六、七〇一頁＝五九八E―五九九A）。

【第3章】

1 古代ギリシアにおいて飲酒と詩作を結びつける考えはアリストテレス以前にも存在していました。ドッズは次のように要約しています。「最良の詩人は、飲酒の中に霊感を求めまた発見してきた、という伝統的見解によって、詩についての霊感〔＝インスピレーション〕説はディオニューソス〔＝酒神〕と直接に結びつけられる」（ドッズ 一九七二、一二四頁）。
2 このようなイエスの病跡学に対しては、アルベルト・シュヴァイツァー（一八七五―一九六五年）が反駁しました。「これらの発言は私たちには非常に奇妙、不可解に響くけれども、イエスが抱いていた後期ユダヤ的持論の前提からは、非常によく理解できるのである。ビネ・サンレとド・ローステン〔＝病跡学者、イエス精神病説をとなえた人〕は、このことを念頭に置かなかったために、ありもしない病的兆候を至る所に発見するのである」（シュワイツァー 二〇〇一、四二頁）。

【第5章】

1 デカルトの夢に対するこのような解釈はフロイトも行っています――「私たちは、デカルトが自由に動くのを妨げる足枷が何であるかは正確に分かっているつもりです。夢がひとつの内的な葛藤を表象している、ということです。左側は悪と罪の表象であり、風は「悪霊」（アニムス）の表象です」（フロイト 二〇一一、一七二頁）。
2 内海は、デカルトにとってコギトは「魔よけの文句」だったと述べています（内海 一九八四、一四〇頁）。

［第6章］

1 この第三アンチノミーには、初期カントによるニュートンとライプニッツの調停、あるいは『視霊者の夢』における狂気の肯定と否定という両義的な態度のエコーを聞き取ることもできるでしょう。

［第7章］

1 このような考えは、明らかにラカンの弟子ジャック゠アラン・ミレール（一九四四年生）の影響を受けたものです。ミレールは、「母体」という初期の論文のなかで、ある「全体」があるときには、その「全体」の外には何もないことになるが、何もないということは「無がある」ということであり、今度は「全体」にその「無」を加えた新しい「全体」があることになり、以下この過程が無限に繰り返されるとしました。そして、その都度あらたに現れては再全体化されるこの「無」を、精神分析における主体──第5章の最後で論じた「無意識の主体」──と同じものとみなしています（Miller 1975）。

［第8章］

1 フィリップ・ラクー゠ラバルト（一九四〇─二〇〇七年）は、ヘルダーリンを彼の同級生であるヘーゲルらと比較しつつ、ヘルダーリンには弁証法的な組織化を宙吊りにする「中間休止（césure / Zäsur）」が見出されることに注目しています（ラクー゠ラバルト 二〇〇三、九七頁）。ラクー゠ラバルトが扱ったのは特にヘルダーリンの悲劇論やソポクレスの翻訳ですが、このような特徴はヘルダーリンの人生と詩作の全体に見出すことができます。

2 本書では、ハイデガーがドイツ語の「存在（Sein）」の古い綴りである „Seyn“ を用いている場合、〈存在〉と表記することにします。

【第9章】

1 「エピ－パトグラフィー」とは、「病跡学」に「(人と人との)あいだ」などの様々な近傍的関係を意味する「エピ」を付加した言葉であり、たとえば高村光太郎と統合失調症者だった妻・千恵子の関係や、ルイジ・ピランデルロと嫉妬妄想者だった妻の関係のように、創作者本人は健康であるものの、近親者のなかに精神病者がいる場合に観察される創造の研究をいいます。このような事例では、近親者の狂気が創作者本人の作品に影響を与えることがありうるのです(宮本 一九七九)。

2 ヘルダーリンの影響下にあるハイデガーは、神が単数なのか複数なのかを問題としておらず、しばしば「神々」という表記をもちいています。

【第10章】

1 フランス現代思想の多くが共有する「否定神学」的な特徴は、本邦では特に東浩紀の研究によって広く知られるようになりましたが、管見の限り、当のフランス現代思想ではじめてその「否定神学」的な傾向が名指されたのは、フーコーがブランショを論じた「外の思考」においてだったと思われます(東 一九九八)。フーコーの議論については次章以降でとりあげます。

2 あるいは、バタイユとブルトンからの影響もあったかもしれません。バタイユは、一九二九年の論文で、「唯物論」とは「生のままの諸現象の直接の解釈」であるべきだと述べており、ブルトンは一九三〇年の「シュルレアリスム第二宣言」においてそのバタイユの一節を引用しています(ブルトン 一九九九、一六八―一六九頁)。

3 もっとも、この比喩は、クレランボーによる熱情精神病(psychose passionnel)と解釈妄想病(délire d'interprétation)の区別から採られたものであり、前者に比して後者は妄想の核(脊椎)となる公準(postulat)をもたないという特徴をもっています。

［第11章］

1 内海健は、転移の特徴の一つとして「二重登記」をあげており、転移によって現在が過去に回付（refer）＝二重登記されることによって現在の「事象そのものがもつリアルさが和らげられる」ことが精神の安全装置になっていると指摘しています。ゆえに統合失調症において転移が機能しないということは、「いかなる過去の経験にも照合されない」ものを経験するということであり、もしそのような経験を素通りすることができなかったとすれば、それは同化不可能な、表象（re-presentation＝再現-代理）不可能な経験となり、統合失調症の病理の核心を形成することになります（内海 二〇〇八、一四五—一四七頁）。この考えは、ラプランシュ＝ラカンの「一なる父」という考えと非常に近いものです。

2 フーコーのラカン理解は正確であり、彼は〈父〉を「分離するもの、すなわち保護するものとして、〈法〉を宣告しつつ、空間と規則と言語《ランガージュ》とを一個の重大な経験として結合する」ものとして理解しています（フーコー 二〇〇六a、二六六頁）。

3 フーコーはのちに、「外の思考」という考えを自己批判しており、一九七六年には次のように述べています——「狂気が〔…〕絶対的な外からわれわれに語りかけているのだと考えるのは幻想です。狂人の不幸〔…〕ほど、われわれの社会の内部にあり、その権力の諸効果の内部にあるものはないのです。言い換えれば、われわれは常に内部にあるということです。外部とは神話なのです。外の言葉《パロール》とは、絶えず更新される夢なのです。ひとは狂人を、創造的あるいは怪物的な外に置きたがるものです。しかし彼らは網の目の中に取り込まれており、権力の諸装置の中で形成され、機能しているのです」（フーコー 二〇〇〇、九四頁）。

［第13章］

1 既存の翻訳ではこの語は「錯乱」と訳されていることが多いのですが、フランスの精神医学・精神分析では « délire » は精神生活の混乱のみを連想させる「錯乱」ではなく、むしろその混乱を多少なりともまとめあげる

「妄想」ないし、より一般的な「狂気」を指します。

2　ドゥルーズのこのような仕事は、精神病理学では中井久夫の仕事に相当するでしょう。中井は、外科医アンリ・ラボリ（一九一四―一九五年）の「術後振動反応」という概念から着想して、それまで「一度限りの決定的」な出来事として捉えられてきた統合失調症におけるプロセスを「振動」として捉え、時々刻々とその変化を観察しました。そのような観察のなかから、たとえ重篤な慢性状態にあったとしても、統合失調症者は日々変化しつづけていることが明らかにされました。このような考えは、中井の「世に棲む患者」という考え方、つまり発病後の急性期が終わって、回復期を迎えた患者が蝸牛《カタツムリ》のようにさまざまな方向に「逃走」していくという知見とも関係しています（松本 二〇一七）。

3　精神科医の花村誠一（一九四七年生）は、キャロルの診断がアスペルガー症候群に変更される前に、すでにそのことに気がついていたようであり、英語としての音韻を残しイコン性が不十分なキャロルと、完全なイコン性をもつアルトーとは対照的な作家だとみなしていました。彼は、「〔キャロルの〕ノンセンスは精神医学的にみると、分裂病〔＝統合失調症〕圏の辺縁領域にあきらかな親和性をもち、正真正銘の分裂病性とは、むしろカタストロフィックな断裂によって隔てられているように思われる」と述べています（花村 一九八一、一一三頁）。

4　おそらく、ここには精神科臨床における「統合失調症の軽症化」ないし「「分裂病」の消滅」（内海健）、そして二〇〇〇年代初頭における成人のアスペルガー症候群の「発見」といった地殻変動と共通する何かがあるように思われます。その共通性を記述することは、アルトーよりキャロルを重視する、いわゆる「ゼロ年代思想」を可能にした精神の構造的条件を明らかにすることに繋がるでしょう。

5　以下の伝記的記述は、次の書籍にもとづいています。*Dossier Wolfson ou L'affaire du « Schizo et les langues »*, Paris: Gallimard, 2009.

参考文献

外国語文献

Artaud, Antonin 2004, *Œuvres*, édition établie, présentée et annotée par Evelyne Grossman, Paris: Gallimard.

Badiou, Alain 2005, *Being and Event*, translated by Oliver Feltham, London: Continuum.

Baillet, Adrien 1691, *La vie de Monsieur Descartes*, Première Partie, Paris: Daniel Horthemels.

Beer, François-Joachim 1945, *Du Démon de Van Gogh: suivi de Van Gogh à l'asile par le docteur Edgar Leroy, préface de Louis Piérard*, Nice: A. D. I. A.

Carson, Shelley H. 2011, “Creativity and Psychopathology: A Shared Vulnerability Model”, *The Canadian Journal of Psychiatry*, 56 (3), pp. 144-153.

Critchley, Simon 2009, *Ethics-Politics-Subjectivity: Essays on Derrida, Levinas and Contemporary French Thought*, London / New York: Verso.

Crow, Tim J. 2000, “Schizophrenia as the Price That Homo Sapiens Pays for Language: A Resolution of the Central Paradox in the Origin of the Species”, *Brain Research. Brain Research Reviews*, 31 (2-3), pp. 118-129.

Ficino, Marsilio 2002, *Three Books on Life*, a critical edition and translation with introduction and notes by Carol V. Kaske and John R. Clark, Tempe, Arizona: Arizona Center for Medieval and Renaissance Studies in conjunction with the Renaissance Society of America.

Ford, Mark 2012, "Introduction", in Raymond Roussel, *New Impressions of Africa,* translated with an introduction and notes by Mark Ford, Princeton: Princeton University Press, pp. 1-16.

Lacan, Jacques 1931, « Structures des psychoses paranoïaques », *La Semaine des Hôpitaux de Paris,* 14, pp. 437-445.

——1966, *Ecrits,* Paris: Seuil.

——1999, *R. S. I.: Séminaire, 1974-1975,* sous la direction de Henri Cesbron-Lavau, Association Freudienne Internationale.

——2002, « Hommage rendu à Lewis Carroll », *Ornicar?,* 50, pp. 9-12.

Laplanche, Jean 1961, *Hölderlin et la question du père,* Paris: Presses Universitaires de France.

Lefort, Rosine et Robert Lefort 2003, *La distinction de l'autisme,* Paris: Seuil.

Maleval, Jean-Claude 2000, *La forclusion du Nom-du-père: le concept et sa clinique,* Paris: Seuil.

Mannoni, Maud 1998, « Ces enfants que l'on appelle autistes », Retrieved from http://www.humanite.fr/node/179099

Miller, Jaques-Alain 1975, « Matrice », *Ornicar?,* 4, pp. 3-8.

Möbius, Paul Julius 1907, *Ueber Scheffels Krankheit: mit einem Anhang. Kritische Bemerkungen über Pathographie,* Halle: C. Marhold.

Nathan, Tobie 2012, "Actuel Wolfson ?", Retrieved from https://tobienathan.wordpress.com/2012/05/14/actuel-wolfson/

Sérieux, Paul et Joseph Capgras 1909, *Les folies raisonnantes: le délire d'interprétation,* Paris: Alcan.

Vicente, Sônia 2006, "Reseña del Seminario de Graciela Brodsky en el XV Encuentro Brasileño del Campo

Freudiano", Retrieved from http://www.revistavirtualia.com/articulos/545/xv-encuentro-brasileno-del-campo-freudiano/resena-del-seminario-de-graciela-brodsky-en-el-xv-encuentro-brasileno-del-campo-freudiano
Wolfson, Louis 1970, *Le schizo et les langues*, Paris: Gallimard.
Dossier Wolfson ou L'affaire du « Schizo et les langues », Paris: Gallimard, 2009.

邦訳文献

アウグスティヌス 一九八二—九一『神の国』全五冊、服部英次郎訳、岩波書店（岩波文庫）。

アガンベン、ジョルジョ 二〇〇八『スタンツェ——西洋文化における言葉とイメージ』岡田温司訳、筑摩書房（ちくま学芸文庫）。

——二〇〇九『思考の潜勢力——論文と講演』高桑和巳訳、月曜社。

アクィナス、トマス 一九九八『神学大全』第一二冊「第II-1部」稲垣良典訳、創文社。

アリストテレス 二〇一四『問題集』丸橋裕・土屋睦廣・坂下浩司訳、『アリストテレス全集』第一三巻、岩波書店。

アルトー、アントナン 二〇〇六「ヴァン・ゴッホ——社会による自殺者」、『神の裁きと訣別するため』宇野邦一・鈴木創士訳、河出書房新社（河出文庫）、一〇九—一七四頁。

アンドリアセン、ナンシー・C 二〇〇七『天才の脳科学——創造性はいかに創られるか』長野敬・太田英彦訳、青土社。

ヴァールブルク、アビ 二〇〇四『異教的ルネサンス』進藤英樹訳、筑摩書房（ちくま学芸文庫）。

エウアグリオス・ポンティコス 一九九四『修行論』佐藤研訳、『中世思想原典集成』第三巻「後期ギリシア教父・ビザンティン思想」平凡社、二九一八一頁。

ガミー、ナシア 二〇一六『一流の狂気――心の病がリーダーを強くする』山岸洋・村井俊哉訳、日本評論社。

カント、イマヌエル 二〇〇〇『脳病試論』加藤泰史訳、『カント全集』第二巻「前批判期論集II」岩波書店、三八七―四〇五頁。

――二〇〇六『プロレゴーメナ』久呉高之訳、『カント全集』第六巻「純粋理性批判 下 プロレゴーメナ」岩波書店、一八一―三七二頁。

――二〇一二『純粋理性批判』熊野純彦訳、作品社。

――二〇一三『カント「視霊者の夢」』金森誠也訳、講談社（講談社学術文庫）。

キャロル、ルイス 二〇一〇a『不思議の国のアリス』河合祥一郎訳、角川書店（角川文庫）。

――二〇一〇b『鏡の国のアリス』河合祥一郎訳、角川書店（角川文庫）。

クリバンスキー、レイモンド＋アーウィン・パノフスキー＋フリッツ・ザクスル 一九九一『土星とメランコリー――自然哲学、宗教、芸術の歴史における研究』榎本武文・尾崎彰宏・加藤雅之訳、晶文社。

クレペリン、エーミール 一九九四『精神医学総論』（『精神医学6』）、西丸四方・遠藤みどり訳、みすず書房。

グロ、フレデリック 二〇〇二『フーコーと狂気』菊地昌実訳、法政大学出版局（叢書・ウニベルシタス）。

ゴッテスマン、アーヴィング・I 一九九二『分裂病の起源』内沼幸雄・南光進一郎監訳、日本評論社。

サルトル、ジャン＝ポール 一九九九『存在と無――現象学的存在論の試み』（新装版）、全二巻、松浪信三郎訳、人文書院。

ジジェク、スラヴォイ 二〇〇五―〇七『厄介なる主体――政治的存在論の空虚な中心』全二巻、鈴木俊弘・増田久美子訳、青土社。

——二〇一六『もっとも崇高なヒステリー者——ラカンと読むヘーゲル』鈴木國文・古橋忠晃・菅原誠一訳、みすず書房。

シャヴィロ、スティーヴン 二〇一六『モノたちの宇宙——思弁的実在論とは何か』上野俊哉訳、河出書房新社。

シャステル、アンドレ 二〇〇二『ルネサンス精神の深層』桂芳樹訳、筑摩書房（ちくま学芸文庫）。

ジャネ、ピエール 一九七五「恍惚の心理的諸特徴」、ミシェル・フーコー『レーモン・ルーセル』豊崎光一訳、法政大学出版局（叢書・ウニベルシタス）、二四三—二四九頁。

シュヴァイツァー（シュワイツァー）、アルベルト 二〇〇一『イエスの精神医学的考察——正しい理解のために』秋元波留夫訳、「新樹会」創造出版。

ショーペンハウアー、アルトゥール 二〇〇四『意志と表象としての世界』全三巻、西尾幹二訳、中央公論新社（中公クラシックス）。

セネカ、ルーキウス・アンナエウス 二〇一〇『生の短さについて 他二篇』大西英文訳、岩波書店（岩波文庫）。

タウスク、ヴィクトール 一九九二「精神分裂病における「影響装置」の発生について」安藤泰至訳、『imago』一九九二年七月号、一九二—二二四頁。

ダリ、サルバドール 二〇〇三『ミレー《晩鐘》の悲劇的神話——「パラノイア的＝批判的」解釈』鈴木雅雄訳、人文書院。

——二〇一一『ダリはダリだ——ダリ著作集』北山研二訳、未知谷。

デカルト、ルネ 二〇〇六『省察』山田弘明訳、筑摩書房（ちくま学芸文庫）。

——二〇一〇『方法序説』山田弘明訳、筑摩書房（ちくま学芸文庫）。

デリダ、ジャック 一九九九『法の力』堅田研一訳、法政大学出版局（叢書・ウニベルシタス）。

——二〇一三a「プラトンのパルマケイアー」、『散種』藤本一勇・立花史・郷原佳以訳、法政大学出版局（叢書・ウニベルシタス）、九三—二七五頁。

——二〇一三b「コギトと狂気の歴史」、『エクリチュールと差異』合田正人・谷口博史訳、法政大学出版局（叢書・ウニベルシタス）、六一—一二三頁。

——二〇一三c「吹きこまれ掠め取られる言葉」、『エクリチュールと差異』合田正人・谷口博史訳、法政大学出版局（叢書・ウニベルシタス）、三三九—三九八頁。

ドゥルーズ、ジル 二〇〇四a「精神分裂と社会」小沢秋広訳、『狂人の二つの体制 1975-1982』河出書房新社、二一—三五頁。

——二〇〇四b「『意味の論理学』イタリア語版への覚え書き」宇野邦一訳、『狂人の二つの体制 1975-1982』河出書房新社、八五—八九頁。

——二〇〇七a『意味の論理学』全二冊、小泉義之訳、河出書房新社（河出文庫）。

——二〇〇七b『差異と反復』全二冊、財津理訳、河出書房新社（河出文庫）。

——二〇〇八『カントの批判哲学』國分功一郎訳、筑摩書房（ちくま学芸文庫）。

——二〇一〇『批評と臨床』守中高明・谷昌親訳、河出書房新社（河出文庫）。

ドゥルーズ、ジル＋フェリックス・ガタリ 二〇〇六『アンチ・オイディプス——資本主義と分裂症』全二冊、宇野邦一訳、河出書房新社（河出文庫）。

ドス、フランソワ 二〇〇九『ドゥルーズとガタリ——交差的評伝』杉村昌昭訳、河出書房新社。

ドッズ、エリック・R 一九七二『ギリシア人と非理性』岩田靖夫・水野一訳、みすず書房。

ニーチェ、フリードリヒ 二〇一五『この人を見よ』西尾幹二訳、新潮社（新潮文庫）。

ハイデガー（ハイデッガー）、マルティン 一九八六『ヘルダーリンの讃歌『ゲルマーニエン』と『ライン』』（『ハイデッガー全集』第三九巻）、木下康光＋ハインリヒ・トレチアック訳、創文社。

―― 一九八九『ヘルダーリンの讃歌「回想」』（『ハイデッガー全集』第五二巻）、三木正之＋ハインリッヒ・トレチアック訳、創文社。

―― 一九九〇『哲学の根本的問い――「論理学」精選「諸問題」』（『ハイデッガー全集』第四五巻）、山本幾生＋柴嵜雅子＋ヴィル・クルンカー訳、創文社。

―― 一九九四「シュピーゲル対談」、『形而上学入門』川原栄峰訳、平凡社（平凡社ライブラリー）。

―― 一九九六『言葉への途上』（『ハイデッガー全集』第一二巻）、亀山健吉＋ヘルムート・グロス訳、創文社。

―― 一九九七『ヘルダーリンの詩作の解明』（『ハイデッガー全集』第四巻）、濵田恂子＋イーリス・ブフハイム訳、創文社。

―― 二〇〇八『芸術作品の根源』関口浩訳、平凡社（平凡社ライブラリー）。

ハイデガー（ハイデッガー）、マルティン＋カール・ヤスパース 一九九四『ハイデッガー＝ヤスパース往復書簡 一九二〇―一九六三』W・ビーメル＋H・ザーナー編、渡邊二郎訳、名古屋大学出版会。

バタイユ、ジョルジュ 一九六七「ヘーゲルに関する講義の担当者Xへの手紙」、『有罪者――無神学大全』出口裕弘訳、現代思潮社、二四九―二五三頁。

―― 一九七二「ゴヤ論」、『沈黙の絵画――マネ論』（『ジョルジュ・バタイユ著作集』）、宮川淳訳、二見書房、二〇九―二三八頁。

ヒエロニュムス 一九九九『書簡集』荒井洋一訳、『中世思想原典集成』第四巻「初期ラテン教父」平凡社、六三五―七三三頁。

ヒポクラテス 一九六三『古い医術について 他八篇』小川政恭訳、岩波書店（岩波文庫）。

ビンスワンガー、ルートウィヒ 一九五九―六一『精神分裂病』全二巻、新海安彦・宮本忠雄・木村敏訳、みすず書房。

―― 一九九五『思い上がり・ひねくれ・わざとらしさ――失敗した現存在の三形態』関忠盛訳、みすず書房。

フィッツジェラルド、マイケル 二〇〇八『アスペルガー症候群の天才たち――自閉症と創造性』石坂好樹・花島綾子・太田多紀訳、星和書店。

フーコー、ミシェル 一九七四『言葉と物――人文科学の考古学』渡辺一民・佐々木明訳、新潮社。

―― 一九七五a『レーモン・ルーセル』豊崎光一訳、法政大学出版局（叢書・ウニベルシタス）。

―― 一九七五b『狂気の歴史――古典主義時代における』田村俶訳、新潮社。

―― 二〇〇〇「規範の社会的拡大」原和之訳、『ミシェル・フーコー思考集成』第六巻「1976-1977 セクシュアリテ／真理」筑摩書房、九一―九七頁。

―― 二〇〇六a「父の〈否〉」湯浅博雄・山田広昭訳、『フーコー・コレクション1 狂気・理性』筑摩書房（ちくま学芸文庫）、二四四―二七六頁。

―― 二〇〇六b「狂気、作品の不在」石田英敬訳、『フーコー・コレクション1 狂気・理性』筑摩書房（ちくま学芸文庫）、二七七―二九五頁。

―― 二〇〇六c「外の思考」豊崎光一訳、『フーコー・コレクション2 文学・侵犯』筑摩書房（ちくま学芸文庫）、三〇七―三五三頁。

―― 二〇一〇『カントの人間学』王寺賢太訳、新潮社。

フーコー、ミシェル＋清水徹＋渡辺守章 二〇〇六「文学・狂気・社会」、『フーコー・コレクション1 狂気・理性』筑摩書房（ちくま学芸文庫）、三六一―四〇七頁。

ブッシュネル、ノーラン＋ジーン・ストーン 二〇一四『ぼくがジョブズに教えたこと――「才能」が集まる会社をつくる51条』井口耕二訳、飛鳥新社。

プラトン 一九六七『パイドロス』藤沢令夫訳、岩波書店（岩波文庫）。

―― 一九七四『饗宴』鈴木照雄訳、『プラトン全集』第五巻、岩波書店。

―― 一九七五a『イオン』森進一訳、『プラトン全集』第一〇巻、岩波書店。

―― 一九七五b『ソクラテスの弁明』田中美知太郎訳、『プラトン全集』第一巻、岩波書店。

―― 一九七五c『ティマイオス』種山恭子訳、『プラトン全集』第一二巻、岩波書店。

―― 一九七六『国家』藤沢令夫訳、『プラトン全集』第一一巻、岩波書店。

ブランショ、モーリス 一九八三「比類なき狂気」西谷修訳、『現代思想』一九八三年一一月号、二一二―二三四頁。

フリス、ウタ（編）一九九六『自閉症とアスペルガー症候群』冨田真紀訳、東京書籍。

ブルトン、アンドレ 一九九九『超現実主義宣言』生田耕作訳、中央公論新社（中公文庫）。

ブレイエ、エミール 二〇〇六『初期ストア哲学における非物体的なものの理論』江川隆男訳、月曜社（古典転生）。

フロイト、ジークムント 二〇〇七「十七世紀のある悪魔神経症」吉田耕太郎訳、『フロイト全集』第一八巻、岩波書店。

―― 二〇一一「マクシム・ルロワ宛書簡――デカルトの夢について」高田珠樹訳、『フロイト全集』第二〇巻、岩波書店。

ヘーゲル、ゲオルク・ヴィルヘルム・フリードリヒ 一九七一―七九『精神の現象学』全二巻（『ヘーゲル全集』第四―五巻）、金子武蔵訳、岩波書店。

―― 一九九五―九六『美学講義』全三巻、長谷川宏訳、作品社。

――一九九九『イェーナ体系構想――精神哲学草稿Ⅰ（一八〇三―〇四年）　精神哲学草稿Ⅱ（一八〇五―〇六年）』加藤尚武監訳、座小田豊・栗原隆・滝口清栄・山崎純訳、法政大学出版局。

――二〇〇二『精神哲学』船山信一訳、岩波書店。

ヘルダーリン、フリードリヒ　一九六七『ヘルダーリン全集』第二巻「詩Ⅱ〈一八〇〇―一八四三〉」手塚富雄責任編集、手塚富雄・浅井真男訳、河出書房。

――一九六九『ヘルダーリン全集』第四巻「論文・書簡」手塚富雄責任編集、手塚富雄・浅井真男・氷上英広・神品芳夫・宮原朗・野村一郎・志波一富・重原淳郎・小島純郎・横田ちゑ訳、河出書房新社。

――二〇〇三『省察』武田竜弥訳、論創社。

マラルメ、ステファヌ　一九八四『骰子一擲』（改訂版）、秋山澄夫訳、思潮社。

メイヤスー、カンタン　二〇一六『有限性の後で――偶然性の必然性についての試論』千葉雅也・大橋完太郎・星野太訳、人文書院。

――二〇一八「『賽の一振り』あるいは仮定の唯物論的神格化」、『亡霊のジレンマ――思弁的唯物論の展開』岡嶋隆佑・熊谷謙介・黒木萬代・神保夏子訳、青土社、一四七―二一〇頁。

メービウス（メエビウス）、パウル・ユリウス　一九一三『ニイチエの人格及哲学』三浦白水（吉兵衛）抄訳、警醒社書店。

ヤスパース（ヤスペルス）、カール　一九五三―五六『精神病理学総論』全三冊、内村祐之・西丸四方・島崎敏樹・岡田敬蔵訳、岩波書店。

――一九五九『ストリンドベルクとファン・ゴッホ』村上仁訳、みすず書房。

――一九六九『形而上学――哲学Ⅲ』鈴木三郎訳、創文社。

ラアリー、ミュリエル　二〇一〇『中世の狂気――十一～十三世紀』濱中淑彦監訳、人文書院。

ラカン、ジャック　一九八七a『人格との関係からみたパラノイア性精神病』宮本忠雄・関忠盛訳、朝日出版社。

――一九八七b『精神病』全二巻、小出浩之・鈴木國文・川津芳照・笠原嘉訳、岩波書店。

――二〇〇〇『精神分析の四基本概念』小出浩之・新宮一成・鈴木國文・小川豊昭訳、岩波書店。

――二〇〇二『精神分析の倫理』全二巻、小出浩之・鈴木國文・保科正章・菅原誠一訳、岩波書店。

――二〇一一「《吹き込まれた》手記――スキゾグラフィー」、『二人であることの病い――パラノイアと言語』宮本忠雄・関忠盛訳、講談社（講談社学術文庫）、四七―九二頁。

ラクー＝ラバルト、フィリップ　二〇〇三『近代人の模倣』大西雅一郎訳、みすず書房。

ランゲ＝アイヒバウム、ヴィルヘルム　一九五九『ニイチェ』栗野龍訳、みすず書房。

――一九八九『ヘルダリン――病跡学的考察』西丸四方訳、みすず書房。

リオタール、ジャン＝フランソワ　一九八六『ポストモダン通信――こどもたちへの10の手紙』管啓次郎訳、朝日出版社（ポストモダン叢書）。

レリス、ミシェル　一九七七「想念と現実」岡谷公二訳、『ユリイカ』一九七七年八月号、一四〇―一五二頁。

『旧約聖書　出エジプト記』関根正雄訳、岩波書店（岩波文庫）、一九六九年。

『新約聖書　新共同訳』共同訳聖書実行委員会訳、日本聖書協会、二〇一三年。

日本語文献

浅田彰　一九九九「草間彌生の勝利」（「手帖一九九九」）、『波』一九九九年七月号、四六―四八頁。
東浩紀　一九九八『存在論的、郵便的――ジャック・デリダについて』新潮社。

――二〇一六『弱いつながり――検索ワードを探す旅』幻冬舎（幻冬舎文庫）。

市川直子 二〇〇四「デ・キリコの「メタフィジカ」と画中画――一九二七年《馬の画家》をめぐって」、『人文学論集』第二二号（二〇〇四年三月）、大阪府立大学人文学会、六七―八二頁。

内海健 一九八四「夢・妄想・創造性」、『岩波講座 精神の科学』第九巻、岩波書店、一一五―一五〇頁。

――二〇〇一「天才と精神病理学」、『精神医学レビュー』第四〇号（二〇〇一年九月）、一〇〇―一〇二頁。

――二〇〇三『「分裂病」の消滅――精神病理学を超えて』青土社。

――二〇〇四「カント『脳病試論』について――18世紀における「人間の発見」と狂気の形象」、『精神医学史研究』第八巻第一号、三九―四九頁。

――二〇〇七「カント哲学の形成における狂気の意義――2つの精神病論をめぐって」、『精神医学史研究』第一一巻第一号、一五―二三頁。

――二〇〇八『パンセ・スキゾフレニック――統合失調症の精神病理学』弘文堂。

岡南 二〇一〇『天才と発達障害――映像思考のガウディと相貌失認のルイス・キャロル』講談社（こころライブラリー）。

岡谷公二 一九九八『レーモン・ルーセルの謎――彼はいかにして或る種の本を書いたか』国書刊行会。

加藤敏 二〇〇二『創造性の精神分析――ルソー・ヘルダーリン・ハイデガー』新曜社。

――二〇一〇『人の絆の病理と再生――臨床哲学の展開』弘文堂。

金子武蔵 一九七一「訳者註その二（総註）」、『精神の現象学』上（『ヘーゲル全集』第四巻）、金子武蔵訳、岩波書店、五八一―七三〇頁。

木村敏 一九八二『時間と自己』中央公論社（中公新書）。

――二〇一二『新編 分裂病の現象学』筑摩書房（ちくま学芸文庫）。

草間彌生 二〇一二『無限の網——草間彌生自伝』新潮社（新潮文庫）。
黒崎政男・坂部恵・浅田彰・柄谷行人 一九九八「共同討議　カントのアクチュアリティ」、『批評空間』第Ⅱ期第一九号（一九九八年一〇月）、六—三一頁。
國分功一郎 二〇一一『スピノザの方法』みすず書房。
近藤和敬 二〇一五「ドゥルーズに影響をあたえた哲学者たち——「プラトニズムの転倒」をめぐる」、『ドゥルーズ——没後20年　新たなる転回』河出書房新社、三四—四一頁。
齋藤治・齋藤順子・臺弘 二〇一二「自閉症スペクトラムの成人例におけるマインド・リーディングの困難と「妄想」形成」、『精神科治療学』第二七巻第五号（二〇一二年五月）、五八五—五九一頁。
斎藤環・村上靖彦 二〇一六「討議　オープンダイアローグがひらく新しい生のプラットフォーム」、『現代思想』二〇一六年九月号、二八—五八頁。
坂部恵 一九七六『理性の不安——カント哲学の生成と構造』勁草書房。
——二〇一二『ヨーロッパ精神史入門——カロリング・ルネサンスの残光』岩波書店（岩波人文書セレクション）。
四日谷敬子 一九八九『歴史における詩の機能——ヘーゲル美学とヘルダーリン』理想社（理想哲学選書）。
茂牧人 二〇一一『ハイデガーと神学』知泉書館。
田中仁彦 二〇一四『デカルトの旅／デカルトの夢——『方法序説』を読む』岩波書店（岩波現代文庫）。
田中寛郷 一九九九「レーモン・ルーセルの手法（procédé）について——反復と狂気」、『日本病跡学雑誌』第五七号（一九九九年六月）、三三—五一頁。
千葉雅也 二〇一七『動きすぎてはいけない——ジル・ドゥルーズと生成変化の哲学』河出書房新社（河出文庫）。

中条省平 二〇〇八「横尾忠則の全体性」、『横尾忠則――画境の本懐』河出書房新社（KAWADE道の手帖）、一八―二七頁。
手塚富雄 一九八〇―八一『ヘルダーリン』全二巻（『手塚富雄著作集』第一―二巻）、中央公論社。
中井久夫 一九九八『最終講義――分裂病私見』みすず書房。
中井久夫・山口直彦 二〇〇四『看護のための精神医学』（第二版）、医学書院。
西丸四方 二〇一六『異常性格の世界――「変わり者」と言われる人たち』創元社（創元こころ文庫）。
花村誠一 一九八一「分裂病者と言語新作」、『ユリイカ』一九八一年五月号、一〇六―一一三頁。
保坂和志 二〇〇七「ずうっと読めなかった『アフリカの印象』」、レーモン・ルーセル『アフリカの印象』岡谷公二訳、平凡社（平凡社ライブラリー）、四〇五―四一〇頁。
細井勉（著・訳）二〇〇四『ルイス・キャロル解読――不思議の国の数学ばなし』日本評論社。
松本卓也 二〇一七「「心のうぶ毛」について――統合失調症寛解過程論の形成過程とその転導」、『文藝別冊 中井久夫――精神科医のことばと作法』河出書房新社（KAWADE夢ムック）、一八〇―一八六頁。
宮本忠雄 一九七三「パトグラフィー」、『異常心理学講座』第九巻「精神病理学3」みすず書房、三九七―四七二頁。
―― 一九七九「エピ－パトグラフィーについて」、『臨床精神医学』第八巻第一号（一九七九年一月）、三九―五〇頁。
―― 一九九四「アリス・キャロル・ドジソン」、『言語と妄想――危機意識の病理』平凡社（平凡社ライブラリー）、一一八―一三四頁。
迎豊 二〇一六「M. Heidegger と V. v. Gebsattel――Heidegger の病と彼の治療者 Gebsattel」、『精神医学史研究』第二〇巻第二号、七二―九四頁。

守中高明 二〇〇四『存在と灰――ツェラン、そしてデリダ以後』人文書院。
横尾忠則（編）二〇〇〇『横尾忠則マガジン――超私的』第六号、平凡社。
横尾忠則・浅田彰 二〇一五「死の側から生を見る画家」、『週刊読書人』二〇一五年一一月二〇日号、一―二面。
横尾忠則・草間彌生 一九九七「ヴィジョンの降臨」、『見えるものと観えないもの――横尾忠則対話録』筑摩書房（ちくま文庫）、一八一―二〇三頁。

初出一覧

第1章――「統合失調症の時代から自閉症スペクトラムの時代へ」(表象文化論学会第11回大会シンポジウムでの発表、二〇一六年七月九日)。

第8、11、12章――「ヘルダーリンの狂気はいかに論じられてきたか?――病跡学とフランス現代思想」、『日本病跡学雑誌』第九六号、二〇一八年一二月、五〇―六七頁。

第9章――「「移動=逸脱」としての狂気――ポストヒューマンの創造性序説」、『日本病跡学雑誌』第九〇号、二〇一五年一二月、四六―五四頁。

第10章――「ダリと精神分析」、『美術手帖』第一〇三四号、二〇一六年一〇月、八六―九〇頁。

第13章――「YOKOO avec KUSAMA」、『ユリイカ』二〇一二年一一月号、一九七―二〇三頁。

「健康としての狂気とは何か――ドゥルーズ『批評と臨床』試論」、『文學界』二〇一七年一二月号、一七六―二二〇頁。

あとがき

本書を準備しているなかで、ここで展開した議論は単に「創造と狂気」という古くからの主題の歴史を描くものであるだけにとどまらず、おそらくは現代の私たちが直面している思想的な課題に広く関連しているのではないか、と思うようになった。

古典的な精神病理学（および「思弁的」な病跡学）において、「狂気のなかの狂気」たる統合失調症は、一度発病すれば原則的に進行性の経過をたどり、その経過のなかで多彩な症状を呈しながら速やかに（あるいは病型によっては緩やかに）人格の荒廃に至り、理性の解体に帰結する病であると考えられていた。そのような狂気観の裏には、彼ら病者は発病という決定的な出来事と引き換えに真理を手に入れており、彼らはその代償として回復不可能な解体に陥ってしまったのだ、という考え――本書ではそれを「統合失調症中心主義」と「悲劇主義的パラダイム」という言葉でピン留めした――があった。かつて不治の病であるとされていた結核が文学的想像力を刺激したように、同じく不治の病であるとされた統合失調症は、深淵な真理を担保するものとして扱われていたのである。

近代精神医学の登場以降、ヘルダーリンに対して向けられてきた思弁の夥しさは、彼の狂気がまさに病跡学的思考にとっての範例となっていたことを示していた。だが、二〇世紀後半に統合失調症が軽症化し、世紀末において非定型抗精神病薬の導入をはじめとする治療の進歩によってこの病が荒廃や解体とはほぼ無縁になる未来が予感されると、かつてのような悲劇的なパラダイムによる統合失調症理解は摩耗し、それと軌を一にしてメタファーとしての「統合失調症（分裂病）」が放っていた魅力も失われてしまった。

このような知のパラダイムシフトは、「創造と狂気」に関するもののみならず、大陸哲学と分析哲学、精神分析と認知行動療法、精神病理学とＥＢＭ（エヴィデンスに基づく医療）などの対立のなかで鮮明になってきており、前者から後者への移行はもはや避けがたいように思われる。だとすれば、このポスト・ヘルダーリンの時代において、いかにして「創造と狂気」の関係を問うことができるのかという問いは、きわめて重要なものとなるはずである。もちろん、哲学や精神分析に依拠しない「創造と狂気」論は、当然今後も書かれうるだろう。ならば、「創造と狂気」論は思弁とは手を切るべきなのであろうか？　筆者はそのようには考えない。むしろ、古いパラダイムがどのように成立し、どのようにして新しいパラダイムへ移行したのかを見つめることによって、現代において芸術や狂気について思弁することの可能性を問うことこそが重要となるだろう。本書の後半はそのための助走である。

本書の主題について考えはじめたのは二〇一一年頃だったように記憶しているから、もう足掛け八年もこの主題に取り組んできたことになる。この間、友人や研究者から数多くの助言や示唆をもらった。それらがなければ、このような大それたテーマを門外漢である私が論じることは到底可能ではなかっただろうと思う（むしろ、門外漢であるがゆえの「思い切り」がなければ、このようなテーマは扱えなかったのではないかという気もしている）。個々の氏名をあげることは控えるけれども、お世話になった方々に向けて、ここに謝意を表しておきたいと思う。また、本書では既存の翻訳の存在が大いに役に立ったが、引用の際には文脈に応じて訳文に変更を加えさせていただいたところがある。

実際の執筆作業は、二〇一六年に京都大学に着任してから大きく動き出した。初年度は、毎週やってくる講義の準備のなかで各章のおおまかな調査を行い、翌年度に内容を固めた。しかし、筆者の怠慢ゆえに遅々として執筆はすすまず、結局は二〇一七年度の講義をもとに須藤巧さん、柴山浩紀さんにそれぞれテープ起こしと構成作業をお願いし、あがってきた原稿に加筆修正を加え、既発表原稿と一体化させるという工程を経てようやく完成にいたった。両氏に加えて、この間、資料の提供のみならず、滞る作業をつねに適切に励ましてくれた講談社の互盛央さんにも御礼申し上げる。なお、本書はJSPS科研費JP17H04769の助成を受けたものである。

二〇一八年一二月末日

松本卓也

松本卓也（まつもと・たくや）

一九八三年、高知県生まれ。高知大学医学部卒業。自治医科大学大学院医学研究科博士課程修了。博士（医学）。現在、京都大学大学院人間・環境学研究科准教授。専門は、精神病理学。

主な著書に、『人はみな妄想する』（青土社）、『享楽社会論』（人文書院）、『〈つながり〉の現代思想』（共編、明石書店）、『症例でわかる精神病理学』（誠信書房）など。

主な訳書に、ヤニス・スタヴラカキス『ラカニアン・レフト』（共訳、岩波書店）など。

創《そう》造《ぞう》と狂《きょう》気《き》の歴《れき》史《し》

プラトンからドゥルーズまで

二〇一九年　三月一一日　第一刷発行
二〇二〇年　八月一二日　第六刷発行

著者　松《まつ》本《もと》卓《たく》也《や》

発行者　渡瀬昌彦
発行所　株式会社 講談社
東京都文京区音羽二丁目一二—二一　〒一一二—八〇〇一
電話　（編集）〇三—三九四五—四九六三
（販売）〇三—五三九五—四四一五
（業務）〇三—五三九五—三六一五

装幀者　奥定泰之
本文データ制作　講談社デジタル製作
本文印刷　信毎書籍印刷株式会社
カバー・表紙印刷　半七写真印刷工業株式会社
製本所　大口製本印刷株式会社

ISBN978-4-06-515011-5　Printed in Japan
N.D.C.102　381p　19cm

講談社選書メチエの再出発に際して

講談社選書メチエの創刊は冷戦終結後まもない一九九四年のことである。長く続いた東西対立の終わりはついに世界に平和をもたらすかに思われたが、その期待はすぐに裏切られた。超大国による新たな戦争、吹き荒れる民族主義の嵐……世界は向かうべき道を見失った。そのような時代の中で、書物のもたらす知識が一人一人の指針となることを願って、本選書は刊行された。

それから二五年、世界はさらに大きく変わった。特に知識をめぐる環境は世界史的な変化をこうむったとすら言える。インターネットによる情報化革命は、知識の徹底的な民主化を推し進めた。誰もがどこでも自由に知識を入手でき、自由に知識を発信できる。それは、冷戦終結後に抱いた期待を裏切られた私たちのもとに差した一条の光明でもあった。

その光明は今も消え去ってはいない。しかし、私たちは同時に、知識の民主化が知識の失墜をも生み出すという逆説を生きている。堅く揺るぎない知識も消費されるだけの不確かな情報に埋もれることを余儀なくされ、不確かな情報が人々の憎悪をかき立てる時代が今、訪れている。

この不確かな時代、不確かさが憎悪を生み出す時代にあって必要なのは、一人一人が堅く揺るぎない知識を得、生きていくための道標を得ることである。

フランス語の「メチエ」という言葉は、人が生きていくために必要とする職、経験によって身につけられる技術を意味する。選書メチエは、読者が磨き上げられた経験のもとに紡ぎ出される思索に触れ、生きるための技術と知識を手に入れる機会を提供することを目指している。万人にそのような機会が提供されたとき初めて、知識は真に民主化され、憎悪を乗り越える平和への道が拓けると私たちは固く信ずる。

この宣言をもって、講談社選書メチエ再出発の辞とするものである。

二〇一九年二月　　野間省伸